황금보검의 비밀

황금 보검의 비밀

칼 한 자루에 얽힌 한국 고대사 최대 수수께끼와 유럽 역사

이종호 지음

북카라반
CARAVAN

머리말

중세의 서두를 장식하는 훈족의 유럽 침공은 서양 문명사에서 매우 중요한 사건이었다. 375년에 훈족은 전 유럽을 공포에 떨게 하면서 게르만족 대이동을 촉발했다. 그 결과 찬란한 로마 문명은 게르만족 출신인 오도아케르에게 멸망하고 말았다.

훈족에게 쫓겨난 게르만족은 유럽 각지로 분파하면서 근거지를 새롭게 개척한다. 새로운 정착지를 기준으로 새로운 국경이 생겼고 대부분 현대까지 이어졌다. 사실상 훈족이 유럽에 새로운 질서를 가져왔다는 뜻이다.

훈족의 활약은 그야말로 놀랍기 그지없었다. 특히 5세기 중반에 활약한 아틸라는 밀라노를 점령하고는 서로마제국 접수를 선언하기까지 했다. 아쉽게도 아틸라가 서로마제국 정복 선언 이후 채 1년도 지나지 않고 사망하는 바람에 훈 제국도 함께 사라져버렸다.

지난 1,500년 동안 서구인들은 편견으로 가득 찬 적대적인 관점에서 훈족을 다뤘다. 유럽인들은 훈족을 경멸 어린 시선으로 바라봤고 기독교인들은 훈족을 이교도 무리로 여겼다. 훈족과 그들의 지도자 아틸라를 신이 인간을 징벌하기 위해 보낸 도구쯤으로 여겼던 것이다.

그런데 나를 깜짝 놀라게 하는 자료가 눈에 들어왔다. 1994년에 독일 방송사 ZDF가 제작한 다큐멘터리 〈스핑크스, 역사의 비밀〉이었다. 이 다큐멘터리에서 텔레비전 다큐멘터리 작가이자 연출가인 옌스 페터 베렌트*Jens-Peter Behrend*와 미국 코넬 대학과 베를린 공과대학 교수를 지낸 아이케 슈미트*Eike Schmitz* 박사는 게르만족의 대이동을 촉발한 훈족을 집중 취재했다.

그들의 결론은 놀랍지 않을 수 없었다. 훈족의 서방 이동로에서 발굴된 유물과 한반도 남쪽에서 발굴된 유물을 비교, 검토해보니 훈족의 원류가 한국인일지 모른다고 한 것이다. 한마디로 훈족과 한민족의 친연성親緣性에 대해 더 심층적으로 접근할 수 있는 연결 고리가 생긴 셈이다.

신라 시대 유물 중에서도 특히 황금보검보물 제635호만큼 한국인들을 놀라게 한 유물도 없을 것이다. 이 보검이 신라와는 전혀 관련 없는 듯한 로마 기법으로 제작됐기 때문이다. 황금보검의 제작지로 추정되는 트라키아에서 8,000킬로미터나 떨어진 한반도 경주에서 발견됐다는 점은 신라에서 발견돼야 할 이유가 분명히 존재한다는 것을 의미한다.

나는 훈족의 이동로에서 발견된 고고학적 유물과 역사적 사실들을 분석해 훈족의 지배 집단 중 일부가 한민족일 가능성을 집중적으로 검토했다. 특히 역사시대로 들어온 이후, 그러니까 기원전 3세기 흉노匈奴의 흥망을 한반도 남부 지역에 자리 잡은 가야·신라 등의 형성, 북방 기마민족의 동천東遷과 연결할 수 있는 고리를 찾았다.

훈족과 한민족의 관계를 밝히는 것은 퍼즐을 하나하나 맞추는 것이나 다름없다. 고대사에 관한 한 퍼즐을 완벽하게 맞춘다는 것은 원래 불가능한 일이지만 유럽에 새로운 질서를 가져다준 훈족이 한민족과 친연성이 있을 가능성이 높다는 것은 우리에게 매우 의미심장하지 않을 수 없다. 이제까지 우리가 아는 것과는 달리 우리 민족이 세계사의 가장 중요한 한 장면을 장식했다는 뜻이기 때문이다.

내가 《황금보검의 비밀》을 준비하면서 가장 심혈을 기울인 것은 잘 알려지지 않은 정보를 최대한 찾아내고 이를 토대로 직접 현장을 방문해 훈족과 한민족의 연계성을 객관적으로 분석하는 것이었다. 그러므로 이 책은 큰 틀에서 한민족의 시원을 찾아가는 대서사로 볼 수 있다.

제2부에서 제3부까지는 흉노의 역사와 게르만족 대이동을 촉발해 유럽사를 다시 쓰게 만든 훈족이 태어나게 된 과정을 설명하고 제4부에서는 세계 3대 제국 중 하나인 훈 제국을 건설해 유럽의 실질적인 패자가 된 아틸라에 대해 설명한다. 흉노와 훈족의 활약을 이해하면 제5부와 제6부에서 훈족과 한민족의 친연성에 자연스럽게 접근하는 동시에 황금보검이 신라에서 발견된 까닭을 이해할 수 있을 것이다. 제7부에서는 황금보검을 비롯한 로마 유물들이 어떻게 트라키아 지방에서 신라로 전달될 수 있었는지 추론한다.

물론 이런 작업을 진행하다보면 수많은 난관이 기다리고 있을 것이고 날카로운 비판도 예상된다. 그러나 앞으로 이 분야를 연구하는 학자들이 많아지고 계속 자료가 쌓이면 이 문제는 해결될 것이다. 《황금보검의 비밀》이 과거사를 완벽하게 정리한 것이 아니라는 점은 많은 사람들의 또 다른 도전을 기다린다는 것을 의미한다 하겠다.

2013년 봄에

이종호

차례

머리말 ·· 5

제1부 수수께끼에 싸인 칼
계림로 14호 무덤 ··· 15

제2부 흉노 제국의 탄생
중앙아시아의 야만족 ·· 33
흉노 제국의 등장 ··· 40
흉노와 중국의 혈투 ·· 54
흉노의 서역 진출 ··· 71

제3부 세계사를 바꾼 훈족
야만족, 유럽을 재편하다 ··································· 91
로마제국의 붕괴 ·· 105
훈족은 어떤 민족이었나 ··································· 123

제4부 유럽을 호령한 아틸라
아틸라의 등장 ··· 137
아틸라는 어떤 지도자였나 ································ 163

제5부 가야·신라와 훈족의 친연성

동복 179

복각궁 191

편두 202

순장 210

돌무지덧널무덤 217

대변혁을 암시하는 유물 228

제6부 북방 기마민족, 한반도로 동천하다

왜 한반도인가 239

신라 김씨와 가야 김씨의 시조 김일제 250

제7부 마침내 드러나는 황금보검의 비밀

신라는 아랍인의 이상향 265

로마의 지배자가 보내준 로마 유물 280

맺는말 284

주 290

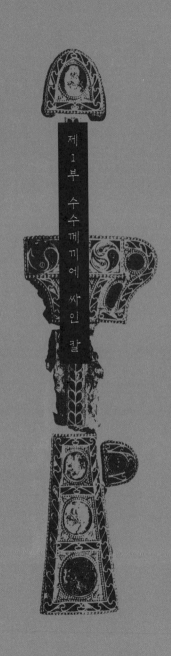

제 1 부 수수께끼에 싸인 칼

계림로 14호 무덤

1973년에 경주시 대릉원 동쪽에 있는 신라 미추왕릉 지구 계림로鷄
林路에서 돌무지덧널무덤적석목곽묘과 독무덤옹관묘 등이 발굴됐다. 발굴
된 55기 가운데 '계림로 14호 무덤'으로 명명된 무덤이 세계적으로 유
명해진 것은 황금보검정식 명칭은 '경주 계림로 보검'이다을 비롯해 금은으로
용무늬를 입사한 말안장꾸미개, 유리로 장식한 금동 말띠드리개, 비
단벌레 날개로 장식한 화살통 등 국보급 보물이 270여 점이나 출토
했기 때문이다. 상감 유리구슬은 황남대총, 천마총 등 금관이 나온
경주 능묘에서 주로 출토하는 것이다.

이 출토품이 부장된 돌무지덧널무덤의 크기는 동서 3.5미터, 남
북 1.3미터로, 널을 안치한 덧널 안에 부장곽을 따로 만들었다. 주검
과 널이 썩어버린 바닥에 금귀고리 두 쌍이 귀에 달았던 것처럼 놓
여 있었고 금귀고리 사이에서 치아가 발견됐다. 두 사람이 합장됐는
데 황금보검은 왼쪽에 묻힌 사람이 차고 있었다. 온제 허리띠도 하
고 있었다. 오른쪽 사람도 긴 칼을 차고 있어 두 사람 모두 지위가
높은 남자로 추정됐다. 그들의 신분이 매우 높다는 것은 입고 있는

옷으로 확인할 수 있었다. 보검의 아래쪽 면에 붙어 있는 직물을 분석해보니 무늬 있는 비단인 능綾이었다. 《삼국사기三國史記》를 보면 신라인은 신분에 따라 입는 옷이 달랐다. 겉옷으로 능을 입을 수 있는 건 진골眞骨 이상 계층이었다. 이는 묻힌 이가 신라 최고의 귀족 계급에 속한 사람임을 의미한다.

황금보검은 5세기나 6세기 것으로 추정되는데 부장품 중에서 유일하게 신라에서 제작되지 않은 것이다. 길이 36센티미터, 최대 폭 9.3센티미터로, 그다지 크지 않다. 적외선 촬영 결과 황금보검은 황금으로 장식된 칼집 안에 날 길이가 18센티미터인 철검이 숨어 있었다. 이 철검은 양쪽에 날이 있었다. 그러나 신라의 대도는 한쪽에만 날이 있으므로 신라에서 제작한 칼이 아니었다.

전체 모양은 칼자루 끝 장식이 반타원형이고 칼자루의 폭은 반타원형 장식의 지름보다 좁다. 칼등은 일- 자형이고 칼집 입구는 역사다리꼴이며 그 옆은 산 모양이었다원래 허리띠에 차도록 만든 고리를 붙인 것. 세계의 검 중에서도 극소수에만 있는 특수한 형태다. 칼집은 끝이 넓으며 석류석, 청색 유리 같은 귀금속과 누금세공 투각으로 전체를 장식해 화려함을 더했다. 이처럼 석류석과 유리를 금판에 박아 장식한 유물은 흑해 동북부 아조프 해 연안에서도 발견된다.

칼의 몸은 철이지만 의례용 패도기 때문에 뒤쪽에는 장식이 없다. 표면에는 나선무늬, 로만로럴월계수 무늬, 파 무늬, 메달 무늬 등이 보인다. 나선무늬를 이루는 각 부분의 전체 바깥 둘레와 메달의 틀, 공백 부분은 금알갱이로 장식했다.

신라 고분에서는 거의 예외 없이 금제 장신구와 드리개가 출토했는데 모두 황금보검에 사용된 것과 동일한 누금세공 기법으로 만들어졌다. 쇠안장가리개에는 표면에 가는 홈을 파고 금실과 은실을 넣고 전체에 용무늬와 톱날무늬를 넣어 아름답기 그지없다. 새나 용두 마리가 마주 보는 듯한 이미지를 투조해 입사 기법으로 나타낸 띠고리 등도 명품이다.

학자들이 놀란 것은 이 황금보검이 로마 기법으로 제작됐기 때문이다. 이 기법의 진원지는 신라에서 거의 8,000킬로미터나 떨어져 있는 동유럽 트라키아 지역이고 황금보검이 제작된 것으로 추정되는 5세기에는 훈족이 유럽을 휩쓸고 있었다. 그러므로 경주에서 황금보검이 발견됐다는 사실에서 신라와 훈족이 어떤 면으로든 연계가 있

이 지도에 보이는 트라키아 지방이 황금보검이 제작된 곳으로 추정된다.

었다고 추정하는 건 전혀 이상한 논리가 아니다. 이 말은 삼국 중에서도 작은 국가에 지나지 않은 신라가 세계를 상대로 활발히 교류했다는 증거가 발견됐다는 뜻이기도 하다.

로마 기법으로 제작된 황금보검

누금세공이란 금입자와 금세선을 사용해 제품의 표면을 장식하는 것을 말한다. 이 기법은 기원전 2500년께 수메르 우르 왕조에서 시작해 그리스 등지에서 발달했고 중국에서는 한나라 시대에 성행했다. 기본적으로 누금세공은 금입자를 바탕 금 또는 다른 금입자와 접합면을 최소화해 서로 접합하는 것이다. 금랍을 사용한 접합법은 금랍의 유동성으로 표면이 거칠어지거나 표면장력으로 동그란 금입자가 일그러질 우려가 있다. 그러므로 금랍은 최소한으로만 쓴다.[01]

금을 세공할 때 사용하는 금입자는 금세선을 자른 후 가열하거나 금을 녹여 채로 찬물에 식혀 만든다. 금속공예를 할 때는 금속 위에 탄소 분말과 붕사를 혼합해 표면을 덮은 다음에 가열한다. 붕사는 용융되는 금속의 표면을 덮어줌으로써 산소의 침투를 막고 산화된 금속이 녹을 때 금속 표면을 깨끗하게 만들어준다.

황금보검에 사용된 나선무늬는 "그리스 소용돌이무늬"라고 불리는 전형적인 그리스·로마 시대 무늬로, 연속 번개무늬에서 시작됐다. 번개무늬가 점점 나선무늬로 변해서 테두리 무늬로 사용된 것이다. 또한 로만로럴은 로마 시대에 유행한 무늬로, 그리스 소용돌이 무늬와 함께 테두리 무늬의 기본적인 모티브다. 주로 금·은제 그릇의 테두리와 보석은 물론 여러 공예 작품 등에 사용됐다.

황금보검 중에서 가장 놀라운 부분은 세 갈래 파 무늬, 즉 태극무늬다. 여기에서 주목할 만한 것은 이 태극무늬를 만들어낸 테두리 윤곽선도 금판에서 잘라낸 투각세공 기법이 사용됐다는 점이다. 흔히 태극무늬 안에는 다른 무늬를 새겨 넣지 않는다. 그런데 이 황금보검에 들어 있는 세 갈래 태극무늬 안에는 꽃봉오리 장식이 들어 있다. 특히 각 공간에 매우 균형 있게 능숙한 방법으로 배치됐다는 점에서 이를 제작한 사람은 태극무늬를 자주 사용하는 사람이고 일부러 황금보검에 태극무늬를 삽입했을 것이다.

황금보검이 제작된 트라키아는 현재 체코, 폴란드, 러시아에 속한 지방이다. 체코와 슬로바키아를 중심으로 한 동유럽은 로마 시대에는 주로 켈트인이 거주하는 곳이었다 이 책에서는 동유럽, 로마, 켈트를 비슷한 뜻으로 사용한다. 그런데 황금보검이 발견된 곳은 경주다. 두 곳은 8,000킬로미터나 떨어져 있는데 현대인의 거리 감각으로도 까마득히 멀게 느껴지는 거리다. 교통수단이 전혀 발달하지 못한 고대에 어떻게 이 거리를 뛰어넘을 수 있었을까?

두 가지 방법이 있다. 하나는 로마 사절이 직접 신라로 가져오는 것이고 다른 하나는 신라 사절이 로마에 가서 보물을 받아 오는 것이다. 황금보검 같은 세계 최상급 보검은 함부로 사고팔 물건이 아니기 때문에 상인이 경주에 사는 사람에게 판 것은 아닐 것이다. 그렇다면 이런 보물이 신라에서 발견된 이유는 무엇일까? 당시 동유럽과 신라는 어떤 관계에 있었을까?

신라에서만 출토하는 로마 유물

이미 도굴된 상태로 발견된 신라 왕릉이 많은 것에 견주면 황금보검이 온전한 상태로 미추왕릉 지구 계림로 14호 무덤에서 발굴될 수 있었던 것은 큰 행운이었다. 계림로 14호 무덤이 알려지지 않은 것은 봉분이 흔적 없이 깎여 그 위에 민가가 들어섰기 때문이다. 도로 공사를 하면서 배수로를 파다 우연히 돌무지가 발견돼 본격적으로 조사가 이루어졌다.

황금보검은 피장자의 가슴에 놓여 있었던 것으로 추정되지만 금관은 발견되지 않고 금귀고리 두 쌍과 비취 곡옥 두 점, 눈에 녹색 유리구슬을 상감한 금제 사자머리 형상 띠고리 두 점, 마구와 철제 대검 등이 출토했다. 《고분미술》에서 부산대학교 정징원 교수는 다음과 같이 설명한다.

이 보검 장식은 1973년 6월 청동검·금제 괴면장식·마구류 등의 다채로운 유물과 함께 피장자의 허리 부근에서 출토한 것으로, 삼국시대의 유적에서 발견되는 여러 종류의 도검류와는 전혀 다른 형식의 비신라적인 유물이다. *(중략)* 이런 보검 장식은 지금까지 우리나라에서는 유례가 없던 것으로, 중앙아시아의 여러 지역에서 이것과 유사한 실물 자료가 출토될 뿐만 아니라 각종 벽화에 묘사된 예가 많이 있어 신라에서 제작된 것이 아니라 다른 지역, 예컨대 중앙아시아의 어느 지역에서 전래돼 들어온 유입품으로 생각된다. 따라서 이 보검 장식은 금은세공품, 유리 제품 등의 타 서방계 문물과 아울러 이 당시

1973년에 촬영한 계림로 14호 무덤 발굴 현장. 중앙에 황금보검이 보인다. ©국립 경주박물관

의 서방계 문물의 전파 경로, 나아가서 신라의 대외 교역 관계를 규명하는 데 매우 비중 높은 일익을 담당할 수 있는 유물이다.

아나자와 우마메 교수는 황금보검과 비슷하다고 알려진 유물은 현재까지 카자흐스탄 보로워에서 출토돼 에르미타슈 미술관에 소장된 것뿐이라고 설명했다.

1928년 카자흐스탄 페트로파블로프스크 관구現在 시추유틴스코 주의 보로워에서 채석 작업을 하던 중 우연히 옛날 묘가 발견됐다. 이 묘는 길이 4.5미터, 폭 1.5미터, 무게 4톤이나 되는 거대한 화강암에 덮여 있었는데 이곳에서 유명한 동복銅鍑 등 부장품이 발견됐다. 부장품으로는 단검, 화살촉, 창날, 고삐, 동제 버클, 금귀고리, 구슬류, 비늘 모양을 조각한 금박 조각은 물론 홍옥수와 석류석을 상감한 금·은·동으로 만든 여러 모양의 다채로운 장식의 금구 조각도 많이 발견됐다. 보로워에 검의 연대는 5세기부터 7세기로 여러 가지지만 대체로 5세기설이 유력하다.

신라의 황금보검과 엄밀하게 꼭 닮았다고는 할 수 없지만 외형이 유사한 단검으로는 덴리산코관天理參考館에 소장돼 있는, 이란 출토로 전해지는 은장 단검사산왕조페르시아식과 이탈리아 카스테로 트로지노의 랑고바르드 족 묘지에서 출토한 금장 단검이 있다. 연대는 6세기 후반에서 7세기에 제작된 것으로 추성되는데 단검 손잡이 끝이 황금보검과 흡사하다. 그러나 이 단검의 칼집은 계림로 검과 전혀 다르고 크로와존네 장식도 없는 것을 볼 때 오리엔트 영향을 받은 비잔틴식 단검 또는 아시아계 아바르족에게서 전래된 것으로 추정한다.

요시미츠 츠네오 교수는 켈트식 태극무늬와 석류석을 상감한 보석 장식, 황금보검과 동일한 기법으로 만든 허리띠 금구 등이 우크라이나 헤르손 주 바시리에프카촌 고분 등에서 출토한 점을 감안해 황금보검이 어떤 식으로든 켈트 지역의 지배자와 관련 있다고 주장했다. 즉, 황금보검을 주문한 사람은 태극무늬의 의미를 잘 알고 황금보검에 이 문양을 넣으라고 주문했다는 것이다.

그렇다면 켈트 지역의 지배자가 최고 의례용품인 황금보검을 신라 귀족에게 선물로 준 이유는 무엇일까? 요시미츠 츠네오는 그 해답을 미추왕릉 C지구에서 출토한 '미소 짓는 상감옥', 사자머리 형상 띠고리에서 찾았다. 특히 황금으로 만든 사자머리 형상 띠고리는 계림로 14호 무덤에서 출토한 유물 중에서 황금보검과 함께 로마의 단조금 기법으로 만들어진 것이다. 기원전 4세기에서 기원후 5세기까지 그리스·로마 세계에서는 각종 고리 장식에 사자머리 형상을 넣는 것이 유행했다.

이런 정황을 감안해 요시미츠 츠네오는 황금보검을 주문한 사람은 켈트족 지배자로, 도나우 강 남부 트라키아 지방에 근거지를 두고 있었다고 추정했다. 켈트족의 본거지는 중부 유럽으로, 지금의 오스트리아, 체코, 슬로바키아, 헝가리 지방이다. 이들 중 일부는 이베리아 반도와 이탈리아 북부로, 일부는 잉글랜드와 아일랜드로 그리고 일부는 트라키아와 소아시아로 이주해 정착했다.[02]

특히 그리스 시대나 로마 시대에 트라키아 지방에 정착한 켈트족은 한발 앞서 그리스·로마 문화를 받아들였다. 즉, 로마화된 켈트족인 것이다. 그런데 그리스 시대 이래로 트라키아에서는 금은세공 기술뿐 아니라 누금세공 장신구도 매우 발달했다. 로마인들은 켈트족을 "켈타에" 또는 "갈리아인"이라고 불렀다. 켈트족은 큰 키에, 금발에, 푸른 눈에, 피부가 하얀 사람이라고 하는데 '미소 짓는 상감옥'에 새겨진 사람과 유사한 모습이다.

켈트족은 겨울에는 모직 외투를, 여름에는 얇은 망토를 입었다. 싸울 때는 바지만 입고 상반신은 벗은 채 싸웠다고 한다. 노예는 여름에 바지

미추왕릉 C지구에서 출토한 '미소 짓는 상감옥'. 확대한 부분을 자세히 보면 미소를 짓는 듯한 사람 얼굴이 보인다. ©국립 경주박물관

만 입고 일했는데, 황남대총 북분北墳에서 발견된 동물무늬 은잔에
는 상반신은 벗고 바지만 입은 사람이 묘사돼 있다.[03]

이 유물들은 하나같이 신라 유적지에서만 출토했다. 고구려, 백
제, 중국에서는 그와 비슷한 유물이 출토되지 않았다. 이것은 이 유
물의 목적지가 오직 신라였다는 사실을 의미한다. 한 가지 염두에
둘 것은 트라키아 지방은 고대 서역에 해당한다는 사실이다. 한국
고대사에서 서역은 제3세계다. 서역은 지리적으로 중국의 서쪽에 있
는 나라로, 동방 세계 민족과는 문화가 다른 제3세계를 의미한다.
사마천은 《사기》에 다음과 같은 글을 남겼다.

> 천하에 많은 것이 세 개가 있는데 중국에는 사람이 많고 대진로마
> 에는 보물이 많으며 월지에는 말이 많다.

사마천은 중국의 서쪽을 "서역"이라 불렀는데 여기에는 로마도 포
함된다고 볼 수 있다. 서역이란 명칭은 《한서漢書》에 처음으로 나타난
다. 무제 때 장건을 월지로 파견하면서 알려진 문화권으로, 군소 국
가 50여 개의 총칭이다.

서역이라 할 때는 대체로 동투르키스탄과 키르기스스탄, 타지키
스탄을 비롯해 카자흐스탄, 우즈베키스탄, 투르크메니스탄 동부, 아
프가니스탄·파키스탄 북부 서투르키스탄을 포함하는 지역을 의미한
다. 이들은 대부분 중국과 대대로 조공 관계를 유지해온 지역이다.
그러나 서역은 시대에 따라 그 범위가 넓어져 앞에서 설명한 지역뿐
만 아니라 천축인도·파사페르시아·이란·안식이란 북부·대식아라비아·사자국

실론·불름대진·동로마 등을 포함하기도 하지만 지리적·문화적 의미를 띤 동류 개념으로 설명되기도 한다. 결국 서역을 지칭할 때는 당대 패자로 군림한 로마도 포함된다.[04]

찬란한 신라의 금세공품

2010년 9월 28일부터 11월 21일까지 국립 중앙박물관에서 '계림로 14호 무덤-황금보검을 해부하다'라는 기획 전시회가 열렸다. 박물관은 돌무지덧널무덤과 불교가 신라 문화를 대표한다고 설명하면서 이중 돌무지덧널무덤 유물을 집중적으로 전시했다. 돌무지덧널무덤에서 출토한 금관, 귀고리 등도 함께 전시했지만 관람객들이 가장 큰 관심을 보인 것은 황금보검이었다. 전시회도 상당히 많은 부분을 황금보검을 둘러싼 미스터리를 설명하는 데 할애해 큰 호평을 받았다.

우리나라를 방문한 외국인들에게 국립 중앙박물관에서 가장 인상 깊은 것이 무엇이냐 물으면 대부분 정교한 금세공품을 꼽는다. 삼국시대의 화려하고 찬란한 금관을 보고는 한국인의 재주에 기가 질렸다고까지 말하는 외국인도 있다. 우리의 자랑스러운 유산 중에는 다른 국보급 유물도 많은데 유독 금세공품이 가장 인상적이었다고 대답하는 이유가 무엇일까?

세계 각지의 박물관을 방문해보면 그 이유를 금방 알 수 있다. 이집트 등 몇몇 고대 국가를 제외하면 신라나 백제, 고구려 시대의 금세공품에 버금가는 유물을 찾을 수 없기 때문이다. 잘 알려져 있는 고대 그리스의 금세공품과 비교해보더라도 삼국시대의 금세공품이 훨씬 정교하고 우수하다. 엘도라도라는 전설을 만들어낼 정도로 황금이 많았다는 잉카제국이나 마야문명의 금세공품과 비교해도 마찬가지다.

신라 고분에서는 로마 기술이 접목된 금귀고리, 금목걸이, 금팔찌, 금반지 등이 어김없이 출토한다. 그런데 로마 세계에서 출토한 장신구와 비교하면 세부 의장에 약간 변화가 있으면서도 기술적으로는 로마의 누금세공에 견줘 다소 거칠게 마무리됐다. 즉, 디자인과 기술이 로마에서 도입됐다는 점을 반영한다.

신라 귀고리를 기원전 4세기 헬레니즘 시대의 귀고리나 그리스·로마식 귀고리와 비교하면 신라 귀고리는 형태가 다소 간단하다. 그러나 디자인의 기본 요소인 드리개는 매우 비슷하다. 요시미츠 츠네오는 이런 차이를 시간이 지나면서 나타난 변화기도 하지만 의장과 기술 도입으로 일어난 당연한 변화이기도 하다고 설명한다.

금사슬 기술도 놀랍다. 사슬은 원래 그리스 시대에 발달해 로마 시대에 장신용으로 크게 유행했는데 금은으로 만든 가는 선을 어떻게 꼬았느냐에 따라 여러 방식이 있다. 사슬을 만들려면 가는 선을 뽑고 꼬는 기술이 축적돼야 한다. 신라에서 출토한 두 갈래에서 여섯 갈래 사슬을 이용한 장신구는 기술이 유럽에서 신라에 전해졌음을 보여준다. 신라에 누금 기법을 사용해 금·은제 장신구를 만드는 기술자가 있었던 것이다. 특히 가는 선이나 금알갱이를 만드는 기술은 매우 특수한 기술이다.

가는 줄을 만드는 방법은 다음과 같다. 주조된 금막대나 은막대를 석판이나 청동 판 사이에 끼우고 압력을 가해 굴리면서 조금씩 가늘게 늘인다. 일정한 굵기가 되면 끝을 가늘게 만들어 마노나 청동 덩어리의 구멍에 집어넣어 천천히 당긴다. 이렇게 여러 번 되풀이해 가는 금줄이나 은줄을 만든다.

금구슬을 만드는 방법은 이렇다. 가는 금·은줄을 지름과 비슷한 길이로 잘라 탄가루에 늘어놓고 다시 그 위에 탄가루를 덮는다. 탄가루 위에 다시 잘라낸 금은 조각을 늘어놓고 그 위에 또 탄가루를 뿌린다. 이런 공정을 몇 번 반복한 다음 이것을 금·은줄 조각이 융해될 때까지 열을 준다. 융해된 금조각은 표면장력 때문에 작은 알갱이가 된다. 이것을 세정해 다시 석판 등을 겹친 사이에 끼우고 연마하면 금구슬이 완성된다.

그런데 금구슬은 구멍을 뚫은 것도 있고 뚫지 않은 것도 있다. 구멍이 없는 금구슬을 만들려면 먼저 금을 녹여 아주 가느다란 관을 통과시킨다. 금이 흘러나오는 곳에 물을 뿌려주면서 회전날개를 돌리면 구슬 같은 작은 알갱이가 된다. 구멍이 있어 속이 빈 금구슬은 이 방법으로 만들지 못한다. 먼저 금으로 가느다란 관을 만든 다음에 구슬 지름의 두 배 크기로 자른다. 그다음에 바닥이 반구^{공을 반으}로 잘라놓은 모습^형으로 파인 아래 틀에 놓고 역시 반구형으로 파인 위 틀 누름 공구로 눌러 공처럼 동그랗고 속이 빈 구슬을 만든다.[05]

마지막으로 땜질하는 방법이다. 먼저 녹청^{구리 표면에 녹이 슬어 생기는 물질, 푸른빛을 띤다}을 갈이 풀과 물로 반죽 상태를 만들고 금알갱이나 가는 줄에 묻혀 기판 위에 접착한다. 섭씨 100도에서 녹청은 산화동이 되고 섭씨 600도에서 풀은 숯이 된다. 다시 섭씨 850도까지 높이면

숯은 산화동에 있는 산소를 빼앗아 순동 피막을 기판 위에 남기고 탄산가스가 된다. 그대로 가열해 섭씨 850도에 달하면 피막이 된 동이 기판의 금, 금줄 등과 반응해 합금되면서 땜질이 완성된다.

앞에서 설명했지만 이와 같은 그리스·로마의 금속가공 기법이 유독 신라에서만 발견된다는 것은 이 기술이 로마 세계에서 도입됐다는 사실을 증명한다고 볼 수 있다. 즉, 로마 세계의 기술이 신라에 들어와 신라 문화와 결합했다는 것이다.

이에 대한 설명은 간단하다. 트라키아 지역의 사절이 보검과 기술자를 데리고 와서 신라에 동로마제국의 기술을 전해줬다는 것이다. 신라가 동북아시아에서 특별한 문화를 독자적으로 소화하면서도 중국과 교류하지 않았다는 사실을 충분히 설명해준다 할 수 있다.[06]

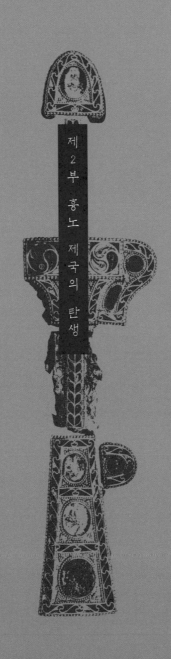

제 2 부 흉노 제국의 탄생

제2부에서는 흉노가 발흥한 중앙아시아 초원 지대가 어떤 곳인지 살필 것이다. 그리고 흉노의 역사에 대해, 특히 흉노와 중국의 쟁투에 대해 알아볼 것이다. 먼저 우리는 흉노가 중국 북방에 처음 유목민 국가를 건설한 제국의 명칭이지 결코 단일한 민족이나 부족 명칭은 아니라는 점을 염두에 둬야 한다. 흉노는 몽골-투르크족을 기원으로, 기원전 600년께부터 실크로드를 통해 철기를 받아들이면서 점점 강성해진 다음 여러 유목 민족과 부족들을 규합해 기마민족 집합체를 구성한 것으로 추정된다.

중앙아시아의 야만족

초원, 야만족이 사는 곳

어디까지를 중앙아시아 초원 지대로 잡느냐는 학자에 따라 다르다. 대체로 북위 35도에서 50도까지, 동경 30도에서 120도까지로, 흑해에서 동쪽을 향하면 우랄 산맥과 파미르 고원, 몽골 고원을 지나 대싱안링 산맥에 이르는 광대한 지역을 의미한다. 이곳이 예로부터 유목 민족의 터전이었다.

　이곳의 기후를 보면 북위 67.5도·동경 45도와 북위 50도·동경 140도의 4월과 10월의 평균기온은 섭씨 영하 1도 정도다. 5월에서 9월까지를 제외하면 이보다 북쪽 지방은 기온이 항상 영하기 때문에 농사에 적당하지 않아 오늘날까지도 불모지나 마찬가지다. 이 선은 카닌 반도에서 우랄 산맥 북부를 지나 이르티시 강과 오비 강의 합류점, 안가라 강과 예니세이 강의 합류점, 바이칼 호수 북부 능을 지나서 헤이룽 강을 따라 하바롭스크에 이른다.

　이 선의 남쪽은 외몽골과 티베트에서 카스피 해까지 이르는 지역으로, 기후 자체는 북쪽보다 온화하지만 연평균 강우량은 150밀리미터 이하로, 세계에서 가장 건조한 사막 지역에 속한다. 특히 일교차와 계절의 기온차가 심해 전형적인 대륙성기후라고 할 수 있다. 알타이 산맥에서 힌두쿠시 산맥에 이르는 산림선을 제외하면 이 지역도 대부분 불모지로 남아 그야말로 열악한 환경이다. 이런 자연조건 때문에 사람들은 자주 거처를 옮겨야 했다. 이처럼 생존에 적합하지 않아 보이는 지역이 인류 역사의 발전에 막중한 구실을 했다는 점은 아이러니한 일이다.

중앙아시아 고원의 지리적 조건과 기후적 특성이 이렇다 해도 고유한 장점은 있기 마련이다. 동서를 가로지르는 초원 지대를 따라서 서쪽으로는 유럽을, 동쪽으로는 동북아시아를, 북쪽으로는 베링 해협을 지나 아메리카 대륙을 바라볼 수 있다. 그리고 남쪽으로는 이란과 인도가 있어 이곳으로 진출하기에도 용이하다. 동남쪽으로 눈을 돌리면 황허 강과 양쯔 강 유역에 많은 주민들이 살고 있다.

유목 민족이 이런 곳을 호시탐탐 노리는 바람에 유목민과 정주민 사이에 수많은 혈투가 벌어졌다. 그런데 이 혈투가 인류를 한층 높은 경지로 이끌어주는 원동력이 됐다. 이 지역에서 일어난 수많은 사건이 잇달아 파급되면서 결국 세계사의 주류를 형성한 것이다. 조지 맥거번*George McGovern*은 이를 다음과 같이 설명했다.

로마제국을 무너뜨린 건 중앙아시아에서 온 아시아의 야만족들이다. 그들은 항상 공포와 혼란을 야기했지만 그들로 인한 정치적 혼란은 그다지 오래가지 못했다. 로마의 구제도를 무너뜨린 것은 로마제

끝없이 펼쳐진 초원 지대. 이곳이 바로 유목 민족의 터전이었다.

국에 입성한 게르만족이었지만 그들도 또 다른 두려운 존재의 먹이
가 됐다. 바로 중앙아시아에서 말을 타고 바람처럼 나타난 난폭한 전
사들이다.

맥거번이 얘기한 "아시아의 야만족들"은 고향을 떠나 이주한 흉노
족이다. 여하튼 가장 강력한 유목 민족이 할거한 몽골 고원의 초원
지대는 해발 1,000미터 이상인 고지대로, 웅장하기 그지없으면서도
지세가 비교적 평탄하다. 특히 텅거리 사막, 바단지린 사막 외에도
유용하게 이용될 수 있는 목장과 산림이 연이어 있으며 고원의 남단
에 인산 산맥이 천연의 보호막 노릇을 한다. 이런 공간은 유목민이

활동하기에 더 없이 좋아 중국과 세계 전역에 강력한 영향을 끼친 기마민족 대부분을 탄생시켰다. 흉노를 비롯해 선비, 거란 등의 근거지도 이곳이다. 반면에 인산 산맥 이남 지역은 농경문화의 근거지다.

인산 산맥 이북 초원 지대에 가뭄과 폭설이 심해지면 식량을 찾아 어쩔 수 없이 남쪽으로 내려가 정착해 사는 민족에게 도움을 구할 수밖에 없다. 이 과정이 원만했으리라고 생각하는 사람은 없을 것이다. 당연히 충돌이 일어나기 마련이다. 이 말은 유목 민족이 정착민을 상대로 줄기차게 공격적인 태도를 취했다는 뜻이다.[01]

유목 민족의 특징

세계사에서 게르만족의 대이동이 중요한 것은 대이동이 현대 유럽 체계를 거의 확정했기 때문이다. 그런데 로마제국이 보기에 게르만족은 야만족에 지나지 않았다. 글도 모를 뿐만 아니라 생활 자체도 인간이라 볼 수 없었기 때문이다.

그런데도 역사는 강력한 로마제국이 야만족에게 멸망했다는 사실을 기록으로 전한다. 문명인들로서는 이해할 수 없는 역사의 한 페이지라 할 수 있다. 문제는 이런 사실을 역사에서 지워버릴 수 없다는 점이다. 역설적으로 현대 문명사를 이끈 원동력 중 하나가 사실상 야만족 탓에 태어났다는 것을 의미한다.

그렇다면 야만족은 어떤 족속인가? 고대 세계에서는 자신들의 생활이 어떠하든 자신과 풍습이 다른 민족을 야만족이라고 불렀다.

켈트족은 오랫동안 로마인에게 야만족이었고 게르만족은 갈리아인에게, 슬라브족은 게르만족에게 야만족이었다. 중국은 아예 다른 민족 전체를 "이적융만夷狄戎蠻"이라 불렀다.

야만족이 생겨나는 이유는 간단하다. 위도와 경도에 따라 자연조건이 판이하므로 생활 형태가 다를 수밖에 없기 때문이다. 인간은 어느 때인가부터 농경이라는 생활 방식에 정착하면서 야만 시대에서 벗어나 점차 문명 시대로 들어갔다. 그러나 만주에서 헝가리 부다페스트에 이르는 넓은 지역은 기후가 한랭한 지역, 즉 초원 지대가 대부분이므로 이곳에서 농사를 짓는 것은 간단한 일이 아니다.

당연히 이들 지역에 사는 사람들은 바다나 강에서 물고기를 잡고 산이나 들에서 짐승을 사냥해 먹었다. 그런데 식량인 짐승이 계절에 따라 이동하므로 이들도 동물을 쫓아다니며 생활해야 했다. 이렇게 생활하면서 사육이 가능한 동물을 발견했다. 말, 소, 양, 산양, 낙타 등이다. 그러므로 유목 생활이란 대부분 혹독한 기상 조건에서 이 다섯 동물을 사육하며 산다는 것을 의미한다. 즉, 인간이 양처럼 무리를 이뤄 이동하는 동물의 습성을 이용해 생활하는 것으로 볼 수 있다. 큰 틀에서 보면 인간이 발굽 있는 동물에 기생해 생활한다고 설명하는 학자들도 있다.

그렇다면 유목 생활은 어떤 특성이 있을까? 이에 대한 대답은 유목민들이 어떻게 생활하는가를 더 구체적으로 분석하면 이해하기 쉽다. 유목민의 특수성은 크게 다음과 같다. 첫째, 초원은 한 번 벌초하면 다시 풀이 자랄 때까지 몇 년이 지나야 하므로 계속 거주할 수가 없다. 그리고 말 100마리를 방목하는 건 한 사람이면 충분하지만 겨울 동안 100마리를 먹이기 위해서는 건초 25만 킬로그램이 필요하다. 노동력이 절대적으로 부족한 초원 지대에서는 이처럼 엄청나게 많은 건초를 준비하는 것보다 차라리 풀이 있는 곳으로 옮기는 것이 훨씬 효율적이다. 둘째, 유목민들이 가장 중요시하는 가축은 가족 단위로 소유하지만 방목지는 공동 소유이므로 혈족으로 똘똘 뭉치게 된다.

이런 특수성을 고려하지 않으면 유목민의 풍습이나 제도가 매우 이상하게 보이기 쉽다. 앞에서 인간이 발굽 있는 동물에 기생해 생활한다고 설명했는데 이를 역으로 말한다면 동물의 취향에 인간이 적응해야 한다는 의미도 된다. 이들 가축이 인간의 생각대로 움직이지 않아도 따라야 하며 가축 없이는 살 수 없다는 것을 의미한다. 그런데 초원 지대의 기후 여건이 가축을 기르는 데 항상 우호적이지는 않다. 가뭄이라도 들면 가축과 함께 살 수 있는 곳을 찾아 이동해야 한다.

초원 지대는 대략 10년에 한 번 가뭄을 비롯한 자연재해가 닥친다. 유목민들이 살기 위해 취할 수 있는 방법은 재해 지역에서 벗어나는 것인데 그들이 새로 이동한 곳이라고 해도 먹을 것이 넉넉한 곳은 아니다. 이런 상황은 매우 단순한 결론을 도출한다. 다행하게도 다소 멀기는 하지만 이미 여건이 좋은 장소에 정착한 사람들이 있다. 정착민의 장점은 유목민들을 고민케 하는 재난에도 풍부한 물자를 비교적 어렵지 않게 확보할 수 있다는 점이다. 한마디로 농경 지역에 대한 유목민들의 주기적인 침투는 자연법칙이라는 설명이다.

당연히 뺏고 빼앗기는 알력이 일어나는데 이 부분에서는 유목 민족이 다소 유리한 것이 사실이다. 유목 민족은 정착 민족보다 혹독한 환경에 잘 단련돼 있기 때문이다. 즉, 농경민족보다는 비교적 군사적 우위를 보일 수 있는데 이는 유목민의 기본인 기마 능력 때문이다.

유목민이 전투적인 기마민족으로 변신하게 된 요인으로는 다음두 가지를 든다. 첫째는 앞에서 이미 설명한 것으로, 문명 발달의불균형에서 오는 갈등이다. 농경 사회는 계속 발달하면서 도시 문명으로 변모하지만 유목 사회는 생활 방식 때문에 여전히 후진 문명에머물 수밖에 없다. 유목민들은 농경민들이 소유한 재보를 차지하고픈 유혹을 느끼기 마련이다.

둘째는 유목민들이 신기술인 청동제 고삐와 재갈, 등자 등을 발명함으로써 안전한 승마는 물론 재빠른 이동이 가능하게 됐다는 점이다. 더불어 기마 전투에 반드시 필요한 갑옷과 마구, 장식품, 무기류도 함께 개발했다. 이들이 복합적으로 작용해 도시 문명이나 농경권에 대한 기마민족의 공격이 비교적 수월해진 것이다. 즉, 지도력을갖춘 지도자가 나타나 유목민들을 단결시키고 전투력만 증강시키면부족 전체가 천하무적인 군대로 돌변하는 것이다.

흉노 제국의 등장

흉노의 기원

중국 역사는 흉노를 하우씨夏禹氏의 후예라고 전한다. 당나라 시대 사람인 사마정司馬貞은 흉노의 선조에 대해 다음과 같이 적었다.

> 하나라가 상나라 탕왕에게 정복당하자 전쟁에서 패한 하나라 걸왕은 남소로 추방됐다. 그리고 포로로 살다 3년 후 정산에서 쓸쓸히 사망했다. 걸의 아들인 순유淳維는 아버지의 여자를 취하고는 탕왕의 세력을 피해 사람들을 이끌고 북으로 도망쳤다. 그는 그곳 초원에서 유목을 하며 자신의 부족을 "훈육"이라 불렀다. 그리고 주나라 때 험윤으로 이름이 바뀐다. 하 왕조는 전설 속 황제黃帝의 후손으로, 험윤은 흉노를 지칭하는 공인된 호칭이다.[02]

사마정이 흉노를 하 왕조의 후손이라고 한 근거는 《사기》〈흉노열전〉 첫 구절인 "흉노의 조상은 하 왕조 우임금의 후손인 순유라

한다"라는 글인데 이는 전설에 가까운 얘기므로 학자들은 이 주장을 인정하지 않는다.

근래 중국 학계에서 인정하는 흉노의 조상은 상나라의 귀방鬼方과 주나라 대의 험윤玁狁이다. 춘추시대의 융적戎狄이 귀방과 험윤에서 이어져온 민족이라는 설도 있다. 서양이나 일본 학자들은 이 북방 민족들이 주로 언어 계통 측면에서 몽골 계통이나 투르크 계통, 몽골–투르크 혼합 계통, 슬라브 계통, 이란 계통 등에 속한다고 주장한다. 특히 알타이계 언어를 사용하는 투르크족이라는 견해를 많이 거론했다.

그러나 마스페로는 중국 북방 종족이 투르크족이었다는 주장을 부정하고 흉노어가 알타이어계라는 점에도 의문을 제기했다. 흉노어에 나타나는 알타이 요소는 나중에 초원에 국가를 세운 투르크와 몽골족이 차용했기 때문으로 해석한다.[03]

한편 학자들은 문화 면에서는 몽골 노인울라 유적지나 시베리아 미누신스크 유적지에서 발굴된 흉노 유물을 근거로 흉노 문화가 한漢 문화뿐만 아니라 스키타이, 고대 그리스·로마 문화, 페르시아 문화 등에 영향받음으로써 문자 그대로 혼성 문화를 이룬 것으로 추정한다. 광대한 중앙아시아 초원 지대를 크게 몽골계와 투르크계가 지배했는데 그중 몽골계는 동아시아로, 투르크계는 서방으로 진출했다고 인식한다.

투르크는 흉노를 거론할 때 반드시 나오는 이름으로, 한사료는 '돌궐突厥'로 표기되며 서융西戎에 속한다. 6세기 중엽에 몽골계 유목민의 영향력에서 벗어나 초원의 지배자가 됐다. 10세기 초반 몽골 초원과 북부 중국에 미치는 영향력을 완전히 상실했지만 중앙아시아와 중동 지역 이슬람 세계에서 패권을 장악했다. 11세기께 아랍계 칼리프를 무력화하고 술탄의 명칭을 계승한 투르크는 오스만 왕조 때 전성기를 맞아 1493년에 동로마의 수도인 콘스탄티노플을 공격해 비잔틴제국을 멸망시키고 대제국으로 부상했다. 이 오스만튀르크 제국은 훗날 터키 공화국의 모태가 된다. 한편 투르크족과 터키족은 종족의 기원이 동일하나 대체로 아나톨리아에 정착한 민족을 터키족, 중앙아시아에 거주하는 민족을 투르크족으로 구분한다.

몽골 학자들은 몽골족의 원형이 흉노라고 주장한다. 흉노의 사회 발전, 관습, 문화가 퉁구스계 몽골족 원형과 매우 유사하다는 것이다. 특히 서방을 침공한 훈족이 몽골계라는 데 중점을 둔다. 그러나 이동성을 타고난 유목 민족의 직계 선조를 찾는 것이 다소 비현실적인 일인 것은 틀림없다.

학자들은 흉노를 상고시대 북방 소수민족들이 끊임없이 융합하며 이루어낸 민족 공동체라고 설명하기도 한다. 이는 흉노의 역사가 매우 오래됐다는 것을 뜻한다. 역사에서 흉노가 뚜렷이 부각되는 시점은 기원전 4세기께로, 기원전 318년에 체결된 한 외교문서에 흉노와 관련된 가장 오래된 기록이 남아 있다.

주周 왕실의 약화로 수많은 소국으로 나뉜 중국은 서로 먹고 먹히는 전국시대戰國時代를 맞는다. 춘추시대春秋時代에 일어난 170개 나라가 전국시대 초기에 20여 국만 남았고 전국시대 중기에는 7국이 다투는 소위 전국칠웅戰國七雄의 형세를 보였다. 칠웅 중에서 진秦의 위세가 강해지자 기원전 318년에 다섯 나라가 흉노와 연합해 진에

동로마제국의 수도인 콘스탄티노플에 입성하는 무하마드 2세. 무하마드 2세는 오스만 튀르크 왕조의 제7대 술탄이며 초대 황제였다.

대항한다는 협정을 맺는다.

　대다수 한국인들은 흉노라는 이름에 거부 반응을 일으킨다. '흉匈'은 오랑캐를, '노奴'는 종이나 노예를 뜻하는 것으로 알려졌기 때문이다. 흉노匈奴에서 흉匈을, 선비鮮卑에서도 비卑를 떼어내고 읽어야 한다는 주장도 있다.

　흉노의 어원에 대해서는 많은 연구가 있었는데 플리블랭크 등 몇몇 학자들은 흉노가 본래 고유명사였다고 추정한다. 즉, 흉노의 유력 부족이자 선우의 성인 연제씨연제씨의 가계 출신이 선우 자리를 계승의 음운과 흉노의 음운이 유사하다는 것이다. 부족 이름과 그 수장의 성이 동일한 어원에서 유래하는 부족은 북아시아 여러 민족에게서 광범위하게 나타나는데 흉노도 이와 같은 예로 본 것이다. 또한 흉노라는 명칭이 발흥 당시에는 한 부족의 명칭이었으나 멸시 어린 의미를 결부시켰다는 설명도 있다.[04]

　《설문해자주說文解字注》를 보면 '흉匈'은 원래 가슴을 뜻하는 '흉胸'과 같은 자라고 적혀 있다. 한나라 때 유향劉向이 저술한 《설원說苑》에는 흉匈이 아니라 '개勾'로 나오는데 이는 흉노가 아니라 '개노勾奴'임을 의미한다. 당나라 때 허숭許崇이 편찬한 《건강실록建康實錄》에는 북위北魏를 지칭하면서 '개노종勾奴種'으로 적었다. 개노는 "가부토"로 읽을 수 있는데 일본어로 가부토는 투구를 의미한다. 따라서 흉노는 얼굴을 가리는 투구를 쓴 것에서 유래했다는 해석도 가능하다.[05]

　또 다른 설명은 '흉匈'은 '훈Hun 또는 Qun'에서 따온 음사며 '훈'은 퉁구스어로 '사람'을 뜻한다는 설명이다. '노奴'자에 대한 설득력 있는 해석은 고구려 초기에 '나那'나 '국國'으로 표기되는 집단이 상당수 있었다는 점에서 유추할 수 있다. '나那'는 '노奴', '내內', '양壤' 등과 동의어로, '토지土地' 또는 '수변水邊의 토지土地'를 의미했다.

고구려의 5대 부족인 절노부絶奴部, 순노부順奴部, 관노부灌奴部, 貫那部, 소노부消奴部, 涓奴部에도 흉노와 마찬가지로 노 자가 들어 있다. 이들은 고구려 성립 이전에 압록강 중류 지역 부근에 자리 잡은 토착 세력으로, 고구려에 정복·융합된 것으로 추정된다.

한편 원나라 때 극 〈공작담孔雀膽〉에 나오는 대사 중에 '노奴'나 '아노阿奴'는 남편을 지칭하는 '낭郎'이나 '낭자郎子'라는 뜻이다. 즉, '노'는 사람에 대한 호칭으로 쓰인 것으로, 비속어로 봐야 하는 건 아니다.

현대인들은 흉노를 비속어로 인식하지만 과거에도 그런 것은 아니다. 흉노는 묵특冒頓 시대부터 전성기에 들어가는데 진나라를 이은 한은 엄밀한 의미에서 흉노에게 조공하는 처지로 전락한다. 이때 자신이 조공하는 처지에서 상대를 비하하는 뜻으로 부른다는 것은 현실적으로 불가능한 일이 아닐 수 없다. 이제 흉노의 어감과 이미지가 좋지 않다는 선입관을 버려도 좋을 것이다.

흉노 사회의 특징

학자들이 흉노에 대해 정확하게 파악할 수 없는 건 고유한 문자가 없었기 때문이다. 사마천도 《사기》에서 흉노는 문자가 없다고 기록했다. 그러나 사마천이 흉노에 대해 많은 기록을 남겼기 때문에 흉노 사회를 매우 자세하게 파악할 수 있는데 흉노가 놀랄 만큼 정연한 군사·정치·사회조직을 갖춘 제국이었음을 알 수 있다.

일반적으로 왕국kingdom이란 '동질적인 실태와 의식을 구비한 일정한 민족 집단과 그 거주 지역을 일원적으로 지배하는 정치조직'을 말하며 제국empire은 왕국의 규모를 넘어서 '다수 민족과 그 거주 지역을 다원적임과 동시에 통일적으로 지배하는 정치조직'을 뜻하는데 흉노는 최전성기 때 중국의 세 배가 되는 영역을 지배할 만큼 광대한 영토를 지배하는 제국이었다. 이와 같은 체제는 이후 중앙아시아에서 흥망한 대다수 유목국가들이 채택했다.

흉노는 몽골 중앙부인 상원에 본영을 설치했고 선우'탱리고도선우撐犁孤塗單子'의 약어로, '탱리'는 터키–몽골어에서 '하늘'을 뜻하는 '텡그리Tengri'의 음역이며 '고도'는 '아들'이란 뜻는 흉노의 왕을 뜻하며 천자天子라는 뜻이다. 선우의 공식 명칭은 '천지가 낳으시고 일월이 정해주신 흉노 대선우', 즉 '존선우尊單子'다. 다시 말해 '천존天尊'보다 높은 존재다. 선우는 산시 성 북부, 윈중에 상당하는 광대한 지역을 직접 통치하고 좌현왕左賢王과 우현왕右賢王으로 하여금 동서 지역을 통치하게 했다.[06] 상원은 상당히 광활하면서도 비옥한 초원 지대로, 동서남북 교통의 요충지였기 때문에 흉노를 비롯해 몽골, 돌궐, 위구르 등이 모두 이 지역에 본영을 설치했다.

주로 태자가 맡은 좌현왕은 몽골 고원 동쪽 대싱안링 산맥 일대에서 만주 전 지역을 관장했다. 어떤 학자는 고조선 지역 대부분을 포함한다고 추정한다. 우현왕의 영역은 한의 수도 장안에서 그리 멀지 않은 상군 지역에서 시작해 멀리 서방으로 크게 펼쳐졌다.

흔히 흉노는 상설 주둔지가 없고 성을 건설하지 않는다고 알려졌지만 흉노의 세 선우는 각각 왕궁을 세우고 수도도 정했다. 흉노가 농경 생활에 적응하려 한 것으로 보인다. 흉노가 쌓은 성으로는 두만성, 조신성, 범부인성 등이 잘 알려져 있는데 이들 모두 인산 산맥 부근이다. 흉노 성도 한나라 성과 유사하다고 한다. 성 내부 건축물은 흙과 나무로 지었고 용마루는 기와로 덮었다. 지하에는 하수도관이 설치됐으며 성 외부에는 수로가 여러 개 있고 주민들은 보통 성 밖에 거주했다.[07]

흉노는 각 제후들에게 거의 무한대에 가까운 자치를 허용했는데 선우가 직접 지휘해야 하는 주요 군사 활동을 제외하고는 소규모 군사훈련과 일반 정치는 일일이 선우에게 보고하거나 허락을 받을 필요 없이 모두 좌·우현왕이 알아서 처리했다.

흉노는 크게 정치·사회조직을 좌우, 동서, 흑백 등으로 나눠 상호 견제와 균형을 이루는 이원화 제도를 채택했다. 특히 군대는 십진법을 근거로 십, 백, 천, 만 단위로 조직됐다. 이원화 제도나 십진 구성은 흉노뿐만 아니라 돌궐, 위구르를 비롯한 투르크계에도 계승돼 투르크 문화의 한 특성으로 정착한다.

흉노 사회는 크게 세 집단으로 구성됐다. 첫째는 핵심 지배 집단으로, 왕족인 허련제가虛攣鞮家와 혈통의 순수성을 지키기 위해 왕비를 배출하는 외척들인 호연呼衍·란蘭·수복須卜·구림가丘林家 등으로 한정돼 있었다. 둘째는 주도 집단으로, 흉노 제국 건설에 적극 참여한 투르크 등을 포함한 초기 부속들이다. 셋째는 전쟁 포로나 복속민들로 구성된 집단이다. 군사 조직의 단위 부대장은 모두 흉노인으로 충당됐으며 중간 관료나 기술직에 여타 부족들이 기용됐다.

여기에서 지배 집단이란 유목민의 수령이 속한 부족을 의미한다. 칭기즈칸도 몽골족 가운데 자신이 거느린 부족인 몽고부蒙古部를 핵심부로 이용했다. 흉노는 유목민이므로 광대한 목초지에 분산돼 살다가 족장의 계승이나 전쟁 등 중요한 일이 있을 때 각지 수령들이 한곳에 모여 회의해 결정했다. 그러나 지배 구조상 핵심 지배 집단이 전체 부족들을 이끌어나가므로 지배 집단의 풍습과 전통이 전체 흉노를 대표한다고 볼 수 있다.

흉노는 형이 사망하면 형수를 아내로 맞았으며 노인보다 장정을 더 우대했다. 동생이 형수를 취하는 취수혼娶嫂婚은 유교 윤리가 지배하는 사회에서는 악덕으로 여기지만 과거의 북방 민족으로서는 종성種姓이 흩어지는 것을 두려워했기 때문에 필연적으로 도입된 제도다. 부단한 정복 전쟁으로 청장년 남자의 사망률이 높았던 유목민 사회에서는 취수혼 풍습을 통해 죽은 형의 재산과 어린 자식의 분리를 방지함으로써 가족제도를 옹호했다고 볼 수 있다. 이 제도는 고구려에도 있었고 일본에서는 1950년대까지 농촌에서 행해졌다.

흉노의 유물은 주로 동물무늬를 새긴 청동 허리띠 판식, 금은 장식, 고리, 마구나 장비에 사용된 장식, 암사슴 모양으로 긴 창의 끝부분을 장식한 것이 대표적인데 이것을 "오르도스 예술"이라 부른다. 프랑스의 르네 그루세는 유물이 대개 황허 만곡 지역과 산시 성 북부에서 많이 발견됐고 16세기 이래 이곳을 지배한 부족이 몽골 오르도스족이었기 때문에 그렇게 부른다고 적었다.[08]

한나라의 조공을 받은 흉노

흉노를 구체적으로 설명하려면 진시황이 중국을 통일한 기원전 3세기로 내려가지 않을 수 없다. 진시황이 기원전 221년에 중국을 통일하고 흉노를 막기 위해 만리장성을 쌓았다는 기록이 중국과 흉노가 본격적으로 대립하기 시작했음을 알려주기 때문이다.

그러나 진시황은 천하를 통일한 지 10여 년 만인 기원전 210년에 사망한다. 후임자인 호해가 등극하지만 곧 항우에게 패해 진나라는 멸망한다. 항우와 유방이 천하를 놓고 싸운 결과 유방이 승리하고 통일 중국인 한나라를 세운다. 당시 북쪽에 있는 흉노는 한나라를 견제할 수 있는 유일한 세력이었다. 한나라는 멸망할 때까지 흉노와 때로는 가깝게, 때로는 원수처럼 지냈다.

기원전 202년에 비로소 유방은 황제를 칭하고 노관을 연燕 왕으로 봉하는데 이듬해에 노관이 흉노에 투항하는 사건이 발생했다. 유방은 흉노가 갓 태어난 한나라에 큰 골칫거리가 될 것으로 예상하고 30만 명을 동원해 묵특 선우를 공격했다. 그러나 흉노의 진면목을 알지 못하는 유방이 흉노의 근거지로 들어간 것은 큰 실수였다. 기원전 200년에 유방은 백등산에서 일주일 동안이나 흉노에 포위됐다가 가까스로 구출되는 등 온갖 수모를 겪은 끝에 흉노와 화친을 맺는다. 이것이 이른바 잘 알려진 '평성의 치'다.

화친을 맺을 수 있었던 것은 진평陳平의 절묘한 계략 덕분이었다. 패배가 눈앞에 다가오자 진평은 미인도 한 폭을 연지閼氏, 원음은 '알저'로 흉노의 황후를 뜻함에게 보냈다. 유방이 데리고 있는 수많은 여자들을 묵특이 취하게 되면 결국 묵특의 관심이 연지한테서 멀어지게 된다는 점을 일깨운 것이다. 연지는 황급히 유방의 청을 들어 휴전에 동의하게 했다.[09] 이는 전쟁에서도 연지의 의견이 무시될 수 없었다는 사실을 시사해주는 것으로 이 배경에는 연지 가문이 흉노의 한 축이었음을 보여준다.

《사기》에는 묵특이 지휘하는 정예병이 40만 기 또는 활을 쏘는 자 30여 만 명이라고 기록할 정도로 엄청난 대군이 동원됐다. 흉노는 기마 부대를 서방은 백마, 동방은 청방마얼굴만 흰 말, 북방은 오려마흑마, 남방은 성마적황마로 편성한다. 이 명칭이 말의 털 색깔을 그대로 반영한 것이라고는 단정할 수 없지만 묵특이 기마 부대를 매우 조직적으로 운용하면서 한나라군을 압박했음은 확실하다.[10]

당시 흉노와 한이 맺은 화친의 골자는 다음과 같다. 첫째, 한은 공주를 흉노 선우에게 반드시 출가시킨다. 둘째, 한이 매년 술, 비단, 곡물을 포함한 일정량을 조공으로 바친다. 셋째, 한과 흉노가 형제맹약兄弟盟約을 맺어 동등한 지위를 나눈다. 넷째, 만리장성을 경계로 양국이 서로 상대의 영토를 침범하지 않는다. 형식적으로는 한이 형이 되고 흉노가 동생이 되는 조약이지만 실제로는 한은 흉노의 속국이나 마찬가지였다.

한나라가 흉노에 보내는 분량은 한과 흉노 사이의 역학 관계에 따라 수시로 바뀌었는데 대체로 매년 늘어났다. 기원전 192년부터 135년까지 적어도 아홉 차례에 걸쳐 양을 늘렸다는 기록이 있는 것으로 볼 때 한이 흉노의 조공국, 즉 속국이나 마찬가지였음은 부정할 수 없는 사실이다.

흉노의 전성시대를 연 묵특 선우의 아버지는 두만頭曼이다. 두만은 월지月氏에 아들 묵특을 인질로 보내고 곧바로 월지를 급습했다. 전쟁이 벌어지면 인질을 처형하는 것이 당연한 일이었다. 그런데 묵특은 아버지 두만의 기대와는 달리 월지에서 탈출해 본국으로 돌아왔다. 두만은 묵특을 제거하려고 했다가 자신의 아들이 대범한 것을 알고 만인대로 구성된 기병대의 지휘권을 줬다.

여기에서 유명한 '명적鳴鏑'이라는 고사가 유래한다. 묵특은 명적, 즉 소리를 내며 날아가는 화살을 만들어 부하들을 철저하게 훈련시켰다. 그는 자신이 명적을 쏘면 다 같이 그곳을 향해 쏘라고 명령했다. 훈련 강도를 점점 올려 자신의 명마, 애첩을 향해 명적을 쏘고 화살을 따라 쏘지 않은 장병을 참형할 정도였다. 그 결과 부하들은 묵특이 명적을 쏘면 일사불란하게 화살을 쏘았다. '효시嚆矢'라는 말이 여기서 생겨났다. 전쟁터에서 공격 명령을 내릴 때 명적을 한 발 공중으로 발사하는데 전투 개시를 의미하는 이 소리 나는 화살을 효시라고 한다.

묵특은 아버지 두만이 사냥을 나갔을 때 아버지 두만을 향해 명적을 쏜다. 묵특의 부하들이 따라서 두만을 향해 화살을 쏘았고 두만은 현장에서 죽는다. 묵특은 곧바로 계모와 동생 등을 모조리 제거하고 스스로 선우 자리에 오른다.

당시에 동호東胡, '동쪽 오랑캐'를 의미한다. 흔히 단군조선고조선을 뜻하지만[1] 이후에 동방에서 크게 부각되는 오환과 선비를 포함한다. 고조선뿐만 아니라 부여, 예맥, 진번, 임둔, 진국 등 다양한 국가가 있었다고 추정하는 견해도 있다가 매우 강성했다. 묵특의 세력이 점점 커진다는 것을 알고 흉노를 공격할 빌미를 찾기 위해 묵특의

천리마와 연지를 요구했다. 부하들은 동호가 무례하다며 요구를 거절하라고 했지만 묵특은 "두 나라가 인접한데 어찌 말 한 마리와 여자를 아끼겠는가"라며 순순히 동호의 의견을 따랐다. 그러나 두 나라 사이에 있는 1,000여 리에 걸친 황무지를 동호가 갖겠다고 하자 묵특은 "땅은 나라의 근본이다"라며 동호를 습격해 왕을 살해하고 백성과 가축 등을 노획했다.

이제 동호를 대신해 흉노가 유목 기마민족의 패자로 떠오른다. 묵특은 자신의 치세 동안 대대적인 정복 활동을 벌여 초원 지대에 있는 거의 모든 민족을 복속시킨다. 그의 영토는 동쪽으로는 한반도 북부, 북쪽으로는 바이칼 호수와 이르티시 강, 서쪽으로는 아랄 해, 남쪽으로는 중국의 웨이수이 강渭水과 티베트 고원에 이르렀다. 역사는 "북으로는 활을 쏘는 강국이 있고 남으로는 문인의 나라가 있다"라고 말한다.

흉노가 예맥조선이 근거로 삼은 한반도 북부를 정복했다는 것은 흉노의 지배 영역에 한민족이 속했다는 것을 뜻한다. 조법종 박사가 "고조선은 중국과는 춘추·전국시대나 진·한 교체기에 조선이란 존재의 다양한 정치 세력으로 조우하며 특히 위만조선 시대를 전후해 흉노로 대표되는 기마 유목 세력과 교류했다"라고 적은 것도 이 부분을 설명한 것으로 보인다. 그리고 스기야마 마사아끼는 조선 방면을 흉노가 관장하는 시기가 먼저 있고 계속해 연장선에서 한반도로 한이 진출했을 가능성이 크다고 적었는데 이것도 흉노에 격파된 동호가 예맥조선임을 근거로 한 것이다동호를 북부여로 해석하는 학자도 있다.

한편 단재 신채호는 조선과 흉노에 대해 주목할 만한 의견을 내놓았다. 그는 고대 아시아 동부의 종족을 우랄어족우랄알타이어족과 지나支那어족으로 나누며 한족漢族·묘족苗族·요족猺族은 후자에 속하고 조선족·흉노족은 전자에 속한다고 말했다. 조선족이 분화해 조선朝鮮·선비鮮卑·여진女眞·몽고蒙古·퉁구스족 등이 되고 흉노족이 흩어져 돌궐突厥·흉아리헝가리로 추정·토이기터키·분란핀란드 또는 폴란드로 추정 등이 됐는데 조선이나 흉노 사이에 같은 관명官名·지명·인명이 많은 점을 볼 때 고대에 이들이 동일한 어족이었음이 분명하다는 것이다.

흉노와 중국의 혈투

일급 스파이 장건

흉노에 대한 한나라의 화친 정책은 물자를 제공하고 그 대가로 평화를 사는 것이었다. 그러나 이 정책의 본질은 뇌물을 주고 달래는 것이었다. 그러므로 흉노와 한나라가 맺은 조약은 한나라가 오랑캐 세력인 흉노와 동등한 외교적 지위를 누림으로써 동양에서 양극적인 세계 질서가 성립됐음을 의미한다. 이를 상징적으로 증명하는 것이 흉노의 선우라는 호칭이다. 중국은 흉노의 선우가 외교상 황제와 동등한 지위라는 것을 공식적으로 인정하며 두 통치자의 관계를 형제 관계로 규정했다. 기원전 162년 한나라 문제文帝가 흉노 선우에게 보낸 서신은 이를 잘 보여준다.

짐과 선우는 백성들의 부모이며 과거의 일들을 생각하면 사소한 문제와 신하들의 실수 등도 모두 우리의 우의를 손상시키지 못할 것으로 생각하오. 하늘은 한 면만 덮지 않고 땅은 누구에게나 공평한

법이오. 짐과 선우는 과거의 사소한 문제들을 던져버리고 함께 대도
大道를 따라야 할 것이오.

여기에서 사용된 '부모', '하늘', '땅' 같은 낱말들은 한쪽이 다른
한쪽에 항복하거나 복종한다는 의미가 아니라 두 국가가 독립적이
라는 뜻이지만 한나라는 여전히 조공을 바쳐서 흉노를 달래야 했다.

한나라가 흉노에 대해 조공을 바쳐 평화를 찾아야 하는 '흉노 공
포증'에서 벗어나기 시작한 것은 기원전 141년에 무제가 즉위하면서
부터. 성미가 괄괄한 무제는 고조 유방 이후 60여 년 동안 지속된
굴욕적인 유화 정책을 버리고 강경 대응으로 나선다.

무제가 선조들이 견지한 화친 정책을 중단하려고 한 것은 화친
정책의 결과로 얻을 수 있다고 생각한 이점들을 한나라가 전혀 획득
하지 못했다고 판단했기 때문이다. 흉노는 화친 기간 동안에도 끊임
없이 조공을 요구할 뿐 아니라 수시로 습격하며 한나라를 괴롭혔다.
이는 오랫동안 견지한 평화 정책이 실패로 끝났음을 의미하므로 이
에 대한 대안을 준비해야 했다. 즉, 전쟁을 벌여서라도 그동안 실속
없이 유지했던 평화 정책을 바로잡겠다는 것이었다.[12]

더욱이 무제가 즉위할 즈음이면 한나라는 우수한 철제 무기를 자
체 제작할 수 있는 기술을 보유한 상태였다. 북방 유목 민족의 전통
적인 기병 전술과 군대 편제도 상당히 습득했다. 게다가 군사의 숫
자가 월등히 많았으니 흉노를 두려워할 이유가 없었다.

무제는 흉노의 압박에서 벗어나기 위해 그의 치세 대부분에 걸쳐
흉노를 적극 공략하는데 누구보다 실크로드를 개척한 장건張騫의 활

약이 결정적이었다. 기원전 141년, 무제는 16세 나이로 왕위에 오르자마자 흉노의 노상 선우가 돈황과 기련산맥을 무대로 세력을 펼치던 월지를 패배시키고 타클라마칸 사막 서쪽인 일리 강 유역으로 쫓아낸 사실을 알았다.

흉노에게 패배한 월지를 약한 종족으로 생각하면 오산이다. 근래에 월지가 단순한 유목 부족이 아니라 큰 부족 연합, 즉 유목 국가를 형성한 세력이라는 사실이 밝혀졌다. 월지도 흉노 못지않은 전력을 갖춘 기마민족인데 흉노에 패배한 것이다. 《사기》〈흉노 열전〉에는 "동호가 강하고 월지도 세력이 왕성했다"라는 기록이 있다. 이 기록으로 보면 진시황 때 흉노는 동쪽으로 동호, 서쪽으로 월지 사이에 낀 샌드위치 신세였던 셈이다.

무제를 더욱 솔깃하게 한 것은 근거지를 흉노에게 빼앗긴 월지가 흉노에 복수하기 위해 동맹국을 찾고 있다는 소식이었다. 이 소식을 들은 무제는 즉시 월지와 연맹해 흉노를 앞뒤에서 공격할 목적으로 한중 출신인 낭관 장건을 협상 사절단으로 파견했다. 당시 중국 국경에서 한 발만 내딛어도 모두 흉노의 세력권이라 흉노가 장건을 순순히 통과시킬 리 없기에 그야말로 위험한 일이 아닐 수 없었다.

기원전 139년에 장건은 유목민 통역관 감부甘父를 비롯한 사절단 100여 명을 이끌고 출발한다. 그러나 예상대로 흉노에게 모두 포로로 잡힌다. 몇몇 흉노족은 장건을 살려 보내면 그가 보고 들은 정보가 흉노를 공격하는 데 활용될 수 있으므로 반드시 죽여야 한다고 주장한다. 그러나 군신 선우는 흉노 제국이 한나라한테서 조공을 받는 당대의 패자이자 제국이므로 비록 한인 포로라 할지라도 우수한 인재라면 등용하는 것이 흉노에 더 유리하다고 말하고는 장건을 살려준다. 결론부터 말하자면 이 결정은 흉노 제국이 결국 한나라에 패망하는 원인이 된다.

흉노에 억류된 장건 일행은 약 10여 년 동안 포로 생활을 하지 않을 수 없었다. 엄밀한 의미에서 장건은 행동할 수 있는 범위가 게르를 중심으로 사방 10킬로미터나 돼 포로 생활이라기보다 비교적 자유로운 이동만 제한된 손님 대접을 받았다. 장건은 흉노 여인과 결혼해 아들까지 낳았다. 그러나 그는 흉노 지역에 억류돼 있었음에도 무제에게 받은 사명을 잊지 않고 흉노의 감시가 소홀한 틈을 타서 아내와 부하들과 함께 탈출한다.

기원전 129년, 장건이 아무다리야 강 북쪽으로 옮긴 대월지에 도착했으나 상황은 매우 달라져 있었다. 대월지는 대하국을 복속시키고 비옥한 땅을 발판으로 삼아 인구 40여만 명에 이르는 큰 유목국가를 이루고 있었다. 새로운 정착지에 만족한 대월지는 무제가 예상한 것과는 달리 한나라와 연합해 흉노를 공격할 생각이 없었다. 그는 대월지에 1년 동안 머무르며 기회를 노렸지만 연합이 불가능하단 사실을 깨닫고 한나라로 돌아가지 않을 수 없었다.

장건 일행의 귀국길도 순탄하지 않았다. 귀국길에 또다시 흉노의 포로가 된 것이다. 1년 정도 억류돼 있던 장건은 군신 선우가 세상을 떠나고 왕위를 둘러싼 내분이 일어난 틈을 타 탈출해 기원전 126년께 장안으로 돌아왔다. 그와 함께 떠난 부하 100명 가운데 통역관 감부 오직 한 명 그리고 흉노족 아내만이 그와 동행했을 뿐이다.

장건은 무제에게 자신이 흉노에 억류됐을 때 보고 들은 일, 대월지에서 생활한 일, 실크로드에서 겪은 일 등 중앙아시아에 대한 많은 정보를 보고했다. 장건은 많은 서역 나라들이 한나라와 교역하는 데 관심이 크다고 보고했는데 이는 무제로 하여금 대흉노 작전과 서방 진출 정책을 강력히 추진하게 하는 결과를 가져왔다.

기원전 123년에 대장군 위청衛靑이 하서 전투를 위해 공손하, 공손오, 이저 등과 함께 10만 대군을 이끌고 정양에서 북쪽으로 출발했다. 이때 이들의 길잡이로 나선 사람이 장건이다. 전투에서 적의 지형을 정확히 파악하고 공격하는 것은 전투에서 절반 이상을 이기고 들어가는 것이나 마찬가지다.

흉노는 광대한 영토를 수시로 이동하므로 제대로 근거지를 공격한다는 것이 간단한 일이 아니었는데 장건은 10여 년 동안 흉노와 함께 살면서 그들의 일거수일투족을 파악하고 있었다. 장건은 한나라 군사들이 길을 잃지 않고 흉노 진영으로 곧장 쳐들어가게 했다. 작전을 짜고 부대를 주둔시킬 때도 유리한 지형을 선택해 한나라 군사가 승리를 거두는 데 결정적인 공을 세웠다.

흉노와의 전투에서 괄목할 만한 성과를 거둔 무제는 기원전 121년 여름에 군대를 둘로 나눠 흉노를 공격케 했다. 한 부대는 장건과 이광, 다른 부대는 곽거병과 공손오가 지휘했다. 장건과 이광은 우북평에서 출발해 서쪽으로 우회해 호응하고 곽거병과 공손오는 북쪽에서 출발해 하서를 공격하도록 했다.

이광은 정예 기병 4,000명을 이끌고 선발로 출발했고 장건은 기병 1만 명을 이끌고 후방을 맡았다. 이광이 흉노 기병 4만 명에게 포위돼 패색이 짙을 때 장건의 기병이 가까스로 도착해 흉노를 철수시켰다. 흉노에게 다소 타격을 주기는 했지만 큰 공은 아니었다.

한편 곽거병과 공손오는 각자 하서로 출발했지만 공손오는 길을 잃고 곽거병을 만나지 못했다. 그럼에도 곽거병은 거연택과 소월씨를 거쳐 기련산을 공격해 흉노의 좌현왕 혼야왕渾邪王과 우현왕 휴저왕休屠王에게 큰 타격을 입혔다.[13]

장건은 월지 대신 오손烏孫과 연합해 흉노를 제압한다는 새로운 전략을 건의했다. 장건의 아이디어는 간단했다. 오손도 흉노와 같은 유목민인데 그들을 한나라가 정복한 허시주랑河西走廊에 거주시켜 흉노를 견제하게 하자는 것이었다.[14] 무제는 장건을 오손에 파견했다. 일행 300명과 함께 오손을 비롯한 여러 나라에 선물할 막대한 재물을 갖고 떠난 장건은 오손 왕의 후대를 받았지만 흉노를 협공하는 동맹을 맺는 데는 실패했다. 당시 오손은 내부 권력 다툼이 심했고 흉노에 대한 두려움도 컸으므로 중국과의 동맹 관계를 원치 않았다.[15] 장건은 주변 여러 나라에 부사副使를 파견하고 오손의 사자 수십 명을 데리고 귀국했다. 이후 외국 사신을 접대하는 대행령에 임명됐지만 기원전 114년에 사망했다.

엄밀한 의미에서 장건이 주변국과 흉노를 협공하기 위한 동맹을 맺는다는 임무를 완수하지는 못한 것은 사실이다. 그러나 그가 보고 들은 흉노와 서역에 대한 정보는 한나라가 흉노를 제압하는 데 결정적인 구실을 했다. 비록 장건이 서역로를 최초로 발견한 사람은 아니지만 장건 덕분에 각국 사절과 상인들이 활발하게 왕래할 수 있었다. 결국 한나라의 팽창 정책과 인도, 서양을 상대로 한 교류 확대에 결정적인 몫을 한 셈이다.

돈황 막고굴 제323굴 북벽에는 7세기에 그려진 〈장건출사서역도張
騫出使西域圖〉라는 벽화가 있다. 장건이 여행한 때로부터 8백 년이 흐른
뒤에 벽화로 등장할 정도로, 특히 실크로드 지역에서 그의 명성은
꾸준히 드높았다는 걸 알 수 있다.[16]

근래 중국에서 장건에 대한 관심이 더욱 높아지고 있는데 중국이
서역 경영에 전념한 이유를 그에게서 찾기 때문이다. 한마디로 흉노
가 중간에서 막대한 이득을 취하는 바람에 비단 수출 교역로의 지
배권을 확보해야 했고 그 첨병이 장건이었다는 것이다. 당시 로마에
서 비단을 금과 일대일로 교환했다는 사실은 서역의 중요성을 잘 보
여준다. 반면에 래티모어 박사는 한나라에 외국 사치품 수요가 점증
한 까닭에 중앙아시아로 끌려 들어갔다는 개념을 제시했다.

기원전 2세기계 실제로 무제가 장악한 교역로를 통해 얼마나 많
은 교역품이 전달됐는지 확증할 수는 없다. 그러나 서역을 장악한
흉노를 한나라가 제압하는 데 장건의 공헌이 컸다는 점에는 많은 학
자들이 공감한다.[17]

흉노 제압에 나선 무제

국력이 어느 정도 신장됐다고 생각한 무제는 흉노 정벌에 적극적으
로 나선다. 그러나 흉노의 대항도 만만치 않았다. 사실 무제의 집권
동안 흉노와의 전투는 일진일퇴했다. 어느 정도 중복되는 점도 있지
만 한나라와 흉노의 혈투에 중점을 둬 자세하게 설명하겠다.

7세기에 제작된 〈장건출사서역도〉. 말에 탄 무제가 무릎을 꿇은 장건에게 출정을 명령하는 장면을 담았다.

기원전 133년에 무제는 흉노에 대한 적극적인 공격을 결정하고 어사대부 한안국韓安國을 호군장수로 임명해 정병 30만 명으로 흉노를 공격하도록 했다. 한안국은 군사를 전략 요충지인 마읍성 부근 산에 매복시키고 첩자를 군신 선우에게 보내 마읍성을 공격하면 성을 열어주겠다고 유혹했다. 군신 선우가 직접 기병 10만 명을 이끌고 마읍성 100여 리 밖에 도착한다. 그러나 가축은 방목돼 있는데 목동이 한 명도 보이지 않는 것을 이상하게 생각하고 봉수대 한 곳을 급습한다. 포로가 한나라 병력 30만 명이 매복하고 있다고 자백하자 군신 선우는 곧바로 회군한다.[18] 한나라는 아무런 소득을 얻지 못했지만 이 작전은 "마읍의 계책"이라 불리며 한나라와 흉노가 벌이는 본격적인 전투의 서막으로 인식된다.

기원전 129년, 무제는 위청을 거기장군으로 임명하고 군사 4만 명을 맡긴다. 그리고 이광, 공손하, 공손오는 안문, 대군, 운중으로, 위청은 상곡으로 진격하게 한다. 그러나 이 전투는 한나라의 패배로 끝난다.

이광은 흉노의 협동 공격에 걸려 포로로 잡혔다가 구사일생으로 돌아오고 공손오는 병력의 3분의 2를 잃었고 공손하는 아무런 공적이 없었다. 단지 위청만이 용성龍城, 선우가 하늘에 제사 올리고 수령들과 회합을 하는 곳까지 쳐들어가 흉노 700여 명을 죽이는 승전보를 올렸다. 이 전투는 매우 유명하다. 한나라 군사가 만리장성 바깥으로 출정해 흉노와 전투를 감행했기 때문이다. 그렇지만 흉노에게 큰 타격을 준 것은 아니었다.

기원전 128년에는 흉노가 대군을 이끌고 남하해 요서를 공격한다. 이 전투에서 흉노는 태수를 죽이고 3,000여 명을 포로로 잡아갔을 뿐 아니라 상곡과 어양 일대를 공격해 한안국을 죽이는 성과를 거둔다. 이때 위청이 기병 3만 명으로 이들을 격퇴했는데 이 승리는 흉노와 맞붙어 이길 수 있다는 자신감을 한나라에 심어줬다.

위청의 승리로 자신을 얻은 무제는 하남과 하서 이북에서 흉노를 공격할 계획을 세운다. 이 전투도 매우 중요하게 평가된다. 한나라가 처음으로 전략적인 공격에 나섰기 때문이다.

위청은 기병 4만 명을 이끌고 측면을 공격하는 전술을 채택했다. 운중을 넘어 서북으로 흉노의 후방을 돌아 하남을 지나는 북쪽의 고궐을 차지하고 하투 지역과의 연계를 차단했다. 그런 다음 방향을 틀어 황하와 하란산을 따라 남하해 미처 전투 태세를 갖추지 못한 흉노의 백양왕과 누번왕을 고립시켰다. 위청은 흉노 2,300명을 죽이고 수천 명을 포로로 잡았으며 소와 양 100여 만 마리를 차지했다.

이 승리로 한나라는 황허 이남 오르도스 지역 대부분을 수복하고 장안의 안전을 보장받게 됐다. 무제는 이곳에 삭방군을 설치하고 농민 10만 명을 이주시켰다.

이 무렵 군신 선우가 병사하면서 잠시 전쟁은 소강상태로 들어가는데 군신 선우의 동생 좌곡라왕左谷蠡王 이치사伊稚斜가 태자 어단於單을 격파하고 선우가 됐다. 그는 선우가 되자마자 기병 9만 명을 동원해 대군, 정양, 상군, 삭방을 공격해 한나라를 패퇴시켰다. 대군 태수가 죽은 것은 물론 포로로 잡혀간 사람만도 수천 명이나 됐다.

그러나 이치사에게 패배한 어단이 한으로 망명한 것은 흉노에게 커다란 손실이었다. 흉노 공략에 필요한 결정적인 정보를 제공했기 때문이다. 무제는 그를 섭안후로 봉했다.

기원전 124년, 한나라는 대규모 반격 작전을 펼친다. 무제는 위청을 기거장군으로 삼아 10여만 명을 이끌고 삭방군과 고궐에서 흉노를 공격하게 했다. 이 공격은 크게 성공해 흉노의 우현왕이 대패하고 흉노군 5,000여 명이 포로로 잡혔으며 가축 100만 마리가 노획됐다. 그러나 흉노의 저력도 녹록치 않아 곧바로 반격에 나서는 등 흉노와 한나라의 전투는 일진일퇴였다.

이듬해에 곽거병이 18세 나이로 참전한다. 곽거병은 하동군 평양현에서 무제의 누이인 평양공주平陽公主의 집안 관리 곽중유霍仲孺와 시녀 위소아衛小兒 사이에서 태어났다. 위소아는 대장군 위청의 누이인데 언니가 나중에 무제의 황후가 된다. 거병이라는 이름은 어릴 때 매우 몸이 약했기 때문에 병이 물러가라는 의미에서 지었다고 한다. 그의 자질은 16세에 대장군 위청을 따라 흉노 정벌에 나서면서 나타난다. 당시 그의 직책은 표요교위다. 교위는 병사들에게 무예를 가르치는 교관이고 표요는 행동이 민첩하고 용맹스러운 모양을 일컬으므로 곽거병은 용감하고 씩씩한 청년임을 알 수 있다.

첫 전투에서 곽거병은 주력 부대와 고립되는 불리한 여건 속에서도 기병 800명으로 흉노를 공격해 흉노 2,000여 명을 죽이는 성과를 거뒀다. 이 승리는 무제의 기병 육성이 드디어 빛을 보기 시작했다는 사실을 보여주는 것이다. 무제는 일찍부터 흉노에 대항하기 위해 기병을 조직해 엄격하게 훈련시켰는데 이 기병 부대를 유효 적절히 구사한 사람이 바로 말을 잘 타고 활을 잘 쏘는 곽거병이었다.

한나라는 흉노와의 전투에서 기선을 잡자 허시주랑 공격에 매진했다. 이 지역은 혼야왕과 휴저왕이 남쪽의 강인羌人과 연합해 한나라를 견제하면서 통제하고 있었는데 이곳을 점령하면 흉노 진영에 압력을 가할 수 있는 것은 물론 장안의 안전을 더욱 공고히 할 수 있었다. 게다가 강인과 흉노의 관계를 차단할 수 있다면 각 나라와 연합해 흉노의 본영도 공격할 수 있었다.

허시주랑의 패자가 된 한나라

기원전 121년, 무제는 곽거병을 표기장군으로 임명하고 기병 1만 명을 줘 농서로 출정시켰다. 곽거병은 오려산을 넘어 만나는 흉노마다 격파하고 허시후이랑河西回廊을 거쳐 하서 동쪽에 있는 언지산옌즈 산을 공격했다. 언지산은 주봉이 3,978미터로, 단일 봉우리처럼 보이나 남북으로 20킬로미터, 동서로 34킬로미터에 이르는 요충지다. 이곳에서 한나라가 대승을 거둔 것이다.

기원전 121년 여름에도 장건과 이광이 합류해 흉노를 공격했다. 곽거병은 거연택과 소월씨를 거쳐 기련산을 공격해 흉노의 좌현왕과 우현왕에게 큰 타격을 입혔다. 이 전투에서 곽거병은 이치사 선우의 수하인 단환왕, 추도왕 등을 포함해 2,500여 명을 포로로 잡고 3만 2,000명을 죽였으며 휴저왕이 하늘에 제사를 지내는 데 쓰는 순금으로 만든 제천금인상도 노획했다.

기원전 121년에 벌어진 두 차례 전투에서 한나라가 완승을 거두고 흉노에게 심각한 타격을 주자 이치사 선우는 혼야왕과 휴저왕에게 참패에 따른 책임을 묻겠다고 선우정單于庭, 선우의 주거용 텐트식 궁전이 있는 곳으로 소환했다. 당시 선우의 소환이란 죽음을 의미하므로 혼야왕은 휴저왕에게 한나라에 투항하자고 설득한 후 투항하겠다는 사신을 무제에게 보냈다. 무제는 흉노의 항복이 거짓일지 모른다고 생각하면서도 곽거병에게 그들의 항복을 받아들이라고 명했다.

곽거병이 혼야왕의 본거지로 접근하자 휴저왕이 맹약을 후회하고 항복을 취소했다. 그러자 혼야왕이 휴저왕 진영을 급습해 휴저왕을 죽이고 흉노 4만여 명과 함께 곽거병에게 투항했다. 이때 휴저왕의 태자 김일제와 동생 윤, 모친 알지가 함께 포로가 돼 한나라로 끌려갔다. 뒤에 이들 후손들이 가야, 신라로 들어가 집권에 성공하는데 이 부분은 다시 설명하겠다.

혼야왕의 투항은 흉노 진영의 붕괴를 의미하므로 무제는 혼야왕에게 1만 호를 봉읍으로 주고 탑음후로 봉하고 그의 아버지 호독니를 하마후로 봉해 후대했다. 《한서》〈지리지〉는 무위군을 "흉노 휴저왕의 옛 땅", 장액군을 "흉노 혼야왕의 옛 땅"으로 기록해 하서의 영유권이 흉노에서 한으로 이동했음을 분명히 했다.

그러나 혼야왕의 투항으로 한나라가 받은 진정한 이득은 당시 한나라를 괴롭히던 티베트계 서강西羌을 견제할 수 있게 됐다는 점이다. 서강은 군사력이 막강해 한나라로서도 함부로 대처할 수 없는 강국이었는데 흉노와의 연계를 끊음으로써 서방 공략에 자유로울 수 있게 된 것이다.[19]

물론 이 사건으로 흉노가 완전히 멸망한 것은 아니었다. 흉노는 언지산 이북으로 퇴각한다. 한나라는 이곳을 지키기 위해 영거에서 남쪽 기련산으로 이어지는 염택까지 성을 쌓았다. 이곳은 현재 간쑤 성 일대에서 신장웨이우얼 자치구 사이에 있는 바이룽두이로, 흉노의 주 활동 무대를 한나라가 접수한 셈이다.

흉노 혼야왕이 한나라에 항복해 흉노 세력이 약해지고 본거지를 고비 사막 북쪽으로 옮겼다고는 하지만 이치사 선우의 주력부대까지 궤멸한 것은 아니었다. 혼야왕이 투항한 이듬해인 기원전 120년에 흉노는 기병 수만 명으로 정양과 우북평을 공략해 1,000여 명을 죽이는 등 반격에 나섰다.[20]

기원전 119년, 무제는 흉노를 상대로 대대적인 공격에 나섰다. 대장군 위청과 표기장군 곽거병은 각각 기병 5만 명을 이끌고 이치사 선우가 직접 지휘하는 흉노 정예병과 대치했다. 이 전투에서 한나라는 가장 큰 승리를 거둔다. 위청은 흉노 1만 9,000여 명을 죽였고 곽거병은 거의 7만 명에 이르는 포로를 잡았다.

곽거병이 허시주랑을 정복하자 한나라는 이 지역의 경영에 본격적으로 나선다. 그러나 기원전 117년에 곽거병이 급사한다. 그의 나이 24세였다. 곽거병이 사망하자 무제는 흉노인들에게 검은 갑옷을 입혀 곽거병의 시신을 장안에서 무릉으로 호송케 했다. 그를 위해 기련산처럼 꾸민 무덤을 만들었다.[21] 곽거병의 무덤에는 석상이 여러 개 서 있는데 말이 흉노를 밟고 선 마답흉노상馬踏匈奴像이 유명하다.

기원전 115년에 무제는 주천군을 설치하고 그 뒤 무위군을 세웠다. 얼마 후 무위군을 무위와 장액으로 나누고 주천군을 주천과 돈황으로 나눴는데 이를 "하서사군河西四郡"이라 부른다. 한나라는 이 일대를 개간해 농사를 지으면서 점점 서북 지역을 발전시켜 새로운 강대국으로 발돋움하는 계기를 잡는다. 학자들은 한나라가 진정한 제국으로 성장하는 데 곽거병이 중요한 몫을 했다고 평가한다.

그 뒤로 한나라는 더 서쪽인 돈황에서 염택까지 역참을 설치했다. 돈황의 서쪽에 옥문관과 양관을 설치해 서역을 왕래하는 무역로로 활용했는데 그래서 만리장성의 서쪽 끝을 주취안주천 인근 자위관이 아니라 이때 설치된 옥문관과 양관으로 보는 학자도 있다.

다시는 변방을 공격하지 않겠다

무제는 흉노와의 전쟁에서 여러 번 승리하자 흉노를 완전히 궤멸시키겠다고 결심한다. 그러나 흉노 정벌은 기대대로 진행되지 않는다. 기원전 111년에 공손하, 조파노로 하여금 수만 명을 이끌고 흉노를 공격하게 하지만 2,000여 리를 헤매다가 아무런 성과를 거두지 못하고 철수한다. 이듬해에는 자신이 직접 18만 명을 이끌고 공격에 나섰으나 흉노가 아예 전쟁을 기피해 전투 자체가 벌어지지 않았다.

기원전 103년에는 조파노가 이끈 군사 3만 명이 삭방에 매복했으나 오히려 전군이 전멸했다. 기원전 99년에 이광리로 하여금 기병 3만 명으로 흉노를 공격하게 했다. 이때 이광리의 손자 이릉李陵에게 보급품 수송을 맡겼으나 전투에 나서기를 원했으므로 무게는 이릉에게 따로 군사 5,000명을 줘 이광리를 돕게 했다. 이릉은 몽골 초원 깊숙이 들어가 흉노군 10만 명과 싸워 승리한다. 그러나 지원군이 도착하지 않고 다시 흉노에게 포위되자 항복했다. 이 전투에서 한나라군은 400여 명만이 탈출해 살아 돌아올 수 있을 정도로 대패했다. 사마천은《사기》에 이 전투를 다음과 같이 기록했다.

한의 군사들은 하루에 화살 50만 발을 쏴버리자 남는 것이 없었다. 수레를 버린 채 걸어갔는데 병사들은 3,000여 명에 지나지 않았다. 병사들은 전차의 기둥을 뽑아 휘둘렀고 장교들도 단지 길이가 한 자도 안 되는 칼을 가지고 있을 뿐이었다.

당시 사마천은 기록을 관장하는 태사관이었다. 그는 포로가 된 이릉의 용감성을 변호했다. 무제는 항복한 이릉을 변호하는 것에 분을 참지 못하고 사마천에게 삭탈관직과 함께 궁형을 내린다. 사마천은 이 고통을 딛고《사기》를 편찬했다.

기원전 97년에는 이광리 등이 24만 대군을 이끌고 출격했으나 흉노군 19만 명에게 포위돼 큰 타격을 입었고 기원전 90년에는 이광리 등이 14만 군사를 이끌고 북상하다 본대가 매복에 격파당하고 이광리는 흉노에게 잡혔다.

기원전 133년에 벌어진 마읍 전투를 기점으로 이광리가 잡힌 기원전 90년까지 40여 년 동안 무제는 흉노와 수많은 전투를 치렀지만 흉노를 완전하게 정벌하지는 못했다. 오히려 원정을 남용해 백성들의 생활이 곤궁해지고 국력이 약화되는 결과를 낳았다. 결국 무제는 다시는 변방으로 출정하지 않겠다고 자신의 실책을 반성해야 했다. 그는 기원전 87년에 세상을 하직했다.[22]

한나라가 흉노를 완전히 궤멸시키지는 못했지만 무제의 공세로 한나라와 흉노의 위치는 완전히 뒤바뀐다. 한나라가 흉노에 대한 주도권을 잡은 것이다. 당시 흉노의 전체 인구는 100만 명에서 150만 명 정도로 추산되는데 전투 기간 동안 전체 인구의 15퍼센트에서 20퍼센트에 이르는 20만 명 이상이 전사하거나 포로로 잡혔다.

게다가 흉노는 유목 생활의 근간인 가축 손실이 막대했다. 중국 사료의 과장이 있다고 보지만 한군에 노획된 가축 수는 수천만 마리에 이른다. 전쟁에 지친 가축의 유산율까지 감안한다면 이는 흉노 경제의 파탄을 의미했다. 영토 손실 또한 컸다. 흉노는 중국과의 전쟁에서 먼저 하남과 하서의 비옥한 초원 지대를 잃었고 그 뒤로 열하, 찰합이 등 동북 지방을 빼앗겼다. 더욱 흉노에게 치명적인 것은 흉노에 복속돼 있던 서역 지역 소국들이 한의 영향권에 들어갔다는 사실이다. 흉노의 영향력 축소로 볼 수 있는 이런 외부적인 요인은 조공 감소와 교역로 상실을 초래했고 결국 국력의 쇠퇴 요인이 됐다.

오랫동안 흉노와 대혈투를 벌였음에도 흉노를 제압할 수 없다는 사실을 깨달은 무제는 차후를 대비하는 휴전을 모색하며 양신楊信 등을 사신으로 파견했다. 무제는 요하강 상류에 거주하는 오환烏丸을 한의 오군五郡 북쪽으로 옮겨 흉노와 한의 완충지로 만들었다. 그러자 오환의 이동으로 공백이 된 요하강 상류 일대를 조선이 공격할 가능성이 매우 높았다. 기원전 108년에 위만조선을 멸망시키고 한사군을 둔 것도 이와 같은 한의 대흉노 정책에 따른 것이다.

무제가 위만조선을 멸망시키고 한사군을 설치했지만 몇몇 학자들은 이 전쟁도 사실상 실패한 것으로 평가한다. 원정 사령관 가운데 수군을 지휘한 누선장군 양복은 초기 전투에 실패했지만 간신히 참형은 면했다. 서인으로 신분이 강등됐다. 서로 공을 다투어 갈등을 초래했다는 좌장군 순체와 화의 추진 책임자인 위산 또한 참형됐다는 것은 전쟁이 한에 유리하게 진행되지 않았다는 점을 알려준다. 더욱이 재침공을 주도한 제남태수 공손수도 화의를 진행하려는 양복을 감금하고 재공격하는 도중에 역시 참형을 당했다. 이런 사실은 당시 위만조선이 군사적으로는 패배했을지 몰라도 결코 완전히 패배한 것이 아니라는 사실과 조선에 기존 토착 세력이 그대로 유지됐음을 뜻한다 하겠다.

흉노의 서역 진출

흉노의 서천

유럽에 전격적으로 나타난 훈족은 유럽의 판도를 재편했다. 그런데 훈족이 유럽에 나타난 배경에는 한나라와 흉노의 몇백 년에 걸친 혈투가 있었다. 학자들은 훈족의 이동을 한나라와 흉노가 벌인 전쟁이 만들어낸 여파라고 생각한다. 이와 같은 결론은 세계사에 대한 매우 중요한 인식의 변화를 의미한다. 이제 한나라와 흉노가 벌인 혈투가 흉노의 서천에 어떤 영향을 끼쳤는지 상세하게 설명하겠다.

무제가 중국 역사에서 남다른 것은 그의 집권이 다른 황제에 견줘 매우 길었기 때문이다. 무려 54년이나 황제로 군림했는데 그동안 그는 흉노 정벌에 모든 노력을 경주했다. 반면 흉노는 계속해서 지배자가 바뀌었으므로 한나라와의 전쟁에만 신경을 쓸 수 없었다. 쉽게 말해서 선우로 주대되자마자 선우가 해야 할 가장 급선무는 신우 제제를 공고히 하는 것이었다. 이는 선우에게 도전하는 사람을 제거해야 한다는 뜻이다. 소위 내부 단속에 신경을 쓰는 것이 중요하므로 중국과의 전투는 가능하면 피하는 것이 상책이었다.

기원전 114년에 이치사 선우가 사망하고 오유 선우가 즉위한다. 그는 중국과의 전면전을 굳이 고집하려고 하지 않았다. 대신 중국과 전투하지 않는 확실한 방법을 찾았다. 한마디로 흉노의 전략 목표를 중국 남부가 아니라 서역으로 바꾸는 것이었다. 서역을 장악하면 중국의 견제도 회피하면서 상권도 확보해 일석이조 효과를 얻을 수 있다는 계산이었다.

그런데 오유 선우가 중국의 오른쪽보다 왼쪽에 주력하려는 참인 기원전 111년에 청해 일대에서 생활하던 강족이 흉노에 사신을 보내 함께 연합해 한나라를 공격하자고 제안한다. 중국과의 전투에서 흉노가 다소 쇠약해졌지만 허시주랑 일대의 중요성을 잘 알고 있는 오유 선우는 곧바로 오원군을 공격해 태수를 죽이는 등 승리를 거둠으로써 서역으로 가는 길목을 장악한다. 흉노의 전략적 승리라 볼 수 있다.

기원전 105년, 오유 선우를 이어 첨사려 선우가 즉위했는데 나이가 어려 "아선우児單于"라 불리지만 타고난 강골이었다.[23] 그런데 그가 정작 역사에서 유명하게 된 것은 강인한 흉노 기질 때문이 아니라 흉노 역사상 매우 중요한 결정을 내렸기 때문이다. 선우정을 아예 중국 북부에서 서북 지역으로 옮긴 것이다. 오유 선우를 이어 서역 경영에 더 적극적으로 나서겠다는 뜻이다. 이는 주천과 돈황을 확보하는 것이 중요하다는 사실을 잘 파악했기 때문이다. 이 결정은 현실적인 면을 중요시했기 때문이지만 역사학자들은 이 자체를 두고 흉노가 궁극적으로 중국의 핵심인 운중 동쪽 지역을 포기한 것이라고 평가한다.

문제는 아선우가 핵심 지역을 포기하고 서쪽 경영에 몰두하면서 폭정을 일삼았다는 점이다. 선우정까지 옮겨 흉노의 위신에 먹칠했다고 부하들이 반발하기 시작하지만 당대에 선우나 황제에 반기를 드는 방법은 반란을 일으키거나 적군에 투항하는 방법뿐이었다.

우현왕은 후자를 택했다. 흉노의 실세라고도 볼 수 있는 우현왕이 중국과의 전투에서 패배하자 아선우가 그를 질책했다. 흉노의 전통을 볼 때 질책이란 의미는 죽음을 의미하므로 우현왕은 한나라에 귀순해버린다. 학자들은 우현왕이 한나라에 귀순한 것도 흉노가 본영을 서부로 옮긴 여파로 인식한다.

묵특 선우가 동호를 격파한 것은 후룬베이얼 초원의 중요성을 잘 알고 있었기 때문이다. 그러나 아선우가 중국과의 혈투를 벌이는 과정에서 스스로 초원을 포기한 것은 후룬베이얼 초원보다 서역이 더 중요하다고 판단했기 때문이다.

그런데 한나라 또한 서역이 얼마나 중요한 곳인지를 잘 알고 있었다. 흉노가 중국과의 전쟁을 피하면서까지 서역으로 진출하려고 했지만 두 나라는 또다시 혈투를 벌일 수밖에 없었다. 기원전 109년에 한 무제는 조파노를 통해 천산 북쪽에 있는 차사국車師國과 동맹을 맺었다. 흉노는 이에 맞서 오손과 연합했다. 당시 오손은 돈황, 기련산 일대에서 강력한 군대를 거느리고 있었기 때문에 흉노 제압은 실패로 돌아갔다.

흉노와 오손의 연합으로 한나라의 서역 진출이 주춤하자 기원전 92년에 호록고 선우는 조카인 선현탄을 일축왕으로 봉하면서 서역 경영을 맡겼다. 동쪽을 포기한 대신 서역을 장악하겠다는 의지를 분명히 표명한 것이었다. 흉노가 서역 경영을 본격적으로 시작하자 한나라는 이를 막기 위해 흉노를 계속 공격했지만 승부는 좀처럼 결판이 나지 않았다.

그런데 흉노의 장병 숫자가 한나라보다 적으므로 적은 인명 피해도 한나라보다 더 크게 여겨질 수밖에 없었다. 게다가 흉노가 오손과 연합했다고 하지만 오손 역시 강국이라 흉노가 자신의 입맛대로 서역을 좌지우지할 수 있는 것도 아니었다. 이때 흉노에게 기회가 찾아왔다. 무제가 사망한 것이다. 무제의 사망으로 전세를 뒤엎을 수 있는 기회를 잡았다고 생각한 흉노의 호연제 선우는 기원전 74년에 우선 오손을 공략해 정복했다. 흉노가 오손을 장악해 세력을 키우자 뒷감당에 문제가 생길 것을 우려한 한나라는 흉노를 토벌할 원정군을 조직한다.

기원전 71년에 범명우가 16만 대군을 이끌고 출정했다. 그러나 호연제 선우는 재빨리 북으로 이동해 한나라의 원정은 완전히 실패했다. 한나라로서는 오손의 잔류군을 격파해 포로 3만 9,000여 명과 가축 70만 마리를 획득했다는 점이 그나마 위안 삼을 만한 일이었다. 그렇지만 한나라가 철수하는 길에 심한 폭풍우를 만나 장병과 가축 대부분을 잃어 기록에는 생존해 돌아온 장병이 거의 없었다고 할 정도로 큰 피해를 보았다.

천재로 한나라군이 막대한 피해를 입었지만 자연재해는 한나라에만 닥친 것은 아니었다. 기원전 68년, 대규모 홍수와 눈사태가 흉노 진영을 엄습했는데 이 무렵 집권한 허려권거 선우는 내부 단속에 실패하고 한나라에 대패해 요충지인 누란과 차사국을 빼앗겼다. 더구나 강족이 머물던 청해 일대마저 한나라에 점령되자 아선우가 서역 진출을 목표로 서쪽으로 선우정을 옮긴 조처는 완전히 실패한 꼴이 됐다.

기원전 60년, 허련권거 선우가 후계자도 정하지 못하고 사망하자 우현왕 도기당이 악연구제 선우로 추대된다. 그런데 그는 선우가 되자마자 자신의 행보에 제동을 건 선대 선우의 아들과 형제, 측근을 모두 살해한다. 일축왕 선현탄도 선우의 핍박에 한나라로 투항했다. 한나라로서는 그야말로 예상치 못한 보물을 손에 쥐게 된 것이다.

계속되는 선우의 폭정으로 흉노 각 부족들이 선우에게 등을 돌리기 시작할 때 중국 역사의 한 축을 장식했다는 호한야呼韓邪가 등장한다. 그런데 그는 한나라와의 대치가 소강상태를 유지하자 평화가 지속될 것이라는 생각하고는 치명적인 실수를 저지른다.

첫째는 그동안 흉노의 주축으로 활약하던 각 부족의 군대를 모두 해산하고 몇몇 측근 부족의 군사들만 자신의 수하에 남도록 한 것이다. 둘째는 그가 선우가 되기까지 음양으로 큰 공헌을 한 우현왕악연구제 선우의 동생을 살해하려는 계획을 세운 것이다. 이에 우현왕이 발끈하고 자기 스스로 선우가 되는 것이 아니라 도기 선우를 호한야에 대항하는 선우로 추천한다.

흉노에 선우가 두 명이나 등장한 것이다. 도기 선우가 호한야를 응징하기 위해 출정 명령을 내리자 열세를 느낀 호한야는 신우정을 도기 선우에게 내주지 않을 수 없었다. 흉노에 두 선우가 양립하며 이후 복잡하게 흉노 상층부가 움직여 선우 다섯 명이 서로 흉노의 적통이라고 주장하고 나섰다. 이를 역사는 "다섯 선우의 병립"이라고 부른다.

승리는 놀랍게도 호한야에게 돌아갔지만 호한야 또한 많은 전투에서 커다란 손실을 입어 전력이 많이 축나고 말았다. 이때 나타난 사람이 질지 선우다. 호한야에게 실망한 많은 부족들이 질지 진영으로 합류하자 호한야는 자신의 열세를 인정하지 않을 수 없었다.

호한야는 질지가 자신을 공격한다는 정보를 듣고 부하들에게 대응책을 주문했다. 부하들의 의견은 둘로 나뉘었다. 첫째, 호한야 선우야말로 묵특 선우에게서 이어져오는 흉노의 적통이므로 흉노의 명예를 위해 질지와 정면 대결을 벌려야 한다는 것이다. 설사 패배한다 하더라도 승자에게 양보하는 것이 흉노의 전통이라고 했다. 둘째, 일단 정면 대결을 피하고 보신책을 강구해야 한다는 것이다.

호한야는 둘째 건의를 채택했는데 그 방법이 놀랍다. 한마디로 흉노의 영광을 뒤로하고 한나라에 투항한 것이다. 한나라에 사신을 보내 투항 의향을 전달하고는 기원전 51년에 선제宣帝를 찾아갔다. 호한야는 한나라의 신하가 될 것을 다짐했다. 호박을 넝쿨째 얻은 선제는 그가 위기에서 벗어나도록 돕기로 했다.

그는 호한야에게 '흉노선우새匈奴單于璽'라고 적힌 국새와 많은 선물을 하사했다. 중국 왕조는 유일하게 황제의 도장만을 국새로 인정했는데 국새를 호한야에게 준 것은 그를 일반 제후와 다르게 대한다는 것을 의미했다. 물론 옥으로 만든 황제의 국새와는 달리 황금으로 제작해 황제보다 낮은 위치에 있음을 나타냈다. 호한야는 황제와 동등한 대우를 받지 못했지만 흉노의 다른 맹주들의 위협에서 벗어날 수 있었으므로 매우 만족해했다.

호한야가 한나라에 복속한 일은 매우 중대한 사건이다. 거의 300여 년 동안 한나라와 흉노가 벌인 혈투가 끝났다는 것을 의미하는 동시에 오랑캐는 중원의 지배를 받지 않는다는 옛 법이 깨지고 북방 민족이 중원의 지배를 받는 첫 선례를 만들었기 때문이다.

한편 한나라와 호한야가 연합할 기미가 보이자 질지도 한나라에 사신을 보내 자신이 흉노의 적통이라며 예전처럼 흉노와 한나라의 평등한 관계와 평화조약을 계속 유지하자고 제안했다. 호한야를 포섭한 한나라로서 그의 청을 들어줄 리 만무했다. 호한야에게 기선을 제압당한 질지는 더 서쪽으로 근거지를 옮겨 기회를 노리지 않을 수 없었다.

서쪽에는 오손과 월지가 있었는데 오손은 과거에도 흉노와 연합했다. 질지가 대군을 동원해 월지를 압박하자 힘이 부친 월지는 곧바로 항복했다. 흉노는 월지가 차지하고 있던 비옥한 이리강 유역을 오손에게 줬다. 이 조치는 흉노의 전략 중 하나였다. 월지가 다시 돌아올 수 없도록 오손으로 하여금 수비대 역할을 맡긴 셈이기 때문이다. 오손은 이리강 유역에 정착한 후 계속 서쪽으로 영토를 확장하고 동남쪽에 적곡성을 쌓아 수도로 삼았다. 오손 왕을 "곤미昆彌" 또는 "곤막昆幕"이라 불렀는데 질지가 서천을 할 무렵 오손이 그곳을 오로지한 강자였다. 당시 오손의 가구는 12만, 인구는 63만 명, 병사는 18만 8,800명으로 서역의 최대 대국이었다.[44]

그러나 질지는 과거의 동맹인 오손의 중요성을 알고 이를 공격해 격파했다. 오손까지 격파한 질지가 인근까지 접근하자 시르다리야 강 일대에 있는 강거康居가 그를 초청했다. 강거는 동쪽으로 오손, 서쪽에 파르티아가 있어 형세가 항상 위태로웠는데 흉노가 오손까지 격파하자 흉노에 눈치를 보지 않을 수 없었던 것이다.

그런데 질지가 강거로 들어갈 때 엄청난 눈보라에 휘말려 장병 3만 명 중에서 90퍼센트가 사망하는 바람에 살아서 강거에 도착한 장병은 3,000여 명에 지나지 않았다. 강거 왕은 질지의 부하가 고작 3,000여 명에 지나지 않았지만 그의 명성을 높이 사 자신의 딸과 질지의 딸을 서로 아내로 맞아들렸다. 질지의 명성이 워낙 높았으므로 서역의 작은 나라들은 그의 기침 소리 한 번에도 항복했다. 질지는 정령, 견곤, 대완페르가나, 대하 등의 항복을 받았고 견곤을 수도로 하는 나라 아정牙庭을 세웠다. 학자들은 이후 질지의 무리를 "서흉노", 호한야의 무리를 "동흉노"라 부른다. 또한 서흉노는 서방 세계에 근접한 아랄 지역까지 영토를 넓혔으므로 이를 서양에서는 흉노 제국이 출현한 기원으로 간주하며 "흉노의 제1차 서천西遷"이라고 부른다.

질지는 자신의 힘이 어느 정도 축적됐다고 생각하자 자신에게 패배했지만 완전 소탕되지 않은 오손을 비롯해 인근 소국가를 점령하고 탈라스 강 유역에 중목성을 쌓고 전력을 비축하면서 자신의 고향으로 돌아갈 준비를 했다. 한마디로 동흉노인 호한야를 공격하겠다는 것이었다.

그러나 한나라는 질지가 위치를 공고히 할 만한 시간을 주지 않았다. 기원전 36년에 원제元帝는 서역도호 감연수甘延壽에게 군사 4만 명을 줘 질지를 토벌하라고 명령했다. 문제는 기마 부대인 질지가 한나라의 동정을 미처 파악치 못했다는 점이다. 감연수가 1,600킬로미터에 걸치는 대장정을 거쳐 탈라스 강에 도착했을 때야 질지가 비로소 한나라의 대군을 발견했을 정도다.

한나라의 기습에 놀란 질지는 기마 부대를 활용할 틈도 없이 중목성에서 한나라 군과 혈투를 벌려야 했다. 원래 흉노는 기마전에 강점이 있었으므로 성을 배경으로 전투하는 공성전에는 취약하지 않을 수 없었다. 결국 중목성은 함락되고 질지를 비롯해 1,418명이 살해된다. 용맹한 흉노로 알려진 질지는 이 전투에서 두 가지 불명예를 남겼다. 한나라 군에 전사한 첫 선우이자 머리와 몸이 따로 묻힌 인물이 된 것이다.

서역의 강자였던 질지의 패배는 한나라가 오랫동안 바란 서역의 완전 통제권을 획득했다는 것을 의미한다. 사실 한나라가 서흉노 무리를 공격한 것은 질지가 실크로드를 위협하는 주적이었기 때문이다. 질지 세력이 완전히 괴멸됨으로써 이 일대 상권은 한나라로 들어가고 이후 서흉노에 대한 기록은 나타나지 않는다.

질지가 죽자 호한야는 한나라에 공주를 보내달라고 요청했다. 이때 중국에서 보낸 사람이 바로 중국 역사에 유명한 왕소군이다. 그는 왕소군에게 "영호연지寧胡關氏"라는 칭호를 선사했는데 이는 흉노를 편안하게 하는 부인이라는 뜻이다. 왕소군은 이듬해 아들 이도지아사를 낳는다. 이도지아사는 뒤에 우일축왕과 좌현왕에 오르며 선우정의 핵심 인물이 된다.

왕망의 신나라 건국

질지가 살해돼 서흉노가 사라지고 동흉노인 호한야 세력도 중국에 복속해 있을 때 한나라에 일대 정변이 일어난다. 기원후 8년, 흉노의 주력 부족 중 하나이자 외척인 왕망王莽이 한나라를 멸망시키고 신新을 건국한 것이다. 왕망은 원제元帝의 비인 원후元后의 동생 왕만王曼의 둘째 아들이다. 왕망은 원후가 원제의 비이므로 황제의 인척이라는 막강한 배경도 있었지만 38세에 재상인 대사마에 오를 정도로 재능을 인정받은 실력자였다. 그는 한나라의 무능을 발견하고 자신이 직접 신나라를 연 것이다.

문제는 신나라가 단 15년밖에 버티지 못했다는 점이다. 왕망이 당시 상황을 고려하지 않고 혁신적인 개혁 조치를 추진한 것이 화근이었다. 왕망은 모든 토지를 국가 소유로 해 매매를 금지하고 백성들에게 토지를 고르게 분배하는 왕전제王田制를 실시하고 사노비의 매매를 금지하는 조치를 취했다.

그의 개혁안 자체는 나무랄 바 없지만 호족들의 거센 반발에 부딪히고 적미의 난 등 농민반란을 재촉했다. 또한 '하늘에 태양이 두 개일 수는 없고 땅에 왕이 둘일 수 없다'라는 기치 아래 과거 한나라가 각국 왕에게 보낸 인수印綬를 회수하고 천하 사표四表를 보냈다. 그러면서 과거 한나라가 준 명예의 격을 모두 격하했다.

왕망은 흉노에 대해 더욱 강경책을 펼쳤는데 결국 이것이 왕망의 몰락을 앞당기는 실마리가 된다. 흉노에 대한 그의 강공은 왕망 스스로 흉노와 친연성을 갖고 있기 때문에 오히려 흉노를 제압하려 한 것으로 보인다. 왕망은 묵특에게 격파된 동호의 일파인 오환을 선동해 흉노에게 바치는 조공을 거부케 했다. 이는 흉노로서 도저히 용인할 수 없는 일이었다. 그러나 왕망의 조처는 이 정도에서 머문 것이 아니었다.

왕망은 그때까지 한이 채택한 흉노에 대한 특별 대우를 폐지하고 객신에서 외신外臣으로 격하하더니 마침내 흉노 땅을 신나라의 주로 편입하겠다고 선언했다.[25] 또한 흉노를 공노恭奴로, 선우禪于를 선우善于로 고치고 장안에 인질로 억류한 선우의 아들들을 참살했다.

왕망은 선우에게 준 흉노선우새를 신흉노선우장新匈奴禪于章으로 고쳤다. 그러나 선우가 흉노선우새를 다시 요구했다. 왕망이 이를 거절하자 선우가 대노해 운중에 침입했다. 이 전투에 왕망은 맥貊, 즉 고구려군고구려의 별종인 소수맥을 시켜 흉노를 치게 했으나 고구려군은 흉노와 싸우지 않고 도리어 새외塞外로 나가 왕망군을 공격해 요서대윤을 살해했다.

왕망은 흉노가 강성하고 부여, 예맥이 일어날 염려가 있으니 출병을 중지하라는 엄우의 충언을 듣지 않고 출병을 강행했지만 후한 광무제 유수劉秀에 패망해 그가 세운 신나라는 사라지고 다시 한나라가 들어선다. 이를 후한 또는 동한이라고 한다. 왕망은 가야 김씨와 신라 김씨의 동천東遷과 매우 관계가 깊으므로 이 부분은 뒤에 다시 설명하겠다.

선조의 길을 따라간 북흉노

왕망의 등장으로 중국 일원에서 일대 광풍이 일어나고 다시 후한이 들어서자 그동안 한나라에 복속됐던 동흉노에게도 변화가 일어난다. 호도 선우가 후한을 공격해 흉노로서의 옛 명성을 되찾았지만 그가 사망하자 우현왕인 비比가 스스로 호한야 선우라 칭하면서 고비 사막 이남에 있는 여덟 개 집단을 이끌고 북흉노 포노 선우에게 반기를 든 후 광무제에게 투항한 것이다.

이들이 바로 남흉노로, 학자들은 이때 후한에 투항한 흉노를 몽골 계열이 아니라 투르크 계열로 추정한다. 광무제는 투항한 남흉노인들에게 내몽골 땅을 거주지로 줘 투항하지 않은 북흉노를 견제하게 했다. 이 당시 흉노의 동쪽에서는 고구려 태조가 즉위해 영토를 넓히고 있었다. 또한 뒤에 중국 역사에 큰 구실을 하는 오환과 선비가 흉노에서 이탈해 한나라에 복속했다. 광무제는 오환을 후·왕·군장에 봉해 오환교위를 부활시켜 통치했다.[26]

남흉노가 철저하게 후한에 복속하자 힘의 열세를 느낀 북흉노는 계속해 후한과 화친 의사를 보였으나 후한은 이들의 대립을 이용해 어부지리를 취하고자 북흉노의 화친을 거절하면서 남흉노에는 최대한 호의를 베풀었다.

51년부터 55년까지 설상가상으로 북흉노 지역에 재난이 잇달아 일어났다. 결국 포노 선우가 취할 수 있는 방법은 단 하나, 자신들을 배신한 남흉노를 공격하는 것이었다. 이들은 계속해 남쪽을 침략했는데 후한도 어느 정도 국력이 증강되자 본격적으로 대규모 북벌에 나서 과거의 영광을 재현하려고 했다. 사실 왕망과 후한 초기에 이미 서역은 흉노의 손아귀에 들어갔지만 남흉노가 복속하고 중앙 통치가 안정되자 이들 사이에 전쟁은 필연이었다고도 볼 수 있다.

서기 73년, 한나라는 두고竇固에게 군사 4만여 명을 줘 북흉노를 치게 했다. 결과적으로 이 공격은 실패했지만 북흉노의 일부 부족들이 불안감을 감추지 못하고 남흉노 땅으로 도주했다. 이들의 이탈로 북흉노의 세력이 급격히 약화되자 포노 선우는 후한과 남흉노를 공격하는 것을 단념하고 서역으로 방향을 선회한다.

당시 서역은 북흉노가 지배하고 있었다. 중국은 반초班超로 하여금 이에 대적케 했다. 반초의 등장은 북흉노로서는 재앙이 아닐 수 없다. 반초가 북흉노가 지배하고 있는 여러 소국을 한나라 우군으로 끌어들이고 이들과 연합해 북흉노를 공격한다. 북흉노 세력은 천산 북쪽에서 완전히 철수하지 않을 수 없었다.

이는 북흉노의 분열을 초래했다. 패배한 북흉노는 북쪽 막북으로 이동한다. 이것이 흉노의 제2차 서천이다. 흉노가 중국과 먼 거리에 있어 전쟁으로 전투력을 낭비하지 않게 되자 흉노는 다시 강국으로 부상한다. 흉노는 무력을 동원해 서역을 장악한 후 그 세력을 규합하면서 한나라와의 대결을 꾀했다.

그러나 북흉노의 분열은 곧바로 선비족에게 기회를 줬다. 선비와 오환은 묵특에게 격파된 동호의 후예로, 흉노의 지배를 받았다. 그러나 무제의 흉노 정벌로 오환의 옛 땅인 시라무렌 강 유역에서 힘을 기를 수 있었다. 그중 탁발선비가 흉노족이 떠난 후룬베이얼 초원에 자리 잡아 추후 중국을 통일하는 세력이 된다. 선비는 북흉노의 분열을 틈타 이들을 공격했고 전쟁에서 패한 북흉노의 우류 선우는 가죽이 벗겨져 전리품이 되는 치욕을 당했다. 선우가 죽자 북흉노 백성들은 남흉노에 투항한다. 이때 투항한 사람들은 그 수가 무려 20여 만 명에 달했다.

89년에 후한 화제和帝는 남흉노를 규합해 북흉노에 또다시 결정적인 타격을 줬다. 치명상을 입은 북흉노는 천산산맥 북쪽으로 이동해 일리 강 상류와 나린 강 유역에 도착했다가 계속 서진해 페르가나 분지를 지나 발하슈 호와 아랄 해 사이의 강거 땅에 도착했다. 이것을 흉노의 제3차 서천이다. 2세기 후반에는 시르다리아 강 하류 지역에 도달했다. 이후 중국 사서에 북흉노에 대한 기록이 나오지 않는다.

과거 흉노의 본거지였던 몽골 고원에서는 수많은 부족들의 이합집산과 각축이 시작됐다. 이때 선비족에서 단석괴檀石槐라는 영웅이 태어나 여러 부족을 통합하고 정령, 부여, 오손 등 흉노의 옛 땅을 차지한다. 그러나 그가 사망하자 탁발선비가 두각을 보인다. 탁발선비는 무제 때 흉노에 투항한 이릉의 후손이라는 설도 있지만 여하튼 이들의 후손인 이연이 당나라를 세운다.

흉노와 훈족을 연결하는 고리로, 한나라가 붕괴할 무렵에 남흉노가 또다시 등장한다. 이 당시 남흉노의 세는 많이 꺾여 삼국시대인 위나라 때 오르도스 초원과 알라샨에 인접한 지역의 부족과 함께 중국의 번병황제에게 봉사하는 군대으로 봉사하고 있었다. 위나라와 진나라 황제와 계약을 맺은 것이다.

흉노와 중국 사이에 어정쩡한 평화가 이뤄지자 흉노 수령들이 장안과 낙양에 드나들게 되면서 남흉노는 남으로 더 멀리 내려가 만리 장성을 넘어 중국 내부에 자리 잡기 시작했다. 당시 북방 민족의 한 인화가 두드러졌지만 이들은 한인과 동등한 대우를 받지 못하는 천 민층이나 마찬가지였다. 그들은 과중한 세금과 노역을 부담해야 했 고 한인의 인종적 차별과 멸시, 핍박도 여간 아니었다. 그들의 불만 은 곧바로 반란으로 표출되기 시작하자 한나라는 이들을 다시 만리 장성 이북에 정착시키려고 시도했다.

그러나 사정은 정반대로 움직였다. 그들을 용병으로 동원하고 부 역을 강요하는 일은 점점 늘어간 것이다. 값이 적게 들었기 때문이 다. 이것은 흉노에게 봉기할 명분을 축적시켜주는 일이었다. 300년에 유명한 '8왕의 난'이 일어난다. 8왕의 난을 실질적으로 수행한 무력 은 북방 출신 유목민들의 기마 부대였다. 여덟 왕과 그 수하들이 흉 노와 선비 등을 경쟁적으로 휘하에 동원하면서 내전에 활용했다. 이 들이 유목 민족들을 활용한 것도 막강한 전투력에 견줘 비용이 적 게 들었기 때문이다.

그런데 내란이 길어지면서 천하를 주름잡던 황실의 실력자가 하 루아침에 역적으로 몰려 죽는 일이 다반사가 되자 유목 민족들은 중국의 왕조를 우습게 생각하지 않을 수 없었다. 유목민 족장들이 용병 대장에 만족하지 않고 자신도 황제가 될 수 있다고 생각한 것 이다.

이때 흉노의 호주천 선우는 자신의 먼 할머니가 한나라의 공주였 다는 점을 들어 황제의 성인 유劉씨를 칭했다. 한나라와 흉노 두 제 국의 정통성이 흉노의 가계에서 나타난 것이다. 304년에 당시 산시

성에 자리 잡고 있던 도객흉노屠客匈奴 유연劉淵이 진晉나라 혜제에게 오부 선우로 책봉된다. 308년에는 한나라의 후예라는 명분을 내세워 태원에서 황제를 칭하고 이듬해에 서진의 수도 낙양을 공격했다. 이를 "북한北漢"이라 부른다.[27]

굳이 한이라고 한 것은 물론 한의 정통을 이어받았다는 것을 강조하기 위해서다. 그러나 유연이 세운 북한은 엄밀한 의미에서 중국인이 아니라 흉노가 세운 왕조로, 중국 역사에서 오호십육국五胡十六國으로 불리는 나라 중에서 첫째 정권이었다.

310년에 유연이 사망하고 아들인 유총劉聰이 대를 이었는데 그는 동양의 아틸라로 불릴 정도로 중국을 철저히 유린했다. 311년에 서진의 수도인 낙양을 점령해 황궁을 불태우고 황제 회제懷帝를 사로잡았는데 이것이 '영가의 난'이다. 312년에는 장안으로 들어가 그곳 인구의 절반을 학살했다. 포로가 된 회제는 평양으로 이송돼 313년에 처형될 때까지 노예 옷을 입는 모욕을 당했다. 316년 다시 장안으로 쳐들어가 민제愍帝를 사로잡아 자신이 주최하는 연회에서 술잔을 씻게 하는 것은 물론 사냥을 나가면서 사냥개 노릇을 시키는 등 모욕을 주고는 318년에 처형했다. 이로써 서진은 네 왕, 52년 만에 완전히 멸망했다. 이 사건으로 흉노가 중국의 패자로 등장한다. 중국 북방이 아니라 중앙까지 장악한 것이다. 이는 흉노 역사에서 처음이자 마지막이었다.

여하튼 유총은 평양에 중심부를 두고 산시山西 성 중남부, 산시陝西 성 북부, 허난 성 북부, 허베이 성 남부, 산둥 성 북부 등을 지배했다. 그러나 유총만 해도 말이 흉노족이지 이미 문화적으로나 정신적으로나 중국의 풍습에 큰 영향을 받아 반중국인이었다고 해도 지나친 말이 아니다. 실제로 중국인의 피를 물려받고 중국을 호령하면서 중국인과 같이 처신하자 흉노의 북부에 있던 순수한 유목민들이 유총의 처신에 반발했다.

318년에 유총이 사망하자 부관인 석륵石勒이 스스로 "대선우조왕"이라 칭하며 전조前趙를 폐하고 후조後趙로 알려진 새로운 흉노 국가를 세웠다. 333년에 석륵이 죽자 아들 홍이 계승해 악명 높은 석호石虎를 재상으로 임명하는데 4년 뒤 석호가 제위를 찬탈했다. 그는 자신을 암살하려고 기도한 아들을 죽인 것은 물론 애첩을 불에 구워 내오게 할 정도로 변태적인 냉혈한이었다. 그의 지배 영역은 지금의 산시陝西 성중국 남조의 영역인 한중은 제외와 산시山西 성탁발족이 있는 대동을 제외, 후베이 성, 후난 성, 산둥 성뿐 아니라 화이수이 강이 흘러드는 강서의 북부와 안휘까지로 확대됐다.

349년에 석호가 사망하자 그의 양자인 장군 석민石閔이 후조後趙의 정권을 잡았다. 그의 성은 원래 염冉으로 석호의 양자로 들어가면서 석石으로 성을 바꾸었으나 정권을 장악한 다음 다시 염씨 성을 찾았다. 350년에 그는 한인들이 흉노를 포함한 유목민들에게 원한이 많다는 것을 알고 한인들을 부추겨 흉노를 대대적으로 토벌해 무려 20여만 명이나 살해되도록 했다. 석호의 아들인 기祇가 흉노의 대학살에 대항해 염민과 전쟁을 벌였으나 석기石祇는 유현劉顯에게 살해되고 석씨 세력은 전멸했다.

흉노로서는 이것이 결정적인 패배였다. 중국에 동화된 흉노와 유목 생활을 하던 흉노가 연합했음에도 패배하자, 살아남은 흉노족은 새 삶의 터전을 찾아 서쪽으로 도망쳤다. 이것이 흉노의 4차 서천이다. 몇몇 학자들은 이들이 이미 3차에 걸쳐 서천을 한 흉노와 합류해 *(또는 압박해)* 이들이 결국 훈족이라는 이름으로 게르만족 대이동을 촉발했다고 설명한다.

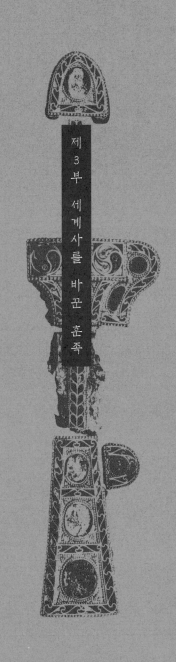

제3부 세계사를 바꾼 훈족

유럽인들은 게르만족의 대이동을 촉발한 훈족과 세계에서 가장 광대한 제국을 영유한 칭기즈칸의 몽골족을 가장 야만스러운 민족으로 여긴다. 유럽인들이 훈족을 몹시 싫어하는 건 훈족이 당시 가장 앞선 문명 세계이자 초강대국인 로마제국과 사산왕조페르시아 등을 멸망시켰기 때문이다. 그러나 유럽인들을 더욱 혼란스럽게 만드는 것은 아직도 훈족의 출현 동기 등을 정확하게 설명하지 못한다는 점이다. 현재도 서구 학자들은 옛날 사람들이 내린 결론, 즉 훈족은 고대 문명을 응징하기 위한 "신의 징벌*Fleau de Dieu*"이란 말을 거의 그대로 따라 할 정도다. 얄궂은 점은 그 강력한 훈족이 아니라 이들에게 철저히 패배한 게르만족이 현대 문명사를 재편했다는 사실이다.

야만족, 유럽을 재편하다

자유가 근본인 야만족

학자들은 로마의 멸망을 다음과 같이 기록한다. 기원후 375년에 내륙 아시아에서 강력한 유목민인 훈족이 볼가 강을 건넜다. 훈족에게 쫓긴 서고트족 왕 아타나리크Athanaric는 6만 명을 이끌고 도나우 강 남쪽 로마제국 영토로 무작정 들어와 황제 발렌스Valens에게 트라키아 지역으로 이주해 살 수 있도록 청원했다. 이들은 로마가 아량을 베풀면 로마를 위해 번병이 될 것은 물론 경작지에서 산출되는 농산물을 바치겠다고 맹세했다.

이전에도 서고트족이 제국의 변경에서 자주 출몰했고 우발적인 이주와는 크게 다른 것이었지만 발렌스는 대수롭게 여기지 않고 청원을 받아들였다. 발렌스는 그야말로 게르만족을 살려준다는 아량을 보였던 것이다.

그러나 로마제국은 거주지를 잃고 쫓겨 내려온 고트족을 진정한 피난민으로 대우하지 않았다. 마치 전쟁 포로처럼 다뤘다. 로마인들은 약속과 달리 토지를 나눠주지도 않았고 생활필수품에 무거운 세금을 매겼을 뿐 아니라 보잘것없는 식품도 터무니없이 비싸게 팔았다. 서고트족은 빵 한 조각을 얻기 위해 일 잘하는 값비싼 노예를 넘겨줘야만 했다.

서고트인들은 이런 로마 정책에 반기를 들기 시작했다. 문제는 로마제국은 대응할 힘이 없었다는 점이다. 역사는 아무리 막강한 제국이라고 해도 그야말로 엉뚱한 사건으로 멸망할 수 있다는 사실을 수없이 보여줬는데 로마제국의 멸망이 바로 그와 같았다.[01]

세계사를 다시 쓰게 만든 게르만족에 관한 자료가 많지 않은 건 당연한 일이다. 로마인들에게 그들은 제국의 변경에 사는 야만족일 뿐이었다. 문명인들이 굳이 야만족들에게 관심을 기울일 이유는 없었을 것이다. 그러나 6세기 초에 이탈리아를 정복한 고트족은 자신들이 결코 야만족이 아니라는 사실을 남기는 데 주저하지 않았다. 한마디로 과거의 영광과 미래를 찬양하는 의미로 먼 조상들의 업적을 찾아내고 자신들의 공적을 후세에 남기고자 한 것이다.

먼저 서로마제국의 재상인 카시오도루스Cassiodorus가 승리자의 취향에 맞춰 열두 권으로 된 《고트민족사》를 편찬했다. 이 책의 원본는 사라졌지만 고트족인 요르다네스Jordandes가 게르만족에 관해 적은 《게피다이족의 기원과 관습》에 불완전한 초본이 남아 있어 게르만족의 과거에 대해 짧게나마 알려준다.

게르마니아로 알려진 이 지역은 일찍부터 로마에 정복된 라인 강 서쪽 지방을 제외하면 유럽 대륙의 3분의 1 이상을 차지하는 광대한 지역이다. 현재 독일 국토 대부분을 포함하며 덴마크, 노르웨이, 스

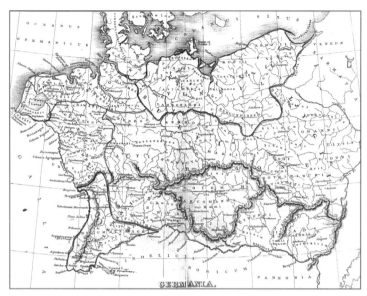
1849년에 알렉산더 핀들리가 제작한 고대 게르마니아 지도.

웨덴, 핀란드, 리보니아오늘날 에스토니아와 라트비아를 포함하는 지역, 프러시아,
폴란드도 들어간다.

서쪽 경계는 라인 강으로, 로마제국의 갈리아 속주와 인접하고
남쪽 경계는 다뉴브 강으로, 로마령 일리리쿰 속주와 경계를 이룬
다. 다키아, 즉 헝가리는 다뉴브 강 북쪽 기슭에서 시작해 카르파티
아 산맥으로 불리는 산악 지대로 덮여 있다. 한편 동쪽 국경은 게르
만족과 사르마트족Sarmatian이 서로 각축을 벌인 지역이므로 경계선
이 매우 모호하지만 대체로 스키타이족Scythian과 쟁패했던 사르마트
족이 서주하는 지역까지를 포함한다.

북쪽 경계는 더욱 모호한데 이는 북유럽의 암흑 지대에 대한 고
대인들의 지식이 거의 없었기 때문으로, 발트 해와 스칸디나비아 반

도 저쪽에 있다는 얼어붙은 바다까지를 의미한다. 한마디로 현재 북유럽과 러시아의 광대한 지역을 의미하지만 그 경계가 어디인지는 확실하지 않다. 여하튼 게르만족이 거주한 지역은 현재 서유럽 일부를 제외한 거의 모든 유럽을 의미한다.

게르만족에 대한 확실한 기록은 적어도 기독교가 시작할 무렵으로 거슬러 올라간다. 이 무렵 고트족은 비스툴라 강 하구 인근에 정착해 토룬, 엘빙폴란드 엘블롱크, 코니스베르그러시아 칼리닌그라드, 단치히폴란드 그단스크 등을 세운 것이 확실하다. 그 서쪽 지역인 오데르 강 양안과 포메라니아, 메클렌부르크 등 연안 지방에는 반달족이 살았다.

반달족과 고트족은 습속, 피부색, 종교, 언어 등이 놀랄 만큼 비슷하다. 원래 이들은 같은 부족이었던 것으로 보인다. 고트족은 이미 동고트Ostrogoths, 서고트Visigoths, 게피다이Gepidae로 나뉘어 있었다. 반달족 또한 한 부족이 아니라 헤룰리Heruli, 부르군트Burgund, 랑고바르드Langobard 등과 같이 여러 부족으로 독립해 있었는데 그들 대부분은 유럽에 강력한 국가를 건설한다.

게르만족의 남다른 욕망함과 야만성은 기후와 풍토 때문인 것으로 볼 수 있다. 게르마니아의 혹심한 추위가 남성답고 늠름한 체구를 만들어줬다. 끈기가 있어야 하는 노동보다 격렬하고 과감한 행동을 취하기에 적합한 용기와 정신을 갖추게 만든 것이다.

플루타르코스Plutarchos는 혹독한 겨울 추위가 로마인의 용기를 깎아내리지만 북방에 사는 게르만족은 어린이조차 큰 영향을 받지 않는다고 적었다. 그런데 추위에 적합한 피부를 타고난 게르만족은 여름철 더위에는 잠시도 견디지 못했다. 이탈리아의 뜨거운 태양빛 아

6세기에 제작된 것으로 보이는 서고트족 브로치. 독수리를 표현한 것이다.

래에서는 무기력해진다. 온화한 기후에서 발생하는 각종 질병에는 더더욱 속수무책이다. 이들은 살고 있는 영역을 조금만 벗어나면 온화하고 살기 좋은 지역이 있음에도 굳이 척박한 영토를 고집한 이유기도 하다.

프톨레마이오스*Ptolemaeos*는 게르마니아 지역이 매우 광대했음에도 도시라는 이름을 붙일 만한 곳은 90개가 넘지 않았다고 기록했다. 더욱이 그곳도 오늘날의 관점에서 보면 도저히 도시라고 부를 수 없는 것은 사실이다. 게르만족이 건축한 도시라는 게 열악한 농지를 개간하면서 간간히 일어나는 소규모 기습을 방어하기 위한 것이었다. 한 가지 재미있는 것은 그리스인과 로마인이 건설한 위대한 건축물을 게르만족은 감옥으로 생각했다는 점이다.

로마인의 도시를 감옥으로 여긴다는 것이 현대인으로서는 이해하기 힘들겠지만 그것은 자유인으로서 느끼는 자부심 때문이었다. 게르만족은 도시, 문자, 예술, 화폐도 없었지만 남다른 자유를 만끽하고 있었는데 빈곤이야말로 자유를 만끽할 수 있는 무기라고 생각했다. 즉, 인간의 욕망과 소유야말로 전제주의가 부과하는 가장 강한 족쇄라는 것이었다.

발트 해 연안 지역의 게르만족이 국왕이 다스리는 전제 국가에 속해 있었던 것은 사실이다. 그러나 이들의 전제군주 체제는 다른 절대군주제와 달리 각 개인의 인권을 박탈하지 않았다. 이는 게르만족의 특성이라고도 볼 수 있는데 게르마니아 전역을 큰 틀에서 말한다면 그들의 정치 형태가 왕제든 아니든 민주 체제로 운용됐다는 것을 의미한다.

왕권을 인정하면서도 자유를 누리는 다소 모순된 게르만족 체제는 위기가 닥쳤을 때 어떤 모습을 보여줄까? 위기가 오면 게르만족은 먼저 부족을 이끌 장군을 뽑는다. 더 큰 위기일수록, 즉 많은 사람들을 동원해야 하는 위기일수록 부족들이 협력해 최고 지휘관을 선출한다. 최고 지휘관은 혈통이나 배경이 아니라 가장 용감한 전사로 인정받는 사람이 뽑힌다. 그러므로 지휘관은 가만히 앉아 명령을 내리기보다 자신이 모범을 보여줘야 한다.

무엇보다 돋보이는 점은 전쟁이 끝나면 최고 지휘관의 권한 또한 끝난다는 것이다. 바꿔 말하면 이는 평화로운 시절에는 게르만족이 최고 지휘관에 해당하는 계급 체계를 전혀 인정하지 않았다는 사실을 의미한다. 물론 각 지역을 통솔하기 위해 부족 회의에서 수장이 선출되지만 그 역시 부족에서 권위를 갖는 통치자로서 임명된 것이 아니다. 그러므로 수장은 분쟁을 판결하는 재판장이라기보다 분쟁을 조정하는 기능을 수행한다.

관할 구역 내 토지 처분권은 족장이 갖고 있었다. 그러나 그의 업무는 해마다 새로운 토지 할당표를 만들어 개인에게 배분하는 것이었다. 그러면서도 주민을 처형하거나 투옥할 권리, 심지어 태형을 할 권리조차 없었다. 그런 까닭에 족장은 노동을 하거나 기술이나 예술을 습득할 생각은 거의 하지 않고 오로지 명예나 자유 같은 격조 높은 정신을 고취하는 데 열중했다.

이처럼 지형과 교육·예술·법에 관한 무지함, 명예욕, 용감성, 종교관, 자유정신 그리고 평화를 싫어하고 오로지 모험을 추구하는 정신 등이 게르만족을 용맹한 전사로 탄생시키는 데 크게 기여했다.

그러면서도 게르만족은 로마제국을 침공하지 않았다. 사실 게르만족은 로마제국을 침공할 마음도 먹지 않았는데 그것은 자유가 훼손당하지 않는 한 아무에게도 해를 끼치려고 하지 않았기 때문이다. 어릴 때부터 용맹스럽게 성장했다고는 하지만 타인에게 구속되는 걸 매우 싫어했으므로 남다른 억압이 없는 한 부족의 힘을 응집할 이유도 없었다.

물론 게르만족이 로마군과 같은 조직적인 군대와 대적하기에는 여러 면에서 부족했다는 비판도 있다. 사실 무기 또한 로마군이 갖춘 무기에 견줘 질과 양에서 큰 차이가 있었으므로 로마제국을 공격하는 것 자체가 간단한 일이 아니었다. 그러나 무엇보다도 게르만족은 사치와 향락을 누리면서 윤택하게 사는 로마제국을 부러워하지 않았다. 이것이 제국의 여러 속주들이 야만족에게 큰 위협을 느끼지도 않은 이유다.

로마를 유린한 알라리크

4세기 초반만 해도 로마제국은 대체로 잘 유지되고 있었다. 야만족이 로마제국 국경 밖에서 끊임없이 압력을 가했으나 로마의 상대가 될 정도는 아니었다. 국경의 길이가 1만 6,000킬로미터나 됐지만 60만 명에 이르는 상비군을 갖추고 있는 만큼 로마의 군사력이 압도적으로 우세했다. 사실 야만족의 침입으로 약간 곤란에 부딪혔다고는 하지만 그들이 감히 로마제국에 도전해 제국 전체를 멸망시킬 수 있다고 믿는 사람은 없었다.

375년에 볼가 강을 건넌 훈족에게 동고트족과 서고트족이 잇달아 쫓겨나면서 로마제국을 강하게 압박한다. 발렌스 황제는 도나우 강 남쪽에 정착한 서고트족에게 자치를 허용하지 않을 수 없었다. 명분은 고트족 장병들이 로마 군단의 번병으로 편입돼 로마에 충성한다는 것이었다. 그러나 그들에게 수비하라고 할당된 땅은 그들을 쫓아낸 훈족과 맞닿아 있었다. 한마디로 로마와 훈족 사이에 샌드위치 신세가 된 것이다.

서고트족은 로마제국과 훈족의 위협에서 벗어나기 위해 정공법을 택했다. 훈족이 있는 발칸 반도를 공격할 수는 없으므로 공식적으로 자신들이 섬기는 이탈리아 본토를 공격하기로 한 것이다. 서고트족이 로마를 공격할 수 있었던 것은 그들이 로마 장군의 지휘를 받는 것이 아니라 동족 우두머리의 지휘를 받았기 때문이다.

국토가 짓밟히는 데도 황제 테오도시우스 1세*Theodosius I*는 야만족에 대항하는 것보다 더 중요한 일에 몰두해 있었다. 그리스도교를 시급히 로마제국에 정착시키는 일이었다. 그는 로마제국이 소용돌이 속으로 휘몰려 들어가고 있음에도 그동안 로마인의 정신적 지주로 간주되던 신전을 파괴하고 이교도들을 도시에서 추방하고 영지를 몰수했다.

물론 테오도시우스 1세가 종교 정책에만 매달릴 수 있었던 것은 야만족이 로마제국을 공격할 군사력을 갖추지 못했다고 판단했기 때문이다. 엄밀한 의미에서 로마제국이 그의 치세 때에 멸망하지 않았으므로 그의 판단은 어느 정도 옳았다고도 볼 수 있다.

그런데 테오도시우스 1세가 죽으면서 유언으로 명한 결정이야말로 로마제국에 치명상을 남겼다. 그것은 바로 로마제국을 동로마제국과 서로마제국으로 분리하라는 것이었다. 그는 열일곱 살인 아르카디우스*Arcadius*에게 동로마제국을, 열 살인 호노리우스*Honorius*에게 서로마제국을 분할해줬다.

395년 1월에 테오도시우스 1세가 사망하자마자 고트족이 반란을 일으켰다. 테오도시우스 1세 시절에 받던 보조금이 중단되거나 삭감됐기 때문이다. 로마군에 편성돼 보충 부대로 활동하던 고트족이 반기를 들자 이제까지 로마에 핍박받던 다른 게르만족들도 반란군에 합류했다.

이 반란은 전략적인 면에서도 과거와 완전히 달랐다. 원래 야만족은 왕정을 견지한다 하더라도 모든 면에서 자유를 만끽하면서 오로지 자기네 부족 수장에게만 충성했다. 그러나 이 반란군을 이끈 사람은 게르만족이 추앙하는 발티*Balti* 가문 출신으로, 용감하면서도 책략에 능한 알라리크*Alaric*였다.

알라리크의 성공은 야만족도 로마제국에 도전할 수 있다는 자신감을 심어줬다.

알라리크는 야만족의 덕목이라 할 수 있는 용맹성뿐만 아니라 로마인들이 뽐내던 각종 지혜도 갖췄다. 고트족이 로마제국을 휩쓸며 몰려오자 이를 물리칠 사람으로 로마의 장군인 필라비우스 스틸리코Flavius Stilicho가 발탁됐다.

그런데 그가 정세를 미처 파악하기도 전에 고트족이 포위망을 돌파하고 중요한 요충지인 에피루스그리스 서부와 알바니아 남부 지방를 완전히 장악했다는 보고를 받았다. 알라리크에게 허를 찔린 것이다. 스틸리코는 반격을 준비하지만 이번에도 알라리크가 한 수 위였다. 그는 스틸리코가 출정하기도 전에 콘스탄티노플, 즉 동로마제국과 비밀 협상을 벌여 강화조약을 체결한 것이다. 놀랍게도 알라리크가 동로마제국 황제의 동맹자인 동시에 제국을 지켜주는 수호자로 선언된 것이다. 게다가 알라리크를 동부 일리리쿰의 총사령관으로 임명한다는 칙령이 발표됐다.

알라리크가 로마의 장군, 수호자로 선언된 것은 로마인은 물론 게르만족에게도 큰 충격이었다. 그동안 로마의 강화조약을 준수해온 로마의 속주민과 동맹국은 로마제국을 폐허로 만든 장본인이 이처럼 관대하게 보상받는 것에 어리둥절해했다. 로마인들이 가장 분개한 것은 얼마 전까지만 해도 로마의 도시를 공격한 고트족 정복자가 합법적인 행정관이 됐다는 것이다. 알라리크가 학살한 아들의 아버지들과 그가 범한 여자의 남편들이 이제 알라리크의 통치를 받게 됐으니 로마인들이 분개하는 것은 당연한 일이었다.

알라리크의 성공은 로마인에게는 악몽이었지만 야만족에게는 대단한 자신감을 심어줬다. 알라리크가 반란에 성공했다는 것은 다른 야만족 지휘관들도 똑같이 성공할 수 있다는 사실을 암시했기 때문이다. 이 반란은 이후 수많은 야만족이 로마제국에 반기를 드는 행동을 불러왔다.

로마제국을 침공한 알라리크가 동로마제국의 수호자가 되자 동로마제국은 스틸리코에게 동로마제국 지역에서 철수할 것을 요청하는데 스틸리코는 이 요청을 따르지 않을 수 없었다. 일단 로마제국이 야만족에게 굴복하자 로마군의 자랑인 군율이 무너지고 로마군이라는 자부심이 사라지기 시작했다. 로마인들은 고트족의 준동에 적극 대항하기보다 어떻게 하면 피할 수 있느냐에 골몰할 뿐이었다.

가장 큰 문제는 고트족의 로마제국 공격이 어느 일정 지역에 국한된 것이 아니라 로마제국 전역에서 벌어졌다는 점이다. 이는 로마제국의 힘을 한군데로 집중할 수 없으므로 몇몇 속주에 대한 방어를 포기해야 한다는 것을 의미했다. 장병 모집조차 쉽지 않았다. 한마디로 게르만족에게 점령된 지역을 로마제국이 탈환할 가능성까지 사라지게 된 셈이었다.

그럼에도 당대에 로마군은 최강 군대였다. 스틸리코는 야만속과 정면전을 벌인다면 로마군이 승리할 것을 확신했다. 그래서 스틸리코는 서로마제국 황실이 있는 밀라노에 방어선을 설정하지 않고 고트족을 추격하기 시작했다.

스틸리코가 밀라노 방어에 크게 신경 쓰지 않은 것은 다른 야만족들은 밀라노에서 멀리 떨어져 있고 이들을 지연시킬 천연 장애물이 있다는 것 등을 고려했기 때문이다. 그가 전적으로 기대한 것은 이탈리아의 여러 강이었다. 밀라노로 들어가는 아디제 강, 민치오 강, 오글리오 강, 아다 강 등은 겨울부터 봄까지 강물이 크게 불어나 강폭이 넓어지고 물살이 급해진다.

그런데 공교롭게도 그해에는 예년보다 비가 적게 와서 고트족이 드넓은 강을 힘들이지 않고 건너는 바람에 일이 꼬여버렸다. 스틸리코는 급히 부대를 옮겼다. 스틸리코는 야만족 측면에 비밀리 도달하는 데 성공했음에도 기습하지 않았다. 고트족이 부활절 축제를 지내는 순간에 공격하기로 결정했다.

이 전투는 사울Saul이라는 장군이 맡았는데 그는 야만족이고 이교도인데도 테오도시우스 1세의 많은 장군 중에서 큰 명성을 얻은 인물이었다. 로마 기병대의 기습에 고트족 진영은 일대 혼란에 빠졌다. 그러나 고트족의 지휘관은 용맹성과 군사 전략에 재주가 남다른 알라리크였다. 그는 로마군이 기습했다는 것을 알아차리고 우왕좌왕하는 부하들에게 어디서, 어떻게 로마군과 싸워야 할지 세세하게 지시했다. 사전에 기습을 예상했다는 뜻으로도 해석되는데 여하튼 고트족이 완전히 전멸하는 것을 막을 수 있었다.

알라리크의 진영은 로마군이 점령했다. 알라리크의 재보는 코린트와 아르고스에서 약탈한 것으로, 그동안 패배 일변도였던 로마군의 사기를 올려준 것은 물론 로마 장병들의 주머니도 두둑하게 채워

줬다. 알라리크의 패배는 매우 상징적인 장면을 연출했다. 고트족의 사슬에서 풀려난 수많은 포로들은 이탈리아 각지에 흩어져 자신을 구출해준 스틸리코를 칭송했다.

이때 서로마제국의 왕궁에 변화가 온다. 방어력이 없는 밀라노에 있었기 때문에 신변에 위험을 느낀 호노리우스 황제는 적이 쉽게 접근하지 못할 요새를 물색하기 시작했다. 그곳에 은거하면 설사 야만족 군대가 홍수처럼 몰려온다 해도 안전할 것이라고 생각했기 때문이다.

호노리우스의 입맛에 알맞은 장소로 선택된 곳은 라벤나였다. 천혜의 요새답게 라벤나 전역은 자그마한 섬처럼 나뉘어 있기 때문에 작은 배와 다리로만 넘나들 수 있었다. 인접 지대는 통행이 어려운 늪지대였고 라벤나와 내륙을 연결하는 방죽은 적군이 접근할 때 수비는 물론 파괴도 용이했다. 호노리우스는 라벤나로 수도를 옮기고 스틸리코가 승세를 굳힌 고트족 퇴치에 안주하면서 로마의 불행은 끝났다고 생각했다.

406년 겨울은 유난히 추웠다. 라인 강이 대부분 얼어붙으면서 야만족이 또다시 아무런 저항도 받지 않고 무방비 상태인 갈리아 지방으로 진입했다. 이 사건도 세계사에 매우 중요한 족적을 남겼다. 이 진영에 속한 수에비족, 반달족, 알란족, 부르군트족은 다시는 후퇴하지 않았으므로 알프스 산맥 북쪽에 있던 로마제국 영토가 완전히 사라진 것이나 다름없었기 때문이다. 그리고 그동안 서유럽에서 야만족과 문명국을 갈라놓았던 장벽도 이 순간 무너지게 된다. 한마디로 서유럽 지역이 현재와 같은 게르만족 국가로 변한 것이다.

고트족 왕으로 추대된 알라리크가 로마제국을 응징하겠다고 선언하자 스틸리코는 알라리크에게 우정 어린 제안을 했다. 서로마제국과 대적하지 말고 동로마제국 황제에 봉사한다는 약속을 파기해달라는 것이었다. 알라리크가 상황을 예의 판단하고 서로마제국과 강화조약을 체결하자 서로마제국은 알라리크를 일리리쿰 지역 총사령관으로 임명했다.

물론 알라리크가 평화를 공짜로 제공한 것은 아니다. 서로마제국은 알라리크에게 황금 4,000파운드약 1,500킬로그램를 주기로 한 것이다. 대규모 지출은 원로원의 승인을 받아야 했는데 원로원은 전쟁에서 벗어날 수 있다는 유혹에 지출을 승인할 수밖에 없었다.

로마제국의 붕괴

약탈당하는 로마

서로마제국의 황제 호노리우스는 로마제국의 숨통이 다소 트였다고 생각하자 구국의 영웅이라고 치켜세우던 스틸리코에 누명을 씌워 제거하고 종교 문제에 집착하기 시작했다. 그는 가톨릭에 반대하거나 따르지 않는 사람은 모두 공직에서 추방했다. 용감하고 유능한 관리도 이교를 신봉하거나 아리우스파에 동조한다는 이유로 파면했다. 한마디로 로마제국을 지탱하고 있는 근간을 모두 제거한 것이다.

서로마제국 일리리쿰 지역 사령관이 된 알라리크는 로마를 침공할 기회를 엿보고 있었다. 그런데 침공의 빌미는 서로마제국이 제공했다. 로마 원로원이 이미 승낙한 황금 4,000파운드를 지급하지 않았을 뿐 아니라 북아프리카와 달마티아 지역에 정착하게 해달라는 알라리크의 요구를 거절한 것이었다.

408년에 알라리크는 대군을 동원해 서로마제국으로 진입하면서 공정하고 합리적인 보상을 요구했다. 그는 자신의 정당한 요구, 즉 서로마제국이 약속한 것만 제대로 이행한다면 곧바로 철수하겠다고 확약했다. 그러나 로마인의 약속은 믿을 수 없으므로 아에티우스 *Aetius*와 아손*Jason*을 인질로 보낼 것을 요구하고 자신도 고트족 귀족의 아들 몇 명을 인질로 보내겠다고 제의했다.

라벤나 궁정의 대신들은 알라리크의 제의를 그의 세력이 약화된 탓이라고 믿었다. 알라리크가 스틸리코에게 패배했기 때문에 세력이 약화되자 화평을 요구한 것으로 해석한 것이다. 그러므로 힘이 없는 알라리크와 강화를 추진하거나 알라리크에 대항할 군대를 소집할 필요조차 없다고 생각했다. 상대방의 전력을 얕잡아 본 이 같은 행동은 전쟁과 평화의 분수령을 이루는 결정적인 시기를 놓쳤다는 것을 의미했다.

서로마제국이 제안을 묵살하자 알라리크는 적의 일거수일투족을 꿰뚫어보며 과감하게 진군해 여러 도시를 굴복시켰다. 그를 더욱 기쁘게 한 것은 휘하에 3만 명이나 되는 장병이 새롭게 합류해 군세가 크게 증강됐다는 점이다. 단 한 차례 접전도 없이 서로마제국 황제가 난공불락으로 믿는 라벤나 늪지대 인근까지 진격했다. 그러나 알라리크는 희생이 많이 생길 라벤나 공격을 포기하고 그 대신 우회해 약탈 지역을 리미니로 확대하면서 '세계의 여왕*로마 시*'을 정복할 기회를 엿본다.

알라리크는 원정에 따른 피해를 최소화하면서 진군을 계속해 마침내 로마시 성벽 아래에 진을 쳤다. 619년 동안 로마는 한 번도 외적의 침입을 받은 적이 없다. 619년이란 한니발의 로마 침공 이래 단한 번도 로마가 위협에 놓인 적이 없었다는 것을 의미한다. 그런데 재미있는 건 로마를 야만족이 포위했는데 그 장본인은 바로 로마인이라는 점이다. 공식적으로 로마군 사령관은 알라리크였기 때문이다. 이 당시 로마시 성벽의 둘레는 거의 34킬로미터에 이르렀고 가옥 수는 약 5만 동, 주민은 120만 명 정도로 추정된다.

알라리크는 대군을 곳곳에 배치해놓고 로마가 항복하기를 기다렸다. 그러나 자부심이 강한 로마 시민들이 호락호락 항복하리라 믿을 알라리크가 아니었다. 그는 로마 성벽을 포위하는 것으로 그치지 않고 주요한 성문 열두 곳을 장악해 인근 지방과의 왕래를 전부 차단했다. 그가 가장 공을 들인 것은 로마시의 생활필수품 공급로인 테베레 강의 봉쇄였다.

로마시의 귀족과 시민들이 처음 보인 반응은 경악과 분노였다. 그러나 그들의 오만한 자세는 곧바로 수그러지면서 자신들이 받는 고통에 대한 희생자를 찾기 시작했다. 그 대상이 바로 억울하게 죽은 스틸리코의 아내 세레나Serena였다. 로마인들은 세레나를 테오도시우스 대제의 조카딸, 호노리우스 황제의 숙모 또는 장모로서 존경했지만 스틸리코의 아내라는 데서 꼬투리를 찾았다. 로마인들은 세레나가 고트족 침략자와 몰래 내통했다고 비난하자 원로원은 시민들의 광기에 압도돼 심문도 하지 않은 채 사형을 언도하고 교수형에 처했다.

로마인도 인간이었다. 아무리 문화적으로 야만족에 앞서 있다고 하지만 먹지 않고서는 살 수 없는 일이었다. 로마로 공납되는 식량이 차단되자 굶주린 사람들은 독이 될지도 모르는 음식물을 먹을 수밖에 없었고 또 이를 놓고 사납게 다투었다.

수많은 로마 시민들이 집에서 또는 길거리에서 굶어 죽었다. 사람이 죽어도 매장할 수 없었다. 공동묘지가 성 밖에 있었기 때문이다. 시체가 부패하면서 전염병이 발생하자 상황은 더욱 악화했다. 로마인들에게 마지막 남은 길은 고트족 왕의 자비를 구하는 것뿐이었다. 원로원은 사신을 지명해 알라리크와 강화 협상을 추진했다.

알라리크는 보상금으로 로마 시에 있는 금과 은, 귀중품 그리고 야만족 출신임이 입증된 노예를 모두 내놓으라고 요구했다. 결국 로마인들은 알라리크가 수긍할 수 있는 보상금을 주지 않으면 결코 철수하지 않을 것이라는 사실을 받아들일 수밖에 없었다.

알라리크가 처음에 요구한 보상금보다 많이 경감해줬지만 보상금을 마련하는 것은 간단한 일이 아니었다. 결국 로마인들은 매우 현실적인 방안을 찾아낸다. 교회가 축적한 물품을 제공하는 것이었다. 로마인들이 알라리크에게 엄청난 보상금을 전달하자 평화와 여유가 다시 돌아왔다.

무능한 서로마제국

알라리크는 몇백 년 동안 견지해온 로마인들의 자존심을 살려주는 방법을 잘 알고 있었다. 그는 오스티아로 가는 길목에서 몇몇 로마 시민을 능욕한 고트족 무리를 엄하게 처벌함으로써 자신이 로마와 맺은 조약을 준수한다는 모양새를 갖췄다.

고트족은 보상금을 받고 물자가 풍부한 토스카니 지방으로 행군해 그곳에 겨울 숙영지를 설치했다. 이 무렵 알라리크는 고트족과 훈족으로 구성된 강력한 증원군을 보충했는데 이 부대는 알라리크의 처남인 아돌푸스*Adolphus*가 이끌었다. 로마군의 전술과 규율을 습득하고 야만족의 용맹성까지 겸비한 알라리크가 무려 10만 명이나 되는 대병력을 거느리고 된 것이다.

대군을 확보한 알라리크였지만 로마인들이 자신을 평화의 벗, 즉 로마 시민의 친구로 받아들여달라고 거듭 천명했다. 그의 열성적인 요구에 따라 원로원 의원 세 명이 라벤나 궁정으로 파견돼 인질 교환과 강화조약 체결을 간청했다.

처음에 알라리크는 서방 제국 모든 군대의 총사령관직과 달마티아, 노리쿰, 베네치아 속주를 달라고 요구했지만 나중에는 너무 많다면 노리쿰만 줘도 만족하겠다고 했다. 그러나 서로마제국의 실권자인 올림피우스*Olympius*는 원로원의 충고에 귀를 기울이지 않고 알라리크의 사신들을 쫓아냈다. 그러면서 로마제국의 정예부대인 달마티아군 6,000명이 호위토록 했는데 이 조처는 로마군이 아직도 건재하다는 사실을 야만족에게 보여주기 위한 것이었다. 그러나 이들은 야만족이 점령한 넓은 지역을 엄폐물도 없이 가로질러 행군해야 했다. 로마제국의 위용을 보여주려 한 달마티아 군단은 곧바로 야만족에게 포위돼 사라졌다.

호노리우스는 알라리크에게 더 많은 양보를 받아낼 수 있다고 생각했기 때문에 협상을 질질 끌었다. 마침내 알라리크가 비상의 카드를 꺼냈다. 그는 수도를 공격하지 않고 그 대신 로마의 가장 담대하고 웅장한 건설 사업으로 손꼽히는 오스티아 항구를 공략해 점령한 것이다. 오스티아 항은 로마 시의 외항으로, 나라 밖에서 식량을 들여오는 항구였다. 초대 황제인 아우구스투스*Augustus*가 기획하고 클라우디우스*Claudius*가 완공했다. 로마 시에 공급되는 밀은 이 항구에 저장됐으므로 이곳이야말로 로마의 젖줄인 셈이었다.

알라리크는 오스티아 항을 점령하자마자 로마에 항복할 것을 요구하고 항복하지 않으면 즉각 곡물 창고를 파괴하겠다 선언했다. 시민들의 불평과 기아에 대한 공포심이 원로원의 자존심을 눌렀다. 원로원은 알라리크와 협상해 쓸모없는 호노리우스 황제를 폐위하고 로마시장인 아탈루스*Attalus*에게 자의紫衣, 보라색 옷은 황제를 뜻함를 입힌다는 데 동의했다.

졸지에 로마 황제가 된 아탈루스는 알라리크를 서로마제국 총사령관으로 임명하고 아돌푸스에게 자신의 경호를 맡겼다. 이 과정에서 유혈 사태는 일어나지 않았으므로 로마로서는 도박에 성공한 셈이었다.

아탈루스의 통치는 초기에 공정하고 순조로웠다. 그는 신임하는 장교에게 소규모 군대를 맡겨 아프리카에 식민지를 개척하게 했다. 게다가 이탈리아 대부분 지역을 고트족의 위세에 굴복케 했다. 비록 볼로냐 시가 완강하게 저항하기는 했지만 밀라노 주민들은 호노리우스가 라벤나로 천도한 것에 불만이 있으므로 로마 원로원의 새 황제 추대를 크게 환영했다.

그런데 코미디와 같은 일이 벌어진다. 라벤나에 머물면서 알라리크의 위협에 대항하던 호노리우스에게 낭보가 전해진 것이다. 로마의 정예군 4,000명이 라벤나 항구에 상륙했고 아탈루스가 아프리카로 파견한 군대가 호노리우스 쪽 군대에 격파됐다는 것이다.

아프리카 원정이 실패함으로써 아탈루스는 내부적인 불만과 비방에 휘말렸을 뿐 아니라 알라리크의 마음도 점차 아탈루스한테서 멀어지기 시작했다. 그러나 아탈루스는 알라리크에게 알리지도 않고 현명치 못한 여러 가지 시책을 계속 취했다. 자신이 처해 있는 상황을 정확하게 인지하지 못하면서 쓸데없는 불신과 의혹을 불러일으킨 것이었다. 상황이 반전되자 알라리크는 자신이 세운 꼭두각시 아탈루스를 내치고 호노리우스를 다시 서로마제국 황제로 복위시켰다.

그런데 호노리우스는 알라리크와 경쟁 관계에 있는 야만족 수령 사루스Sarus를 라벤나 왕궁에 들여놓았다. 대담한 야만족은 고트족 대군을 기습해 수많은 전리품을 약탈하기도 했다. 사루스는 황제의 허락을 받아 알라리크에게 모욕적인 편지를 보냈다. 알라리크의 죄악이 너무 심해 황제와 약속한 우정과 동맹에서 영원히 배제한다는 편지였다. 과거에 로마제국이 알라리크와 맺은 협약을 모두 폐지한다는 뜻이기도 했다.

이것은 호노리우스에게 독배가 됐다. 로마 시는 세 번째로 참화를 입었다. 고트족 왕은 약탈과 복수의 욕망을 숨기지 않은 채 군대를 이끌고 로마 성벽 앞에 나타났다. 원로원은 구원의 가능성이 전혀 없음에도 결사적인 저항으로 국가의 멸망을 조금이라도 늦추기 위해 나름대로 노력했다. 그러나 그들은 출생 신분이나 이해관계 때문에 고트족에 동조한 노예들의 음모에 대해서는 속수무책이었다.

한밤중에 살라리아 거리로 이어지는 문이 조용히 열리고 시민들은 고트족의 요란한 나팔 소리에 잠이 깼다. 이렇게 해서 당대 유럽인들이 인간이 사는 거의 모든 세계를 정복하고 문명화했다고 생각한 제국의 수도가 처음으로 야만족에게 완전히 점령됐다. 410년의 일로, 로마 건국 1,163년 만이다.

1차 점령 때와는 달리 알라리크는 점령군으로서 다소 얄궂은 장면을 연출했다. 부하들에게 사흘 동안 약탈을 허용한 것이다. 약탈은 대체로 질서 정연했지만 대제국 로마로서는 로마가 약탈된다는 것은 생각조차 할 수 없는 일이었다.

학자들은 알라리크가 로마를 직접 통치할 수도 있었다고 말한다. 알라리크가 이런 기회를 왜 놓쳤는지는 불분명하다. 여하튼 그는 로마를 사흘 동안 마음껏 약탈한 다음 철수했다. 서로마제국의 숨통이 약간 연명된 것이다.

알라리크는 로마에서 철수한 직후에 코센차에서 사망한다. 그의 뒤를 이어 의형제인 아타울프스Ataulphus가 코트족을 이끈다. 그들은 수비에족과 합류해 이베리아 반도 안달루시아 지역에 정착한다. 아타울프스의 후계자 왈리아는 현재 프랑스 지역인 보르도, 프와티에, 툴루즈 등 여러 도시를 포함한 아키텐 지방에 서고트족을 정착시켰는데 6세기 초까지 툴루즈는 서고트족의 수도였다.

게르만족 중에서도 반달족의 이동이 가장 두드러졌다. 스페인 발레아레스 제도를 정복하고 강력한 함대를 이용해 탕지르에 상륙했다. 서로마제국에서 가장 풍요로운 문화를 영위한 속주 아프리카를 공략하기 시작한 것이다. 439년에 반달족은 카르타고를 공격하고 트리폴리까지 진격했을 뿐 아니라 지중해에 있는 코르시카 섬, 시칠리아 섬, 사르데냐 섬도 점령한다.

약탈자 가이세리크

로마제국의 영광이 갈수록 손상되기 시작했다. 특히 아프리카의 이탈은 치명적이었다. 이때 등장한 사람이 가이세리크*Caiseric*다. 그는 반달족과 알란족을 이끌고 탕지르에서 트리폴리에 이르는 비옥한 지역을 장악하고 있었다. 그러나 이 지역은 매우 좁은 데다 후면은 모래뿐인 사막이며 전면은 지중해로 막혀 영토 확장이 불가능했다.

가이세리크는 바다 쪽으로 눈을 돌려 해군을 강화하기 시작했다. 그가 장악한 아틀라스 산맥은 목재를 무진장 공급했고 그는 조선술에 뛰어난 장인들을 거느리고 있었다. 해군을 증강한다는 그의 계획은 차질 없이 성공했다. 제2차 포에니전쟁이 끝난 지 640여 년 만에 지중해의 맹주를 꿈꾼 선단이 카르타고 항을 출발했다.

가이세리크는 시칠리아 섬을 정복하고 팔레르모를 약탈하고 루카니아를 습격했다. 이때 동·서로마제국에 비보가 전해진다. 로마의 동맹이라고 믿은 아틸라*Attila*가 제국을 공격한 것이다. 그동안 가이세리크의 공격으로 막대한 피해를 입었지만 동·서로마제국은 더 무서운 훈족을 격퇴하기 위해 가이세리크와 동맹을 형성했다.

그러나 453년에 아틸라가 갑자기 사망하자 상황이 급변한다. 서로마제국은 아틸라의 마지막 맞수로 불린 아에티우스 장군을 살해하는 실수를 저지른다. 이어 아에티우스를 살해한 발렌티니아누스 3세도 살해됨으로써 5세기 중반의 주역 세 명이 동시에 퇴장한다.

아틸라 등장으로 잠시 숨을 고른 가이세리크는 서로마제국의 집권층에 공백이 생기자 자신이 등장할 기회로 여긴다. 그는 곧바로 반달족과 무어인으로 구성된 대선단을 동원해 테베레 강 하구에 닻을 내린다.

로마에 나타난 가이세리크는 14일 동안 비교적 순조롭게 약탈을 진행했다. 로마인 중 귀족과 상류층 3만여 명이 포로로 잡혀 갔고 발렌티니아누스 3세의 아내인 에우독시아*Eudoxia*, 그녀의 장녀인 에우도키아*Eudocia*와 차녀인 플라키디아*Placidia*도 포로가 됐다.

한편 가이세리크가 해상에서 활약하는 동안 갈리아의 운명을 쥐고 있는 것은 서고트족이었다. 로마의 장군 아비투스*Majorianus*는 백성들의 고충을 덜어주기 위해 사절 자격으로 서고트족의 수도인 툴루즈를 방문했다. 고트족의 왕 테오도리크 2세는 그를 정중하게 영접하는데 때마침 황제가 살해되고 로마가 반달족에게 약탈됐다는

가이세리크와 반달족에게 약탈당하는 로마 시. 1836년에 카를 브륄로프가 그린 작품이다.

정보가 들어왔다. 로마 황제 자리가 비자 아비투스는 테오도리크 2세에게 자신을 황제로 추대해달라고 부탁했다. 우여곡절 끝에 아비투스가 황제가 됐다. 동로마제국 황제인 마르키아누스*Marcianus*의 정식 동의가 필요하지만 이것도 받아냈다. 한마디로 로마 황제 자리를 야만족의 동의로 얻은 것이었다.

반달족의 영웅인 테오도리크 2세는 고트족 사이에 널리 퍼져 있던 반신반인의 영웅 안세스*Anses*의 후손이라는 출생 특권을 최대한 이용한 지략과 용맹을 겸비한 용사였다. 그는 세계사에 매우 큰 영향을 끼친 사람 중 한 명으로 꼽히는데 무엇보다도 그는 게르마니아 전역에 흩어져 사는 반달족 전사들을 자극해 고트족이라는 자부심으로 뭉치게 했다.

테오도리크 2세의 추천으로 황제가 된 아비투스는 원로원과 시민의 강력한 요청에 따라 수도를 다시 로마로 옮겼다. 그러나 아비투스는 황제의 위엄이 형편없이 추락했음에도 우둔하게도 사치스러운 향락에 젖었다. 처음에 황제 등극을 환호한 평민들은 갈리아 출신 이방인을 증오하고 경멸하기 시작했다. 결국 황제의 자의는 마요리아누스*Majorianus*에게 돌아갔다.

가이세리크는 매년 봄에 카르타고 항에서 강력한 해군을 발진시켰다. 그는 자신의 행선지에 대해서는 닻을 올리고 돛을 다는 순간까지도 극비에 붙였다. 가이세리크는 스페인, 리구리아, 토스카나, 캄파니아, 브루티움, 칼라브리아, 베네치아, 달마티아, 그리스 그리고 시칠리아 등 지중해 해안 지대를 계속 습격했다. 요컨대 그들은 "헤라클레스의 기둥*The Columns of Heracles*"이라 불리는 지브롤터 해협에서부터 나일강 하구까지를 공포로 물들인 것이다.

가이세리크가 로마제국을 도발하는 데 필요한 그럴 듯한 명분이 전혀 없는 것은 아니었다. 그가 포로로 잡아간 에우독시아는 테오도시우스 황제 일가의 유일한 상속자이며 맏딸인 에우도키아가 가이세리크의 장남인 훈네릭Hunneric의 부인이었다. 가이세리크는 로마제국의 합법적인 권리에 따라 황가의 세습 재산에 대한 정당한 분배를 요청했다. 가이세리크의 며느리인 에우도키아가 자신의 정당한 상속 재산을 청구한 것이었기 때문에 로마제국으로서는 거절할 명분이 없었다.

동로마제국 황제인 레오 1세는 평화를 유지하기 위해 상당한 금액을 지불하지 않을 수 없었다. 에우독시아와 둘째 딸인 플라키디아가 무사히 동로마제국으로 돌아가자 이때부터 반달족의 공격은 서로마제국에만 국한된다. 플라키디아는 아틸라, 아에티우스와 함께 서로마제국의 마지막을 장식한 주인공 중 한 명이므로 뒤에서 다시 설명하겠다.

서로마제국의 정정이 불확실해지고 황제의 권위도 실추하자 동로마제국은 서로마제국과 동맹을 맺기 위해 동로마제국 황제가 선정한 사람을 서로마제국 황제로 받아들이도록 요구했다. 동로마제국 황제인 레오 1세는 자신이 지명한 서로마제국의 안테미우스Antemius 황제를 마치 자기 아들처럼 다루면서 이탈리아와 지중해를 반달족에게서 구출하기로 결심했다. 그동안 바다를 종횡무진으로 누비던 가이세리크가 이제 거꾸로 공격받게 된 것이다.

반달족에 대한 포문을 연 것은 트라키아의 총사령관인 헤라클리우스*Heraclius*였다. 그는 이집트, 테베, 리비아에서 군대를 모아 아프리카로 출격했다. 해군도 트리폴리 해안에 상륙해 여러 속주를 항복시킨 다음 카르타고로 진격했다. 총지휘는 레오 1세 황제의 남동생인 바실리스쿠스*Basilicus*가 맡았다. 당시 콘스탄티노플에서 카르타고로 향한 선단은 선박이 1,113척, 병사는 10만 명이 넘었다고 한다.

공격이 성공하려면 신속해야 한다. 첫 공격이 아무리 인상적이고 강력하더라도 우물쭈물하면 곧바로 무뎌진다는 것은 상식이다. 바실리스쿠스의 대함대는 카르타고에서 약 65킬로미터 떨어진 보나 곶에 상륙했다. 헤라클리우스 군대와 마르켈리누스*Marcellinus* 함대도 바실리스쿠스와 합류했는데 반달족이 바다와 육지에서 이들의 진군에 강력히 저항했지만 로마군에 격파됐다.

그러자 곧이어 그야말로 거짓말 같은 상황이 연출됐다. 가이세리크가 교묘한 계략을 꾸민 것이다. 그는 더없이 공손한 말로 자신과 영토를 황제에게 바칠 준비가 돼 있지만 닷새만 기다려달라고 제의했다. 바실리스쿠스는 당대의 용장인 가이세리크가 자신에게 대범성을 보여달라고 한 요청을 거부하지 않고 곧바로 동의했다. 가이세리크의 세력이 자신에게 대항할 수 없다고 확신했기 때문이다.

해풍이 가이세리크 진영에 유리한 쪽으로 변하자 큰 선박 여러 척에 가장 용감한 반달족과 무어인을 태우고 함선에 불타기 쉬운 자재를 산더미처럼 실은 다음 야밤에 무방비 상태인 로마 함대로 돌진했다. 《삼국지연의三國志演義》에 나오는 적벽대전과 같은 일이 일어난 것이다. 가이세리크의 기습 작전에서 겨우 도망친 로마병도 대부분 살해되거나 포로로 잡혀 로마제국의 위상은 여지없이 추락했다.

로마 함대를 격파한 가이세리크는 또다시 해상의 폭군이 돼 이탈리아, 그리스, 소아시아 연안 각지에서 약탈을 반복했다. 트리폴리, 사르디니아도 다시 그의 손아귀에 들어갔고 시칠리아도 속령이 됐다. 그는 나이에 맞는 절정의 영광을 누렸으며 사망하기 직전에는 서로마제국의 종말도 볼 수 있었다.

서로마제국의 멸망

아틸라가 사망하자 다뉴브 강과 알프스의 중간에 있는 부족들은 각각 독립된 나라를 세웠다. 이들 중 가장 두각을 나타낸 야만족은 헤룰리족Heruli, 스키리족Sciri, 알란족Allani, 투르킬링기족Turcilingi, 루기아족Rugia 등이다.

각 부족의 수령 중에서 가장 큰 명망을 얻은 사람은 아틸라의 심복인 오레스테스Orestes였다. 그는 타툴루스Tatullus의 아들이자 서로마제국의 마지막 황제인 로물루스 아우구스툴루스Romulus Augustulus의 아버지다. 아틸라가 사망하자 부족으로 돌아온 오레스테스는 아틸라의 자식들을 따르지도 않았고 판노니아의 영토를 찬탈한 동고트족에 예속되는 것도 거부해 명성을 드높였다. 야만족들이 일치단결해 오레스테스를 서로마제국 황제로 추대했지만 그는 이를 거절했다. 그러나 아들인 아우구스툴루스를 서로마제국 황제로 추대하는 데는 동의했다.

로마제국이 야만족과 맺은 위험한 동맹 관계가 로마인들이 누리던 자유와 위엄에 큰 손상을 가져다준 것은 당연한 일이다. 특히 수많은 황제가 교체될 때마다 야만족에게 더 많은 선물을 줘야 했다. 야만족은 로마인들보다 봉급과 특권이 훨씬 많았다.

갈리아, 스페인, 아프리카 등지에 있는 야만족은 오레스테스에게 아우구스툴루스를 서로마제국 황제로 추대했으니 자신들에게 이탈리아 국토의 3분의 1을 분배하라고 요구했다. 오레스테스는 죄 없는 로마인들을 멸망에 이르게 할 요구를 받아들이기보다 무장한 오합지졸의 횡포에 대항하는 것이 명예로운 선택이라고 생각했다.

문제는 야만족 진영에 그 누구보다 냉철하고 용맹한 게르만 용병 대장인 오도아케르Odoacer가 있었다는 점이다. 오도아케르는 아틸라의 또 다른 참모인 에데코Edeco의 아들로, 오레스테스의 동료였다. 오도아케르는 오레스테스가 제안을 거절했다는 소식이 듣자마자 야망을 실현할 좋은 기회라고 생각했다. 그는 동료 병사들에게 다음과 같이 말했다.

만일 너희가 내 지휘 아래 단결한다면 너희의 당연한 요청을 거부하고 있는 부당성을 차질 없이 해결해주겠다.

이탈리아 전역에서 수많은 야만족이 몰려들었다. 이에 놀란 오레스테스는 황급히 이탈리아 북부에 있는 파비아로 후퇴했다. 그러나 파비아는 곧 점령됐고 오레스테스는 처형됐다. 아버지의 후광으로 서로마제국 황제가 된 아우구스툴루스는 모든 것을 장악한 오도아케르의 자비를 애걸하는 처지로 전락했다.

서로마제국 병사들이 환호로써 서로마제국 황제 칭호를 오도아케르에게 바쳤지만 그는 집권 기간 동안 황제를 의미하는 자의와 제관 착용을 삼갔다. 또한 황제를 칭하기는 했으나 자신이 통치하는 이탈리아를 비롯한 어떤 국명이나 지역 명을 붙이지 않았다이는 현재 자신이 통치하는 국가를 앞에 붙이는 것을 말한다. "영국의 엘리자베스 여왕"이라는 표현처럼 쓴다는 말인데 이것조차 사용하지 않았다는 뜻이다.

오도아케르는 황제라는 직책이 자금만 낭비하고 분쟁과 살육만 일으킨다며 폐지키로 결심했다. 그러나 고릿적부터 내려오는 전통 또한 엄중하므로 상당한 대담성과 통찰력이 필요했다. 오도아케르는 정세를 면밀히 살핀 다음 아우구스툴루스 황제에게 한 가지를 제안한다. 아우구스툴루스가 스스로 퇴위하면 연금을 지급해주며 조용히 살도록 허락하겠다는 제안이었다. 아우구스툴루스는 수락한다. 황제가 퇴위하겠다고 원로원에 통고하자 원로원은 로마 황제에게 마지막 충성을 표명한다는 명분을 쌓기 위해 황제의 자유 의사를 원로원 회의에서 승인하는 절차를 취했다.

이때 동·서로마 역사에서 매우 중요한 사건이 일어난다. 원로원이 만장일치로 서로마제국 황제의 퇴위를 적은 서한을 동로마제국 황제 제논Zenon에게 보낸 것이다. 제논은 레오 1세의 사위로, 황제가 됐으나 짧은 기간 동안 바실리스쿠스에게 황제 자리를 빼앗겼다가 이 무렵 옥좌에 복귀한 상태였다.

서로마제국 사절은 오도아케르에게 이탈리아의 행정권을 부여해달라고 요청했다. 오도아케르에게 이탈리아의 행정권을 부여한다는 것은 동로마제국이 서로마제국에 관여하지 않는다는 것을 의미한다.

그러나 행정권을 부여하더라도 엄밀한 의미에서는 서로마제국이 동로마제국에 합병되는 것을 의미하므로 동로마제국이 오스만튀르크에 멸망한 1463년을 로마제국이 멸망한 해로 간주하는 학자도 있다.

제논은 그동안 둘로 나뉜 동·서로마제국이 해체되고 자신만이 유일한 로마제국 황제가 됐다는 의미에 만족감을 표명했다. 게다가 로마 각지에 자신을 기리는 조상을 세운 사실에 흡족해했다. 황제는 그 뒤 오도아케르와 어중간하지만 우호적인 관계를 계속 유지했다.

오도아케르는 용기에 더불어 행운까지 겹쳐 스스로 높은 지위에 올랐지만 자신이 취할 행동을 잘 알고 있었다. 서로마제국을 점령해 통치하기 시작하자 그의 사납던 습관도 대화를 거듭하는 과정에서 세련돼졌고 야만족 출신이면서도 피정복민의 선입관에 따른 편견까지 존중했다. 황제를 폐지한 지 7년이 지난 뒤에 오도아케르는 서로마제국의 집정관제consulship를 부활시켰다. 그러나 그는 스스로 집정관으로 취임하는 것을 거부했다. 그러므로 이 영예로운 자리는 가장 저명한 원로원 의원 열한 명이 돌아가며 맡았다.

오도아케르는 철저하게 전략적인 사람이었다. 오도아케르는 인류 역사에서 그 어떤 민족보다 당당하게 우월성을 주장한 민족에 군림한 첫 야만족이었다. 그는 세금 징수와 같이 사람들이 싫어하는 업무는 로마인에게 위임하면서도 때에 따라 세금을 유예해줄 수 있는 인기 있는 조치는 자신만이 취할 수 있도록 했다.

오도아케르는 종교 문제에 집착하지 않았다. 다른 야만족과 마찬가지로 자신도 서로마가톨릭이 이단으로 선언한 아리우스파 성직자 밑에서 교육받았지만 서로마가톨릭 수도사와 주교의 지위를 존중했다. 오도아케르 치하에서 가톨릭교도들이 조용했다는 것이야말로 그들이 받은 관대한 처우를 증명한다. 아리우스파는 비삼위일체설, 즉 예수도 신이 창조한 존재라고 주장했다. 이들은 325년에 열린 니케아공의회에서 이단으로 규정됐는데 오도아케르는 현명하게도 두 주장을 모두 인정한 것이다.

엄밀하게 말하면 이탈리아의 평화는 오도아케르의 무력으로 유지된 것이다. 오도아케르의 지휘를 받지 않는 야만족은 감히 오도아케르에게 도전하려는 시도조차 품지 못했다.

오도아케르는 아드리아 해를 건너 네포스Nepos 황제를 암살한 자들을 처벌하는 동시에 달마티아를 손에 넣었다. 게다가 알프스를 넘어 루기아족의 손에 있는 노리쿰을 수복했다. 기나긴 패배와 오욕이 지난 뒤에 야만족 출신 황제가 비로소 새로운 시대를 연 것이다.

민족적 단결이나 전통적인 권한이 없는 왕정은 스스로 해체되기 마련이다. 오도아케르가 서로마제국을 멸망시키고 통치하기 시작한 지 14년이 지나자 오도아케르는 자신보다 훨씬 뛰어난 동고트족 왕인 테오도리크Theodoric에게 자리를 양보하지 않을 수 없었다.[02]

테오도리크는 전쟁은 물론 행정 등 모든 부분에서 뛰어난 사람으로서 로마제국이 평화와 번영을 회복하는 데 기여했다. 학자들은 테오도리크야말로 서양 세계사에서 새로운 시대를 연 사람으로 지목하는 데 주저하지 않는다.

훈족은 어떤 민족이었나

훈족의 서방 진출

아시아 대륙에서 활약하던 흉노가 4차에 걸쳐 서천을 하고 훈족이
라는 이름으로 고트족 영지에 침공하게 된 것은 그야말로 만화 같은
사건 때문이었다. 훈족과 고트족은 크리미아 반도를 두고 오랜 세월
동안 가깝게 지내면서도 서로 상대방의 존재를 전혀 알지 못했다.

그런데 어느 날 훈족이 기르던 어린 암소 한 마리가 쇠파리에 쏘
이자 놀라서 늪지대를 가로질러 해변으로 달려갔다. 한 목동이 암소
를 쫓아갔다 돌아와서 자기가 목격한 광경을 부족민들에게 얘기했
다. 요르다네스는 그 일화를 다음과 같이 적었다.

목동의 이야기를 듣고 훈족이 바다로 생각해 건널 수 없다고 여
긴 메오티아 늪지대를 걸어갔다. 그러자 이제까지 미지의 땅으로 남
아 있었던 스키타이 땅이 눈앞에 펼쳐졌다. 메오티아 늪지대 너머에
다른 땅이 있다는 것을 전혀 알지 못했던 훈족은 스키타이 땅을 보

고 놀라움을 금치 못했다.

훈족은 우연히 광대한 우크라이나 초원을 발견했지만 곧바로 서
방으로 이동하지는 않았다. 훈족과 우크라이나를 가로지르는 강을
건너는 것이 만만한 일이 아니었기 때문이다. 훈족의 서방 이주를
부채질한 것은 기후인 듯하다. 훈족이 서방에 넓은 초원이 있다는
사실을 발견한 지 얼마 안 돼 공교롭게도 혹독한 겨울이 닥쳐왔고
모든 강이 얼자 새로운 땅으로 이동을 단행한 것이다.

물론 훈족의 서방 진출이 순탄했던 것만은 아니다. 우선 강을 건
너자마자 광대한 초원 지대에 정착해 살고 있는 여러 민족과 부딪쳐
야 했다. 훈족에 맞선 민족 중에서 가장 잘 알려진 민족은 알란족이
다. 로마 역사가 암미아누스 마르켈리누스*Amianus Marcellinus*는 알란족
도 결코 쟁기를 사용한 적이 없는 유목민이었다고 적었다.

마르켈리누스는 스키타이에 대해 최초로 서술한 역사가 푸블리우
스 타키투스*Publius Tacitus*의 작업을 이어받아 마르쿠스 네르바*Marcus
Nerva* 황제의 즉위부터 발렌스*Valens* 황제의 죽음까지를 서른한 권으
로 기술한 《사건 연대기*Rerum gestarum libri*》를 편찬했다. 지금은 기원
후 353년에서부터 378년까지를 다룬 열여덟 권밖에 남아 있지 않지
만 로마제국사를 파악하는 데 큰 도움을 주는 책이다. 특히 훈족에
대한 기록을 처음 남긴 책이기도 하다.

370년대에 알란족은 훈족과 큰 전투를 벌이는데 이 전투에서 훈
족이 승리한다. 이제 알란족은 훈족에 편입돼 훈족의 세계 제패에
크게 기여한다. 학자들은 이 알란족을 이란인으로 추정한다.

훈족이 서진하는 과정에서 부닥친 또 다른 민족은 유명한 사르마트족Sarmatians으로, 이들은 스키타이를 격파한 민족이다. 사르마트족은 인도유럽어족으로, 알란족과 비슷한 언어를 사용했다. 당대의 이름난 유목민족을 격파한 훈족은 서방으로 진격하는 동안 수많은 민족들을 흡수하는데 훈족의 지배에 들어간 게르만족 중에서는 스키리족Skirians, 게피다이족Gepidae, 콰디족Quadi, 헤룰리족Heruli 등이 특히 유명하다. 그중 스키리족은 한때 남부 러시아에 살던 훈족의 주력 세력 중 하나였다.

훈족이 단일 민족이 아니라 여러 민족으로 구성돼 있다는 것은 유물을 통해서도 알 수 있다. 최근에 발굴된 훈족 유골을 보면 훈족의 4분의 1만이 순수한 아시아계였음을 알 수 있다. 따라서 훈족이란 용어는 원래부터 훈족으로 불린 지배 집단에 복속된 모든 부족을 지칭한다고 할 수 있다. 훈족과 한민족의 친연성을 거론할 때도 훈족 전체가 한민족과 동일한 민족임을 뜻하는 것이 아니다. 아틸라 등 핵심 지배 집단이 한민족과 친연성이 있다는 것을 의미한다.

야만족도 놀란 훈족의 등장

서양 역사에 훈족이 처음 나타난 시기는 대략 290년 전후다. 아르메니아의 티리다테스 3세Tiridates III 때 훈족이 처음 등장하는데 이들은 알란족과 함께 군에 복무했다고 한다. 이는 훈족이 알란족의 영토에서 이동 중일 때도 협력 관계에 있었음을 보여준다.

알란은 중국 역사에도 나오는데 처음에는 "엄채국奄蔡國"으로, 나중에는 "아란요국"으로 불렸다. 근방에 알란 산맥이 있어 그 이름을 딴 것인데 질지가 서역을 지날 당시 알란과 대완 등이 질지에 공물을 바치기도 했다. 질지가 세력을 잃자 강거가 알란의 새 주인이 됐다. 북흉노가 강거로 진입하자 알란족은 서쪽으로 이동해 흑해 북안부터 키르기스 초원에 정주하면서 그곳에 살던 민족을 흡수했다.

마르켈리누스는 알란족이 준수한 외모에 키가 크며 머리카락이 옅은 노란색을 띠었다고 묘사했다. 학자들은 이들을 사르마트족과 게르만족 혼혈로 여긴다. 외모를 보면 흉노와 다른 민족임이 틀림없는데 풍습만은 흉노와 흡사했다. 흉노와 다른 점이 있다면 알란족은 적의 머리를 전리품으로 삼지 않고 가죽을 벗겨 말의 장식품으로 삼았다는 것이다. 또한 전쟁 신을 숭배한 탓에 종종 땅에 검을 꽂아두고 신에게 제사를 지냈다.

학자들은 알란족을 유일하게 게르만족의 침략을 받지 않은 민족으로 설명한다. 항상 큰 파도가 이는 돈 강이 그들에게 천연 보호막이 됐고 남쪽에는 강대한 아르메니아 왕국이 있었다. 알란족은 용병으로 아르메니아 왕국에 자주 나타나고 알란 공주가 아르메니아 왕자와 결혼하기도 해 입지가 단단했다.

그러나 대략 350년에 훈족의 공격을 받기 시작해 결국 374년에 복속된다. 물론 알란족이 모두 훈족에 복속된 것은 아니다. 갈리아와 스페인 경계로 달아나 나중에 훈 제국의 새로운 적수로 등장한다. 곧이어 사르마트족이 훈족에게 복속된다. 훈족은 다른 민족과 통혼함으로써 부족의 융합을 시도한다.

훈족이 건너간 우크라이나 땅은 동고트족의 터전이었다. 훈족이 나타나기 전에 동고트의 영웅 에르마나리크Ermanaric는 주변 슬라브족을 정복해 거대한 제국을 세웠다. 이 당시 그의 영토는 발트 해 연안에서 흑해에 이르도록 광대했다. 서고트족은 물론 많은 게르만족이 그의 휘하에 들어왔다. 로마인들이 그를 "고트족의 알렉산더 대왕"이라고 말할 정도였다.

그런데 에르마나리크는 용맹한 군주였지만 훈족을 만난 것이 불행이었다. 훈족 발람베르Balamber 혹은 발라미르Balamir 왕은 부대를 이끌고 새로운 터전을 찾아 서쪽으로 이동했다. 이 당시 훈족은 제국의 체제를 갖추지 못한 상태였지만 그들의 진행 방향에 있는 야만족으로 알려진 동고트를 공격하는 데 어려움은 없었다.

당시에는 게르만족도 말을 사육했지만 운송 수단으로 이용했을 뿐 타고 다니지는 않았다. 동고트족은 로마군처럼 무거운 갑옷을 입고 창을 던지는 육박전을 벌였다. 그러나 그들의 전투 방식은 훈족에게는 무용지물이었다. 훈족은 날쌔게 달려와 기이한 함성을 지르며 화살을 쏘아댔고 후퇴와 공격을 자유자재로 했다. 동고트 또한 용맹성에서는 누구에도 지지 않는 용사들이었지만 패배했다. 훈족은 이듬해인 375년에 다시 공격을 시작했다. 훈족에 패배한 에르마나리크는 자살했다. 이후 두 진영 간에 전투가 계속됐지만 최후의 승자는 훈족이었다.

동고트족은 대부분 훈족에 투항했지만 일부는 드네스트르 깅 서쪽으로 퇴각한 후 카르파티아 산맥을 건너 트라키아 지방으로 들어가 그들의 동족인 서고트족에 투항했다. 동고트와 서고트가 때에 따라 훈족, 로마군 진영에 서서 서로 혈투를 벌이게 되는 이유다. 이 사건은 훈족이 세계사에 본격적으로 등장하는 순간이다.[03]

백전백승을 자랑하는 훈족

훈족을 좋게 묘사한 사람도 있다. 449년에 동로마제국 사절단의 일원으로 아틸라의 궁정에 머문 그리스인 프리스쿠스*Priscus*는 아틸라를 직접 만난 사람이다. 그는 유일하게 훈족과 아틸라에 대해 자세하게 설명한 역사학자인데 훈족에 대해 부정적인 평가를 내리지 않았다. 그는 많은 부분이 멸실된《비잔티움사*History of Byzantium*》일곱 권을 저술했다.

훈족과 서방에서 맞붙은 민족은 훈족과 마찬가지인 야만족으로, 그들 역시 훈족처럼 용맹함에서는 둘째가라면 서러워할 민족이었다. 그럼에도 이들은 훈족에게 격파됐는데 그 요인이 무언인가에 대해 학자들이 부단히 추적했다. 훈족이 당대의 용맹한 야만족들을 모두 굴복시키고 궁극적으로 로마제국을 공포에 몰아넣은 배경으로는 당시 유럽 세계에서는 예상하지 못한 신기술과 전력을 갖추고 있었기 때문이다.

첫째, 말이다. 훈족이 타는 말은 요즘 말보다 어깨 폭이 20센티미터가량 더 좁다. 그러나 스피드와 지구력이 뛰어나다. 여러 가지 면에서 당대 서구의 말보다 우수했다. 훈족의 말은 매일 100킬로미터를 달릴 수 있었다. 학자들은 당시 유럽 말이라면 하루도 못 가서 지쳐 쓰러졌을 것이라고 말한다. 더구나 말은 눈 속에서도 풀을 찾아낼 수 있는 능력이 있으므로 사육하는 데 큰 힘이 들지 않는다는 것도 장점이었다.

흉노족의 말은 칭기즈칸이 거느리던 몽골 제국의 말과 비슷하다는 이야기가 내려온다. 몽골 말은 어깨높이가 평균 132센티미터로, 미국 카우보이가 타는 말의 어깨높이 158센티미터에 견주면 매우 왜소하다. 그러나 본성이 대단히 강한 데다 사육하는 방법이 남달라 그 가치가 높았다.

몽골에서는 말에게 사초를 주지 않고 방목해 내성을 길러줌으로써 출전 중에 먹지 못할 상황에 대비하는데 그 결과 수백 킬로미터를 달려도 땀 한 방울을 흘리지 않는다. 한두 살일 때 초원을 종횡으로 달리는 연습을 하고 그다음에 사람이 타는 기마로 훈련받는데 발로 찬다든가 물어뜯지 않도록, 수백수천 마리가 모였을 때도 울지 않도록 교육받는다. 몽골 말은 고삐를 묶어둘 필요가 없다. 도망하지 않도록 훈련됐기 때문이다. 게다가 거세함으로써 성질이 온순해지고 지구력이 강해져서 말안장 위에서 열흘을 지내도 끄떡없다.[04]

당시 훈족 아이들은 걷는 법을 배우자마자 말 타는 법을 익혔다. 훈족은 말을 탄 채 잠을 자고 밥을 먹고 용변을 보고 심지어는 중요한 국사도 처리했다. 로마인들은 기마병과 말이 그렇게 한 몸이 된 것을 한 번도 보지 못했으므로 반인반마켄타우로스라도 훈족만큼 말을 잘 탈 수 없다고 말할 정도였다.

둘째, 나무 안장이다. 유럽인들 눈에 말과 기수가 한 몸으로 보이는 것은 안장 때문이었다. 훈족의 안장은 로마식 안장처럼 평범하게 말의 몸통에 가죽끈으로 잡아매는 것이 아니라 앞이 높고 뒷받침이 있었다. 그만큼 뒷부분을 잘 받쳐준다. 앞뒤로 높이 올라간 우뚝한 기둥과 안장 머리는 말이 달릴 때에도 기수에게 안정감을 준다는 장점이 있다.

셋째, 등자다. 훈족은 안장 외에도 유럽에 알려지지 않은 등자를 도입했다. 훈족은 장시간 말을 탈 때 생기는 다리의 피로감을 예방하기 위해 발을 받쳐주는 가죽 밴드나 발 주머니를 안장에 달았다. 기수는 안장에 단단히 앉고 등자에 다리를 고정시킴으로써 달리는 중에도 180도 방향으로 화살을 쏠 수 있었다.

로마의 역사학자 마르켈리누스는 훈족의 등자를 두고 "산양의 가죽으로 털이 덥수룩한 그들의 발을 묶었다"라고 기록했다. 등자는 오랫동안 유목민들이 정주민의 기마대를 능가할 수 있게 해줬는데 등자는 훈족이 발명한 것이라고 한다. 한국에서는 중국 지린 성 지안 시에서 발굴된 고구려 유적인 칠성산 96호, 만보정 78호 무덤에서 출토한 등자가 가장 빠른 시기인데 2세기나 3세기 때 것으로 추정된다.

그런데 한 가지 이상한 사실은 훈족 군대가 유럽 무대에서 사라지는 순간까지 유럽인들이 이런 기술을 배우지 않았다는 점이다. 중국 한나라 시대 부조에서도 등자가 보이지 않는다. 등자를 두고 사르마트족이 발명했다는 설도 있지만 그리스·로마 시대에는 등자가 전혀 보이지 않았고 6세기에 이르러 아바르족_Avars_이 처음으로 사용한 것을 보면 훈족 발명설이 더 믿을 만하다.

넷째, 복합궁과 특수하게 제작된 화살이다. 훈족의 활이 얼마나 유럽인들에게 깊은 인상을 주었는지는 로마인 시도니우스 아폴리나스의 기록에서도 알 수 있다.

> 훈의 화살은 빗나가는 법이 없으니 훈이 활을 겨냥하는 자를 애도하노라. 그의 활은 죽음을 가져온다.

활은 모양에 따라 직궁直弓과 만궁彎弓으로 구분한다. 직궁은 탄력이 좋은 나무를 적당한 길이로 자르고 양쪽에 줄을 걸어 약간 휘게 만든 활로, 형태가 단순하다. 주로 유럽에서 사용된 활이다. 이에 견줘 만궁은 활줄을 걸치지 않으면 보통 활이 휘는 방향과는 반대로 뒤집힌다. 활줄을 풀었을 때 뒤집혀 휘는 각도는 활에 따라 다른데 한국의 전통 활인 국궁은 그 휘는 정도가 만궁 중에서도 가장 심해 거의 완전한 원을 이룬다.

이런 만궁을 누가 처음으로 사용했는지에 대해서는 아직 정확하게 밝혀지지 않았다. 한국인의 조상인 예맥인濊貊人일 것으로 추정될 뿐이다. 고대 중국인들이 예맥인을 부르는 호칭인 '동이東夷'의 '이夷'자는 '큰 대大'에 '활 궁弓'을 연결한 것으로, 활을 쏘는 사람 모습으로 설명하기도 한다.

사정거리 또한 차이가 컸다. 훈족의 화살은 300미터 정도 날아가는 반면 로마군의 화살은 최대 사정거리가 30미터도 채 안 됐다. 로마인들이 적을 파악하기 전에 흉노의 화살이 하늘에서 쏟아지듯 날아와 로마군의 갑옷을 종잇조각처럼 뚫었다.

다섯째, 훈족의 기동력이다. 훈족은 대략 500명에서 1,000명 정도

인원으로 300미터 거리에서 불화살을 날리면서 공격을 개시했다. 그런 다음에 물러나는 척하다가 다시 지그재그식으로 달려들었다. 훈족은 등자에 두 발을 딛고 서서 활을 전후좌우로 자유롭게 쏘았으므로 유럽인들에게 공포의 대상이었다. 처음에는 멀리서 일어나는 먼지구름에, 다음에는 요란한 말발굽 소리에 잔뜩 공포심을 느끼다가 화살이 비 오듯 쏟아지면 유럽인들은 혼란에 빠지면서 훈족의 공격에 대항할 엄두를 내지 못했다.

물론 유럽인들도 방어 수단을 강구했다. 로마 군사들이 화살 공격에 대비해 쇠사슬로 만든 갑옷을 입었지만 매우 거추장스러워 오히려 전투력을 떨어뜨릴 뿐이었다.

전투에서 가장 중요한 것이 바로 이동 속도다. 예상할 수 없는 곳에서, 예상할 수 없는 시기에 적을 습격하는 것이 기습이다. 예상할 수 없는 병력이 순식간에 모이면 대항할 엄두도 못 내고 지리멸렬해지기 마련이다. 그러므로 승전의 3대 요인을 집중·기동·기습으로 표현한다.

훈족 기마 부대가 전투에서 큰 힘을 발휘할 수 있었던 또 다른 요인은 보급병이 따로 없었다는 점이다. 한 병사가 말을 다섯 마리에서 일곱 마리씩 몰고 다녔으므로 훈족 기마 부대의 진격 속도는 상상을 초월한다. 농경민족의 군대는 전투병과 보급병으로 나뉜다. 따라서 군대의 이동속도는 가장 느린 보급병에 맞춰야 한다. 전투병이 적진에 들어갔다가 보급이 차단되면 장기전을 유지하지 못하고 섬멸되기 십상이기 때문이다.

여섯째, 상상할 수 없을 정도로 좋은 시력과 청각이다. 몽골인의 눈은 시력이 5.0이라 할 만큼 먼 곳을 아주 잘 볼 뿐 아니라 무척 예리하다. 훈족은 초원에서 움직이는 어떤 동물도 감별할 수 있다. 게다가 풀을 관찰해 몇 시쯤에 몇 사람이 지나갔다는 것을 정확히 판별해낸다.

유목민은 청각도 아주 예민하다. 멀리서 이상한 소리가 들려오면 땅에 귀를 대고 소리가 나는 곳이 얼마나 떨어져 있는지 측정해낸다. 타고난 자질과 기동력을 겸비한 훈족을 유럽인들이 인간으로 여기지 않는 것도 지나친 일이 아니다.

그러나 상대방을 압도하는 훈족의 여러 가지 무기와 전술보다 더 두려운 것은 그들에게는 그 어떤 전쟁 수칙도 통하지 않는다는 점이다. 훈족은 포로를 잡지 않았다. 훈족은 대항하는 자는 누구든 가리지 않고 죽였다. 오로지 전쟁 초반에 무기를 버리고 순순히 투항하는 사람만 목숨을 살려줬다. 이런 무자비함은 적군의 사기를 꺾어 잠재된 적까지 모두 투항하도록 압박하는 효과가 있었다.

특히 투항자 중 능력이 있는 사람에게는 관직을 줘 계속 자신의 부족을 통솔하게 했다. 그런 다음 혼인 관계를 맺어 진짜 한 가족으로 받아들였다. 사실 흉노는 정주민과 달리 초원에서 자유롭게 살았기 때문에 격식이나 형식을 싫어했다. 이런 성향은 유목민을 오합지졸로 만들 수도 있다. 바로 이런 문제점을 보완하는 방법 중 하나가 능력 있는 외부인들에게 지식을 전수받는 것이다. 이것이 흉노의 전력 증진에 크게 기여했다.[05]

훈족이 남다른 전력을 보유하고 대제국을 건설할 수 있었던 요인에 대해서는 에드워드 기번*Edward Gibbon*이 매우 통찰력 있게 분석했다. 그는 기본적으로 유목민이 정주 생활을 하지 않은 점이야말로 세계를 제패한 원동력이었다면서 나름대로 훈족의 상승 요인을 음식, 주거, 훈련으로 나눠 분석했다.

기번은 훈족 지도자가 갖춰야 할 자격에 대해 여러 훈족 왕들 중에서 군사 지휘권을 장악하는 사람이 최고 지휘자라 할 수 있는데 첫째도, 둘째도 탁월한 실력이라는 점을 분명히 했다.

그는 훈족의 수령을 칸汗, Khan으로도 설명했다. 칸은 흉노의 선우에 이어 후대 유목 부족의 장으로 일컫는 말이다. 큰 틀에서 선우나 칸이나 같은 맥락이므로 훈족의 수장을 칸으로 설명해도 큰 무리는 없다. 기번의 설명을 보자.

훈족의 수장은 대등한 실력자들의 추대를 받아 왕위에 오르는데 그 칭호는 칸이다. 이는 북아시아 언어로 왕권의 일체를 의미한다. 그런데 칸에 의해 지배권이 인정되는 것은 그 자신의 부족 내에서뿐이므로 왕권 행사는 처음부터 끝까지 고대로부터 준수되는 전체 국민회의national council라는 코로울타이Coroultai를 거쳐야 한다. 흉노를 포함한 유목민들의 의회라고도 볼 수 있는 코로울타이는 해마다 정기적으로 봄과 가을 두 차례에 걸쳐 평원 한복판에서 소집된다. 이때는 통치권자인 일가의 왕들은 물론 각 부족의 족장들도 많은 군졸을 이끌고 마상 회의장으로 모여든다.

제
4
부

유
럽
을

호
령
한

아
틸
라

로마제국을 동로마제국과 서로마제국으로 분리하는 칙령을 내린 황제 테오도시우스 1세가 사망한 395년은 훈족 최고의 지도자인 아틸라가 태어난 해다. 아틸라가 태어날 당시는 훈족도 어느 정도 유럽 세계에 눈을 뜬 상태였다. 훈족은 농업과 수공업 등 다양한 사업을 일으키며 다른 민족과도 적극 교역했다. 로마제국이 훈족을 호의적으로 대한 것은 훈족으로 게르만족을 견제하려 했기 때문이다.

훈족과 로마의 우호적인 관계는 아틸라가 로마 궁정에서 자라는 계기가 된다. 아에티우스는 훈족 진영에서 생활했다. 상대 진영에서 인질 생활을 한 두 사람의 우정과 혈투가 서로마제국의 최후를 장식하는 대사건으로 이어진다.

대제국의 건설자

로마제국을 지탱한 세 사람

게르만족과 로마제국이 혈투를 벌이고 있을 때인 400여 년 즈음에 울딘이 훈족을 통일한다. 로마는 울딘을 가르켜 "도나우 강 밖 모든 야만족의 왕"이라고 불렀다. 울딘은 서로마제국과 우호적인 관계를 유지했지만 동로마제국은 친구로 여기지 않았다. 408년에 울딘은 대군을 이끌고 동로마제국에 침입해 엄청나게 많은 전리품을 획득하지만 철수하는 중에 동맹군의 습격을 받는다. 동로마제국의 사주를 받은 것이다. 부상을 입은 울딘은 결국 411년에 세상을 떠났다.

훈족 지도층에 공백이 생기는 동안 서로마제국에 협력하던 아타울프스가 이끄는 서고트족이 갈리아에 침입했다. 415년의 일이다. 그러나 아타울프스는 자객에게 살해된다. 흥미로운 것은 그들의 후예로 일러진 바스크족이 피레네 산맥에 살고 있다는 섬이다. 이들은 현재 스페인 정부를 상대로 독립운동을 격렬히 벌이고 있는데 아직도 자신들이 서고트족의 후예라고 주장한다.

아타울프스의 사망으로 야만족 진영에 구멍이 생기자 북아프리카 총독 보니파키우스가 가이세리크에게 도움을 청했다. 429년 가이세리크는 반달족 8만 명을 이끌고 지브롤터 해협을 건너 아프리카 대륙으로 건너갔다. 이를 기회로 삼아 가이세리크는 노예나 농노 등을 포섭하면서 카르타고, 세우타 등을 제외한 북아프리카 도시 대부분을 장악했다.

가이세리크의 위세에 놀란 서로마제국 황제 발렌티니아누스 3세 Valentinian III는 카르타고를 제외한 북아프리카 지역을 야만족에게 분할한다는 조약을 체결했다. 그러나 가이세리크는 협약을 무시하고 카르타고를 공격해 점령했다. 카르타고의 함락은 500여 년 동안 아프리카를 지배해온 로마제국의 위용을 한껏 실추시킨 사건이었지만 로마로서는 이들을 응징할 힘이 없었다.

울딘의 사망 후 몇몇 훈족 수장이 등장하지만 이들은 곧바로 역사에서 사라지고 옥타르Oktar가 새로운 강자로 등장한다. 옥타르는 라인 강변의 부르군트족을 공격하는데 학자들은 이를 통일 훈족의 첫 진격으로 인식한다. 그러나 그는 승리감에 취해 방심하다 부르군트족에 기습당해 사망한다. 옥타르가 죽자 동생 루가가 전체 훈족을 통치하는 첫 지도자가 된다.

루가는 옥타르가 사망하기 전에도 명성을 얻고 있었다. 422년과 426년에 동로마제국 영토인 트라키아와 마케도니아 지역에 침략해 막대한 전리품을 챙겼다. 당시 동로마제국은 테오도시우스 2세 Theodosius II가 집권하고 있었는데 그는 기독교에 심취해 외부의 침입에 아무런 대처도 할 수 없었으므로 보상금으로 무마할 수밖에 없었다. 그는 매년 황금 350파운드를 바치는 대신 훈족은 동로마제국 국경을 침입하지 않기로 약속한다. 게다가 필요하면 동로마제국군을 지원하는 데 참여하기로 한다. 이때부터 로마를 실질적으로 움직이는 세력은 훈족이라 해도 지나친 말이 아니다.

루가는 수많은 부족으로 이루어진 야만족을 훈족의 이름 아래 뭉치게 한 현명한 지도자였다. 그는 훈 제국을 실질적으로 태동시킨 지도자였다고 볼 수 있다. 그러나 훈 제국은 그를 이은 아틸라 시대에 비로소 제국의 위용을 보이며 세계사에 당당하게 등장한다.

한편 아틸라를 이야기하려면 아에티우스*Aetius*와 갈라 플라키디아*Galla Placidia*를 이야기하지 않을 수 없다. 사실 아틸라를 포함한 세 명이 서로마제국의 마지막을 장식했다고 볼 수 있기 때문이다. 425년에서 437년까지 아들 발렌티니아누스 3세를 대신해 섭정한 플라키디아는 인생 역정이 매우 복잡했다. 앞에서 잠깐 설명했지만 플라키디아는 알라리크의 의형제 아타울프스의 포로가 돼 강제로 그와 결혼해야 했다. 그러나 아타울프스가 살해되자 엄청난 몸값을 내고 석방돼 로마로 돌아왔다.

416년에 로마인으로 복권된 플라키디아는 세 차례나 집정관을 지낸 플라비우스 콘스탄티누스와 재혼한다. 두 사람 사이에 호노리아와 발렌티니아누스 남매가 태어났다. 당시 로마 내정은 매우 복잡해 황제의 아들이라 해서 황제로 추대되는 것이 아니었으므로 플라키디아는 황제가 사망하자 여섯 살에 지나지 않는 자신의 아들인 발렌티니아누스발렌티니아누스 3세를 제위에 올리고 실제 권력을 거머쥐었다.

아에티우스는 게르만족 혈통으로, 아버지는 황제의 근위병이었다가 장관까지 오른 군인이었다. 그는 일찍부터 황제의 근위대에서 복무했는데 서고트족과 훈족에 볼모로 잡힌 적이 있다. 이것이 아에티우스에게는 좋은 기회였다. 아에티우스는 볼모로 있으면서도 그 시간을 헛되이 버리지 않았다. 훈족의 언어와 기마술, 궁술을 익혔다. 그가 나중에 "승마의 달인", "아프리카의 백작"으로 불린 것도 이 경험 덕분이었다.

특히 아에티우스는 훈족의 궁정에서 로마와는 다른 세계, 즉 '안티로마'를 체험한 경험이 있었기 때문에 훈족과 의사소통할 수 있다는 장점이 있었다. 그러므로 로마제국은 야만족이 말썽을 일으키면 아에티우스에게 중재를 맡겼다. 더구나 훈족이 그를 전적으로 지원했고 프랑크족도 그의 휘하에 복속했기 때문으로 로마인들은 그가 로마군이면서도 사실상 야만족의 수장이나 다름없다고 생각했다.

아틸라의 볼모 생활에 대해서는 잘 알려져 있지 않지만 그가 로마 궁정에서 10여 년 동안 살아서 라틴어를 배우고 그리스어도 익혔을 것으로 추정된다. 아틸라는 이 시절에 상당한 지식을 쌓은 듯하다. 아틸라와 아에티우스는 태생이 다르지만 둘은 서로 돕고 잘 어울렸다. 그러나 역사는 그들을 친구 사이로만 두지는 않았다. 두 사람은 동맹자로 절친하게 지내면서 시대를 이끌었지만 나중에는 제국의 운명을 걸고 결전을 벌여야 하는 적으로 변한다.

플라키디아로서는 왕족이 아닌 아에티우스가 승승장구하는 것이 불만이 아닐 수 없었다. 아들인 발렌티니아누스를 황제로 추대하기 위해 동분서주하는 플라키디아에게 아에티우스는 찬물을 끼얹은 사람이었기 때문이다.

당시에 발렌티니아누스와 장군이자 원로원 의원인 요하네스가 황제 자리를 놓고 경합하고 있었다. 그런데 아에티우스는 요하네스에게 황제가 되고 싶다면 훈족에게 도움을 요청하는 것이 최선이라고 조언한 적이 있다. 요하네스가 아에티우스의 조언에 따라 훈족에게 돈을 지불하고 우군으로 끌어들이는 데 성공함으로써 황제가 된다.

그러나 요하네스는 고작 18개월 만에 살해된다. 플라키디아는 재빨리 군대를 동원해 발렌티니아누스를 황제로 추대했다. 이때는 아에티우스도 플라키디아를 지원했다. 그러나 플라키디아와 아에티우스의 공조 체제는 언제든지 깨질 수 있는 관계였다.

425년에 발렌티니아누스 3세가 제위에 오르자 플라키디아는 아에티우스를 제거할 방법을 선택했다. 아에티우스를 갈리아 사령관으로 임명한 것이다. 플라키디아는 아에티우스가 단 한 번이라도 야만족에게 패배하면 가차 없이 제거할 속셈이었다.

아에티우스가 의도를 모를 리 없었다. 아에티우스는 자신이 지휘하는 로마군을 단독으로 움직이지 않고 당시에 로마 장군으로 공식 임명된 아틸라와 협력해 서고트족과 프랑크족은 물론 반달족까지 제압했다. 게다가 그는 게르만족끼리 싸우게끔 만들었다.

아에티우스가 승승장구하자 플라키디아는 마지막 카드를 빼들었다. 아에티우스를 사령관에서 해임함으로써 모든 권한을 박탈한 것이다. 그러나 플라키디아의 결정은 아에티우스와 훈족의 관계를 이해하지 못한 오산임이 곧 드러났다. 플라키디아의 조처로 이에디우스가 순식간에 전 재산을 몰수당하고 목숨까지 위험해지자 루가에게 지원을 요청한 것이다. 루가는 그의 청을 들어주면서 아에티우스와 함께 대부대를 동원해 로마로 진격했다.

루가와 아에티우스가 로마를 향해 진격한다는 소식을 들은 플라키디아가 서고트족에 도움을 요청하나 서고트족은 거절한다. 로마로서는 그들을 막을 수 없었으므로 플라키디아는 묵묵히 그들의 개선 행렬을 지켜보지 않을 수 없었다. 훈족의 엄호를 받은 아에티우스가 당당하게 로마로 입성했지만 뜻밖에도 아에티우스는 로마 황제 지위를 요구하지 않았다. 플라키디아는 그를 다시 서로마제국 총사령관으로 임명했다. 서로 타협한 결과였다.

아에티우스는 자신의 동지인 훈족에게 판노니아를 줬는데 현재는 헝가리 부다페스트 지역으로 추정된다. 당시 훈족의 지배자인 루가에게 이것은 큰 외교적 승리였다. 오랫동안 유목 생활을 해온 훈족이 영구적인 정착지를 얻었음을 뜻했기 때문이다. 그 뒤로 판노니아는 훈족의 근거지가 됐다. 일단 유목민에게 정착지가 생기자 훈족의 생활 방식과 문화에 큰 영향을 끼쳤음은 물론이다.

통치권을 오로지한 아틸라

434년에 훈족 왕 루가가 세상을 떠나자 훈족의 전통에 따라 블레다와 아틸라 형제가 왕이 됐다. 몇몇 학자들은 아틸라의 형 블레다가 훈족을 모두 지배했고 아틸라는 막강한 제후 중 한 명이었을 것으로 추정한다. 여하튼 두 명이 각각 동부와 서부 훈족을 다스렸는데 블레다와 아틸라는 성격이 아주 달랐다. 블레다는 불같은 성질에 툭하

헝가리 아틸라 박물관에 있는 아틸라 모형.

면 무력을 행사하는 전형적인 초원 사나이였던 반면에 아틸라는 신중하고 외교적 수완이 뛰어났다. 두 명은 루가가 이루지 못한 일을 계속했다.

434년에 동로마제국이 루가와 맺은 약속을 지키지 않자 블레다와 아틸라는 동로마제국을 응징하겠다고 선언했다. 동로마제국 황제 테오도시우스 2세는 서둘러 사신을 훈족에게 보냈다. 로마 사신을 만나자 아틸라는 훈족을 다스리는 왕이 두 명이니 조공도 두 배로 늘리라는 조건을 내밀었다. 동로마제국은 아틸라의 요구를 그대로 승낙할 수밖에 없었다.

이듬해에는 훈족과 동로마제국이 마르구스에서 평화협정을 맺는다. 이 마르구스 조약은 훈족에게 매우 중요한 의미가 있다. 이 조약으로 로마제국을 제외한 동부 유럽과 중부 유럽이 모두 훈족의 지배에 들어갔기 때문이다. 훈족의 영토는 도나우 강에서 라인 강으로 확대됐다. 라인 강 반대편은 훈족의 친구인 아에티우스가 다스렸고 우크라이나 초원 북쪽에 사는 슬라브족과 핀족은 물론 아카치르족이 아틸라의 맏아들인 엘락_Ellac_의 지배를 받았기 때문에 훈족은 로마제국보다 더 넓은 영토를 확보한 셈이었다.

445년에 아틸라에게 두 가지 중요한 일이 일어난다. 하나는 형 블레다가 사망해 아틸라가 훈족의 단일 지배자가 된 것이다. 블레다가 갑자기 사망한 이유는 알려지지 않았다. 사냥을 나갔다가 사고를 당했다는 설이 있고 아틸라가 블레다를 살해했다는 설이 있다. 다른 하나는 아틸라가 군신軍神 마르스_Mars_의 신성한 검을 확보한 것이다. 이 사건 또한 아틸라가 당대의 패자가 떠오르는 데 결정적인 구실을 한다. 학자들은 영국 아더 왕이 호수의 요정에게 받았다는 '엑스칼리버_Excalibur_' 또한 아틸라의 전설에서 차용한 것으로 추정한다.

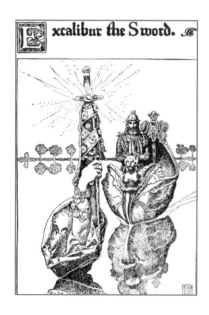

훈족의 단일 지배자가 된 아틸라는 제국을 강국으로 만들기 위해 혁신적인 조치를 취했다. 첫째는 보좌하는 측근을 주로 외국인으로 구성한 것이다. 아틸라는 훈족보다 발전한 나라에서 많은 것을 배워

호수의 요정에게 엑스칼리버를 건네받는 아더 왕. 엑스칼리버는 아틸라의 마르스 검 전설에서 차용된 것으로 보인다.

야 한다고 생각했기 때문이다. 수석 보좌관 콘스탄티우스Constantius 는 그리스인이었으며 오레스테스는 서로마제국의 명문 귀족 출신이 었다. 에데코는 훈족의 일파로 알려진 스키리족의 왕으로, 그의 아 들이 서로마제국을 멸망시킨 오도아케르다.

이처럼 아틸라의 참모진은 대부분 외국인이었는데 이들은 당시 서로마제국의 공용어인 라틴어와 동로마제국의 공용어인 그리스어 를 모두 구사할 줄 알았다.

둘째는 훈족의 중앙집권적인 지배권을 강화한 것이다. 그동안 훈 제국은 주요 통치자 두세 명을 중심으로 여러 부족이 공동 통치하 는 연합 체제였으나 단독 지배자가 된 아틸라는 로마제국처럼 중앙 정부가 직접 다스릴 수 있도록 체제를 바꿨다. 이와 함께 로마 황제 가 그랬듯이 군사 원정을 할 때에는 자신이 있는 곳을 훈 제국의 중 심지로 삼았다. 아틸라 시대에 비로소 훈 제국이라 불릴 수 있는 국 가 체제를 갖췄다는 뜻이다.

에드워드 기번은 아틸라가 동방과 관련한 매우 중요한 두 가지 일 을 처리했다고 적었다. 첫째는 유연을 물리친 것이고 둘째는 아틸라 가 중국에 사절을 파견한 것이다. 아틸라가 유연을 격파했다는 자료 에 대해서는 잘 알려져 있지 않지만 중국으로 사절을 파견했다는 것 은 중요성이 매우 크다.

당시 중국은 오호십육국 시대로, 아틸라가 사신을 보낸 대상이 누구인지 확실하지 않다. 그러나 몇몇 학자들은 아틸라가 사신을 보 낸 나라가 사실은 신라였을 것으로 추정하기도 한다. 아틸라가 중국 에 사신을 보낼 정도라면 상당한 예물을 함께 보냈을 텐데 중국에서는 로마 유물이 거의 발견되지 않았기 때문이다. 반면에 신라에서는 로마 유물이 엄청나게 발견됐다. 아틸라의 사절이라면 그 정도 예물은 당연한 것이라는 추정이다.

로마의 절반을 요구한 아틸라

아틸라가 신성한 검도 확보하고 훈족의 단독 왕이 돼 절정의 통치력을 발휘하고 있을 때 아틸라를 국제전에 개입하도록 만드는 여인이 등장한다. 450년 서로마제국 황제 발렌티니아누스 3세의 누이인 호노리아가 친위병의 아이를 배는 일이 벌어지는데 호노리아는 곤경에서 벗어나는 가장 좋은 길이 아이 아버지가 황제가 되는 것이라고 판단한다. 그래서 동생인 발렌티니아누스를 퇴위시키려는 공작을 추진하지만 음모는 어머니인 플라키디아에게 적발된다.

플라키디아와 발렌티니아누스 3세는 호노리아를 부유한 원로원 의원과 강제로 결혼시키려고 하지만 호노리아의 완강한 반대로 결혼은 성사되지 않는다. 호노리아가 서로마제국에 큰 화근이 될 것으로 생각한 플라키디아는 서로마제국 황실을 어지럽히지 않으면서도 말썽 많은 딸을 안전하게 가둘 수 있는 곳은 단 한군데, 즉 동로마제국의 수도원밖에 없다고 생각한다.

그러나 황제 자리까지 넘보던 호노리아는 수도원에 갈 생각이 없었다. 그녀는 동로마 생활을 견딜 수 없다며 자신의 금반지를 아틸라에게 보내 구원을 요청한다. 호노리아는 아틸라가 라벤나 궁에 체

류할 때부터 서로 잘 알고 있었던 것이다. 호노리아는 아틸라에게 자신과 결혼하면 지참금으로 서로마제국의 절반을 주겠다고 했다. 아틸라는 그녀와 결혼하기로 결심하고는 발렌티니아누스 3세에게 지참금으로 서로마제국의 절반을 요구했다.

호노리아를 잡고 있는 동로마제국 황제 테오도시우스 2세로서도 호노리아와 아틸라의 결혼이 나쁜 카드는 아니었다. 그녀가 아틸라와 결혼한다면 아틸라와 서로마제국이 암투를 벌일 것이 틀림없으므로 아틸라가 동로마제국에 마음 쓸 여지가 없을 것이라 생각한 것이다. 테오도시우스 2세는 플라키디아에게 두 사람의 결혼이 나쁘지는 않다는 조언과 함께 호노리아를 서로마제국으로 돌려보냈다.

그러나 발렌티니아누스 3세는 테오도시우스 2세의 충고를 역으로 받아들이고 아틸라의 요구를 단호하게 거절했다. 거절할 뿐만 아니라 호노리아를 다른 남자와 결혼시켰다. 이제 아틸라와 서로마제국의 전쟁은 피할 수 없게 된 셈이다.

배신당했다고 생각한 아틸라는 서로마제국을 공격한다. 451년에 아틸라는 현재의 독일 트리어, 쾰른, 벨기에, 프랑스 스트라스부르그, 메츠, 랑스, 오레앙 등 갈리아 지역에 있는 로마군을 닥치는 대로 쳐부순다. 특히 메츠는 본보기로 철저하게 파괴했다.

이제 세계 전쟁사를 장식한 샬롱 전투"카탈라우눔 전투"라고도 한다에 대해 알아보자. 아틸라가 맹렬한 기세로 서유럽을 유린하자 서로마제국군 총사령관인 아에티우스는 아틸라와 결전을 피할 수 없다고 생각했다. 그는 제일 먼저 아틸라와 적대 관계에 있는 게르만족에 연합을 제의했다. 서고트족은 처음에는 거절했지만 결국 아에티우스

진영에 합류했고 프랑크족, 부르군트족, 갈리아계 켈트족이 함께했다. 이들은 모두 아틸라에게 원한이 있는 부족이다. 아틸라에게 복수하겠다는 일념으로 아에티우스의 제안에 응한 것이다.

양 진영은 현재의 프랑스 샹파뉴아르덴 주에서 대치했다. 아틸라는 관례대로 무녀에게 결과를 예언해달라고 부탁했는데 무녀는 충격적인 신탁을 전해줬다. 이번 전투에서 훈족이 큰 재난을 당할 것이라는 신탁이었다. 그러나 적군의 지휘관이 전투에서 죽을 것이므로 적군 또한 승리를 얻지 못할 것이라고도 말했다. 아틸라는 무녀가 말하는 지휘관이 바로 아에티우스라고 믿었다.

아에티우스가 아틸라를 너무나 잘 알고 있었기 때문에 아틸라는 훈족의 전투 방식을 그대로 답습하지 않았다. 아틸라는 공격보다 수비에 치중했다. 아틸라는 대열을 정비해 자신이 선두에 서고 그 중심에 기병을 세웠다. 좌익은 동고트족, 우익은 게피다이족이 맡았다.

한편 아에티우스는 언제 배신할지 모르는 알란족을 아틸라와 대적하게 배치하고 서고트족을 우익에 세워 동고트족과 대치하게 했다. 알란족을 앞에 세운 것은 그들을 희생양으로 삼겠다는 뜻이었으며 동고트와 서고트를 맞세운 것은 고육지계라 볼 수 있다. 전투가 얼마나 격렬했는지 요르다네스는 다음과 같은 기록을 남겼다.

> 뒤범벅돼 격렬하게 싸웠다. 싸움은 점점 혹독하고 인정사정없는 지경으로 치달았다. 고금의 어느 기록에서도 이런 싸움은 찾아볼 수 없을 것이다. 이 놀라운 광경을 못 본 사람은 평생 이만한 구경을 할 수 없을 것이다.[01]

실제 전투 시간은 약 한 시간 정도였을 것으로 추정되지만 아틸라군에서만 16만 명에서 30만 명이 죽거나 다쳤다고 한다. 대체로 양쪽에서 20만 명씩을 동원했을 것으로 추정되므로 사망자 숫자는 과장된 듯하다. 특이한 것은 이 전투에서 포로는 없었고 부상자만 소수 있었다는 점이다. 이는 이 전투가 철저한 살육전으로 진행됐다는 것을 반증한다.

샬롱 전투의 결과는 서양 문명에 매우 다행한 일이었다. 양쪽에서 엄청난 사상자가 나왔지만 결과는 무승부였다. 아틸라가 모든 전선에서 공격했으나 로마 연합군은 아틸라를 효과적으로 방어했다. 끝내 아틸라는 전세를 뒤집을 수 있는 기회를 잡지 못했다. 몇몇 학자들은 이 전투에서 아틸라가 승리했다면 오늘날 유럽은 아틸라의 후손들이 지배하고 있을지 모른다고 추정하기도 한다.

전투는 아틸라의 철수로 끝났다. 아틸라는 무녀의 신탁에 따라 일단 철수하는 것이 좋다고 판단하고 곧바로 근거지인 판노니아로 후퇴했다. 아틸라에게 적 지휘관이 사망할 것이라고 알려준 무녀의 신탁도 틀린 것은 아니었다. 아에티우스의 일각을 담당한 서고트족 왕 테오도리크가 전사했기 때문이다.

서로마제국이 훈족에 대항해 무승부를 기록했다는 것은 로마군도 훈족에게 패배하지 않을 수 있다는 신화를 태어나게 만들었고 아에티우스는 로마 명장으로 이름을 높였다. 아틸라가 갑작스럽게 퇴각했음에노 아에티우스는 추격하지 않았다. 아틸라를 주격하지 않은 이유는 알려지지 않았다. 다만 요르다네스가 남긴 "아에티우스는 휘하에 있는 고트족이 훈족을 완전히 격퇴하면 로마제국이 고트족의 기세에 눌릴 것으로 생각했다"라는 말에서 이유를 유추해볼 수 있을 것이다.

아에티우스는 서로마제국의 안정을 위해서 로마와 야만족 사이에 힘의 균형이 유지돼야 하는데 그러기 위해서는 평소와 같이 훈족이 게르만족을 견제하는 것이 최선이라고 생각했다. 그러나 이는 로마가 아에티우스를 불신하게 만드는 계기가 된다.

아틸라가 별 성과 없이 판노니아로 철수하자 서로마제국은 당분간 야만족들에 대한 걱정이 사라졌다고 생각했다. 그러나 아틸라는 이듬해인 452년에 또다시 서로마제국을 침공했다. 표면상 이유는 호노리아 공주 때문이었다. 이번에는 갈리아 지역이 아니라 이탈리아 반도였다. 아틸라는 출정하기 전에 판노니아에서 군 체제를 획기적으로 바꿨다. 샬롱 전투에서 얻은 경험을 토대로 로마와 같이 조직적인 군대를 만들기 위해 전투 장비 확보에 주력하고 장병들의 사기를 높였다.

반면에 로마는 아틸라의 이탈리아 침공에 적절히 대비할 여력이 없었다. 아에티우스는 아틸라가 퇴각하자 야만족을 모두 돌려보냈다. 더구나 발렌티니아누스 3세와 로마 원로원은 아에티우스를 신뢰하지 않았다. 아에티우스가 샬롱 전투에서 퇴각하는 아틸라를 추격하지 않은 것을 볼 때 아틸라와 아에티우스가 협력하는 관계라고 의심했다. 그래서 이탈리아 반도가 아틸라에게 쑥대밭이 될 때까지도 지원을 요청하지 않았다.

아에티우스가 없는 로마는 벌거숭이나 마찬가지였다. 아틸라는 초전에 이탈리아 북부에 있는 아퀼레이아를 점령해 철저하게 파괴하고는 파두아, 베로나, 베르가모, 밀라노 등 북이탈리아 전역을 휩쓸었다. 아퀼레이아를 점령한 아틸라는 인근에 토산을 쌓고 훈 제국의 초석을 다진 울딘에게 제사를 지냈다. 이곳이 바로 울딘의 이름을 딴 우디네로, 우디네 극동영화제로 유명한 곳이다. 울딘을 기념해 탄생한 도시가 하나 더 있는데 바로 독일 남부에 있는 울딩겐이다.

아틸라에게 파죽지세로 격파되면서 서로마제국의 운명이 풍전등화처럼 위태로워지자 발렌티니아누스 3세는 라벤나에서 로마 시로 달아났다. 그러고는 아틸라에게 호노리아를 부인으로 주겠다는 제안으로 시간을 끌었다호노리아와 아틸라가 실제로 결혼했다는 설도 있음.

아틸라는 로마제국의 수도였던 밀라노에 거처를 정한 후 자신이 로마의 지배자임을 선포했다. 그가 밀라노에서 로마의 지배자라고 선언한 것은 밀라노가 로마제국의 수도로 잠시 선언된 적이 있기 때문이다. 아틸라가 밀라노에서 앉았던 돌로 만든 옥좌는 토르첼로 섬에 있다.

아틸라는 밀라노에서 오래 머물지 않고 이탈리아 반도 중심부로 진격하기 시작했는데 포 강에 이르렀을 때 예상치 못한 복병을 만난다. 말라리아가 아틸라의 군대를 습격한 것이다. 이 당시 아에티우스는 아틸라가 진을 친 포 강에서 가까운 만투아에 주둔하고 있었다. 그는 아틸라 진영에서 질병이 번지는 것을 포착하고는 발렌티니아누스 3세에게 아틸라를 공격할 것을 제안한다. 그러나 발렌티니아누스 3세는 아에티우스에게 알리지 않고 교황 레오 1세Leo I에게 아틸라와의 협상을 의뢰한다.

교황 레오 1세가 서로마제국 협상단에 포함된 것은 아틸라를 설

협상을 하기 위해 만난 교황 레오 1세와 아틸라. 1514년에 제작된 프레스코화다.

득해 로마 시를 공격하지 않도록 하는 데 목적이 있었다. 두 제국의
협상은 아틸라의 진영에서 아틸라와 레오 1세가 말에 탄 채 진행됐
다. 놀랍게도 레오 1세는 아틸라를 설득해 서로마제국 공격을 중단
시켰다.

  레오 1세가 아틸라와의 협상을 벌여 서로마제국을 위기에서 구한
것은 로마 교회로서도 매우 중요한 사건이었다. 이 일을 계기로 가
톨릭교회가 로마 문명의 수호자가 됐기 때문이다. 훈족이라는 막강
한 야만족이 로마를 압박하자 로마 황제는 로마 신들의 제사장, 즉
'폰티펙스 막시무스Pontifex Maximus'라는 직함을 포기했다. 이미 로마제
국에서 로마 신들이 숭배되지 않았기 때문이다. 로마 황제가 수호자
라는 직함을 포기한 상태에서 교황이 아틸라를 설득해 철수시켰기

때문에 로마 문명의 수호자는 이제 교황이 맡았다. 이것이 오늘날에도 교황을 "폰티프Pontiff"라고 부르는 이유다.[02]

프리스코스는 아틸라가 로마 시로 진격할 계획이었다고 적었다. 그러나 부하들은 로마를 약탈한 알라리크가 로마 시에서 철수하자마자 사망한 점을 들며 로마 시 점령은 액운을 가져온다고 반대했다. 특히 말라리아 등 질병이 기승을 부렸기 때문에 아틸라가 계속 진군한다면 전투를 벌이기도 전에 질병으로 군대가 와해될 것이라고 말했다. 더구나 로마 시를 공격하기 위해서는 성벽을 부술 수 있는 공성 장비 등을 확보해야 한다.

결국 아틸라는 곧바로 로마를 공격하는 것보다 시간을 버는 것이 유리하다 판단하고 레오 1세와 협상을 벌인 것이다. 물론 아틸라가 공짜로 레오 1세의 청을 들어준 것은 아니다. 아틸라가 헝가리 판노니아로 철수하는 대신에 그가 점령한 북이탈리아의 지배권을 확실하게 보장받았으므로 협상 자체는 아틸라의 승리라고 볼 수 있다.

영웅의 죽음

아틸라는 레오 1세와 평화조약을 체결한 것을 후회했다. 그러나 요르다네스는 아틸라가 진정으로 동로마제국을 공격할 생각은 아닐지 모른다고 기록했다. 요르다네스가 남긴 기록을 보면 다음과 같은 글이 나온다.

아틸라는 영리하고 교활한 인물이므로 한쪽 적을 공격하겠다고 위협해놓고는 정작 수하 군대는 다른 쪽으로 이동시켰다. 그는 공격해올 때와는 다른 길로 근거지로 돌아간 뒤 루아르 강 건너편에 정착하고 있던 알란족의 한 부류를 정복하기로 마음먹었다. 그는 알란족을 공격해 전쟁의 국면을 바꿈으로써 서고트족을 더 강하게 압박할 수 있다고 믿었다.

아틸라가 로마를 공격하겠다고 한 말은 다른 곳을 공격하겠다는 뜻이라고 요르다네스는 적었지만 아틸라의 위협은 실현되지 않았다. 아틸라가 어이없이 죽었기 때문이다.

아틸라의 죽음은 아무도 예상치 못한 일이었다. 이탈리아 본토에서 철수한 이듬해인 453년 여름에 아틸라는 "일디코" 또는 "힐디코"로 불리는, 게르만족 제후의 딸과 결혼식을 올린다. 요르다네스는 아틸라의 최후에 대해 다음과 같이 적었다.

결혼식 후 아틸라는 축하연 자리에서 아주 기분이 좋았다. 그는 등을 대고 침대에 누웠고 술로 깊은 잠에 빠졌다. 그때 그의 코에서 한바탕 피가 쏟아졌다. 그러나 피는 밖으로 흘러나오지 않고 목으로 흘러들어 그는 질식사했다. 이튿날 경비병들이 침실로 들어가서 피를 잔뜩 흘리고 죽어 있는 아틸라를 발견했다. 외상은 없었다. 경비병들은 베일을 쓴 채 고개를 떨구고 눈물을 펑펑 흘리는 신부를 발견했다.[03]

부르쿤트족인 일디코가 훈족에게 가족이 살해된 것에 앙심을 품고 아틸라를 살해했다는 얘기도 있다.

이 당시 아틸라의 나이는 쉰여덟 살이었지만 아틸라의 결혼을 훈족은 매우 좋은 징조로 여겼다. 아틸라가 일디코와 결혼하면 더 적극적으로 로마제국 정복에 나설 것임을 천명했기 때문이다. 아틸라의 선언은 각 부족에게 더 많은 재물과 보화를 줄 수 있다는 것을 뜻했다. 특히 아틸라의 아들들은 자신에게 통치할 영토를 분배해줄 것으로 기대했기 때문에 모두 환영했다.

아틸라의 갑작스러운 죽음은 훈족을 혼란스럽게 만들었다. 그 혼란 중에서도 그들에게 제일 중요한 일은 훈족의 영웅인 아틸라를 영웅답게 장례를 지내는 것이었다. 훈족의 장례 의식에서는 망자가 사망한 지 3일, 7일, 49일째인 날에 고인의 말을 도살해 일가친척과 문상객들이 함께 나눠 먹게 돼 있다. 특히 문상객들을 대접하고 남은 음식은 재갈, 안장, 무기와 함께 장작더미에 넣고 태운다. 이때 남은 재와 문상객을 대접할 때 사용한 동복을 깨뜨려 부장품으로 무덤에 묻었다.

영혼의 불멸을 믿고 장례를 후하게 치르는 것은 고대 사회의 공통된 풍습이다. 사람이 죽으면 영원히 없어지는 것이 아니라 그 영혼이 다른 세계로 이어진다고 생각했기 때문이다. 그런데 재미있는 것은 훈족의 장례 일정이 한민족의 장례 일정과 유사하다는 점이다.

대체로 우리는 사망한 시 사흘째 되는 날 무덤에 매장하고 사망한 지 닷새째 되는 날 삼우제를 치르고 사망한 지 49일째 되는 날 49제를 치른다. 또 3년상이라고 해 3주년 기일에 탈상한다. 원래 49

제는 불교 의식에 따라 49일 만에 탈상하는 것이며 3년상은 유교 풍습이라 볼 수 있다. 우리가 49제와 3년상을 치르는 것은 두 풍습이 혼합된 것이다.

훈족이 불교를 신봉했는지에 대한 기록은 없지만 49일이라는 특수한 날짜를 고인을 위한 날로 잡았다는 것은 훈족에게 불교가 영향을 끼쳤다는 것을 알려준다.

요르다네스는 프리스코스가 남긴 책을 근거로 다음과 같은 기록을 남겼다.

> 남자들은 변발을 잘라내고 얼굴에 깊은 상처를 내 두려움을 줬다. 이 영광스러운 영웅은 여자의 눈물이 아니라 남자의 피로 애도됐다. 아틸라의 시신은 진영 한가운데에 세운 비단 천막에 모셨고 훈족에서 선발된 기병들이 관 주위를 돌며 애도가를 불렀다. 그리고 술자리가 만들어졌고 애도와 여흥이 교대로 되풀이됐다.[04]

아틸라의 시신은 들판 한복판에 안치됐으며 화려한 비단에 싸인 채 사람들의 조문을 받았다. 그리고 훈족 전체에서 가장 말을 잘 타는 자들이 마치 서커스 하는 것처럼 원형 대열로 주변을 돌며 그의 공적을 칭송하는 만가를 불렀다. 요르다네스의 설명은 계속된다.

> 그들은 사람들이 모두 잠든 한밤중에 아틸라의 시신을 땅에 묻었다. 우선 아틸라의 시신을 금관에 안치한 뒤 그 관을 은관에 넣었다. 은관은 다시 튼튼한 철제 관에 담았다. 그들은 관 속에 전투에서 살

해한 적들의 팔과 고인이 제왕임을 알려주는 보석으로 장식한 마구를 넣었다. 마지막으로 사람들이 아틸라의 무덤에 매장된 보물에 관심을 두지 못하도록 묘를 조성하는 데 동원된 사람을 모두 죽였다.[05]

족장이 죽으면 관을 세 부분으로 나누는 흉노 전통에 따른 것이다. 대체로 훈족은 초원에 무덤을 만들 때는 무덤을 평평하게 만들어 풀이 자란 후에는 흔적을 찾아볼 수 없게 했다.

아틸라의 장례식은 결혼식을 올린 곳에서 열렸으며 판노니아의 티스자 강 근교에 매장됐다. 그런데 아틸라의 무덤은 전통적인 방식과 다른 방식으로 조성됐다고 한다. 티스자 강을 막고 시신을 바닥에 묻은 뒤에 수문을 열어 물을 방류했다는 것이다.[06] 아틸라의 묘는 아직도 발견되지 않았다. 그의 무덤은 알렉산더 대왕의 묘, 칭기즈칸의 묘와 함께 고고학자들이 가장 발굴하고 싶어 하는 무덤이다.

제국의 와해

강력한 지도자가 죽자 훈 제국은 곧바로 분열했다. 아틸라의 뒤를 이은 훈 제국의 왕은 아리칸이라는 왕비 소생인 맏아들 엘락이었다. 그는 아틸라의 충실한 신하인 오네게시스의 지원을 받아 훈 제국을 단일 지도자 체제로 안정시키는 데 주력했지만 엘락의 두 동생인 덴기지크Dengizik와 에르낙Ernac은 생각이 달랐다. 그들은 과거 훈족의 지배 방식과 같이 공동 통치 체제로 돌아갈 것을 요구했다.

엘락은 두 동생의 요구에 어느 정도 부응하지 않을 수 없었으므로 훈족에 편입된 일부 민족을 다스릴 권한을 부여했다. 그러나 그들은 아틸라의 일사불란한 통치로 훈 제국이 강해졌다는 사실을 미처 깨닫지 못했다. 형제들의 권력 분점이 아틸라의 사망으로 동요하는 훈 제국을 더욱 불안정하게 했다.

아틸라가 사망한 지 채 1년도 지나지 않아 도나우 강 하류 지역에서 세 형제를 지지하는 파벌 사이에 전투가 벌어졌다. 이 전투에서 엘락이 승리하자 두 동생은 훈족 영토를 떠났다. 엘락은 승리했으나 곧바로 훈족 주력부대의 일원인 게피다이족의 도전에 직면했다.

455년에 게피다이족 왕 아르다릭Ardaric과 엘락이 판노니아 네다오 강변에서 혈투를 벌이는데 승리는 아르다릭에게 돌아갔다. 엘락은 전투 중에 사망했다. 엘락의 패배는 훈 제국의 종말을 예고하는 서곡이었다.

엘락의 뒤를 이어 훈족의 통일 지도자가 된 덴기지크는 동로마제국에 자유 시장을 열어달라고 사정했다. 제국을 운용하기 위해서는 각종 생필품을 구할 수 있는 시장이 꼭 필요했기 때문이다. 그러나 동로마제국 황제가 된 레오 1세는 훈족의 요청을 거절했다.

그러자 덴기지크는 곧바로 동로마제국을 응징하기로 결정하고 출정했다. 문제는 덴기지크가 아틸라와 같은 카리스마를 보여주지 못했다는 점이다. 아틸라와 생사를 같이한 게르만족이 덴기지크의 지휘에 불만을 품고 등을 돌리는 바람에 덴기지크는 동로마제국군 사령관 아나게스테스Anagestes에게 치욕적인 패배를 당하고 살해된다. 동로마제국은 덴기지크의 머리를 콘스탄티노플에 있는 원형경기장에 전시해 승리를 자축했다.

에르낙은 두 형이 전투에서 사망하자 좀 더 조심스럽게 처신했다. 그는 훈 제국의 일원이었던 불가르족*Bulghar* 등이 반란을 일으킬 기미가 보이자 레오 1세에게 사자를 보내 동로마제국의 번병을 자청했다. 로마의 번병으로 에르낙이 목숨을 연장하기는 했지만 이미 훈 제국은 뎅기지크의 죽음으로 와해된 것이다. 이후 훈족은 역사에서 완전히 사라진다.

서유럽을 침공한 375년부터 뎅기지크가 죽은 469년까지 훈족은 100여 년 동안 유럽을 주름잡았다. 로마와 필적하는 제국을 건설했지만 그들은 다른 제국과는 달리 눈에 보이는 도시를 건설하지 않았다. 그야말로 바람처럼 나타났다가 바람처럼 사라진 것이다.

그렇지만 훈족이 유럽 역사에 미친 영향은 매우 크다. 훈족이 유럽에 새로운 질서를 가져왔다고 볼 수 있기 때문이다. 훈족의 침입으로 민족대이동이 촉박됐고 새로운 정착지를 기준으로 새로운 국경이 생겼기 때문이다. 이 국경이 거의 오늘날까지 유지되고 있는 국경이다.

뎅기지크의 사망으로 유럽 역사에서 훈족이 사라지자 학자들이 가장 궁금하게 생각하는 것은 훈족이 어디로 사라졌을까 하는 점이다. 대체로 학자들은 다음과 같이 추정한다. 우선 거의 모든 훈족이 그들이 왔던 카스피 해 북부로 귀향했다는 것이다. 반면에 어떤 훈족은 러시아 남쪽과 크리미아 지역에 정착했으며 또 다른 훈족은 프랑스, 스위스 등지에 정주했다는 것이다.

훈족과 연계가 깊은 민족은 헝가리인이다. 많은 훈족이 헝가리 초원을 떠나지 않고 그곳에 남아 정착 생활을 했기 때문이다. 헝가리에 전해지는 전설도 아틸라와 연계된다. 중국의 혜젠야何震亞는 헝가리인의 생활 습관이 흉노족과 매우 흡사하다는 점을 지적했다. 해와 달을 숭배하고 오른쪽보다 왼쪽을 중시하며 모자를 벗어 사과하는 습관 등이 그렇다. 또한 언어적으로도 헝가리와 흉노에 많은 유사함이 있음을 밝혔다.[08]

훈족과 불가리아의 연계도 비교적 많이 알려져 있다. 아틸라의 아들인 에르낙이 아틸라의 사망 이후 흑해 북안으로 이동하는데 훈족은 점차 큰 부락인 우티구르우투르구르와 구트리구르로 나뉜다. 우티구르는 돈 강 동쪽 일대에 머물다 나중에 볼가 강 상류 일대에 왕국을 세운다. 구트리구르는 돈 강 서쪽에서 유목을 하다 발칸 반도로 돌아와 나라를 세우는데 이들이 바로 불가리아의 선조라는 설명이다.[08] 현재 루마니아에 있는 세켈리족은 자신의 선조가 훈족이라고 믿는다.

훈족은 대부분 그들이 원래 살던 중앙아시아 평원으로 돌아갔으므로 유럽은 이제 아시아 유목민에 관심을 두지 않았다. 몽골족이 유럽에 나타나기 전까지는 말이다.

아틸라가 사망하자마자 훈 제국이 허망하게 무너진 것은 훈 제국이 갖고 있던 생태적인 결함 때문이었다. 세계 3대 제국을 건설했다고는 하지만 언어와 종교도 다르고 생활 방식이 각기 다른 민족이 섞여 사는 광활한 영토를 다스린다는 것이 간단한 일은 아니다. 더구나 각 민족에게 골고루 이익을 배분해 균형 잡힌 세력을 유지하는 일은 영웅이 반드시 풀어야 할 숙제였다.

이럴 때 가장 효과적으로 통치하는 방법은 각 민족 사이에 경제적 유대와 정신적 유대감을 형성하는 것이다. 훈 제국은 군사력이 만든 결과물이지만 근본은 초원 지대를 생활 근거지로 삼고 있었다. 더구나 초원이라고 해도 지형이 복잡하고 경제 여건과 발전 속도가 제각기 달라 통일된 국내 시장을 형성하는 것은 불가능에 가깝다. 통일된 시장이 없다보니 자연히 경제적인 유대 관계를 맺기는 더욱 어려운 일이었다.

이런 상황에서 광활한 초원을 다스리는 통치자가 선택할 수 있는 방법은 두 가지 중 하나다. 하나는 간섭이나 참견 없이 조공만 열심히 관리하는 것이고 또 하나는 아예 정주민들의 농경지를 유목지로 만들어 그들이 대신 유목을 하도록 하는 것이다. 결론을 말한다면 이 두 가지는 모두 큰 도움이 되지 않는다. 상상할 수 없을 만큼 넓은 영토를 효율적으로 통치하고 관리할 수 있는 방안을 찾기 전에 아틸라가 사망했으므로 분열과 붕괴의 속도가 그만큼 빨라졌다는 것을 의미한다.[09]

아에티우스가 아틸라를 교묘하게 이용하면서 서로마제국을 근근이 지탱했지만 아틸라가 사망하자 플라키디아와 아에티우스의 관계는 급속도로 얼어붙는다. 플라키디아는 아에티우스를 용서할 수 없었다. 아틸라가 사망한 이듬해인 454년에 플라키디아는 아에티우스가 황제가 되려 한다고 부추겨 발렌티니아누스 3세가 직접 아에티우스를 죽이도록 한다. 발렌티니아스 3세도 이듬해 아에티우스의 부하들에게 살해된다.

다시 서로마제국은 혼란에 빠진다. 455년부터 476년 사이에 황제가 무려 열 명이나 나타난다. 결국 476년에 오도아케르가 서로마제국 황제 로물루스 아우구스툴루스를 폐함으로써 서로마제국은 멸망한다.

아틸라는 어떤 지도자였나

아틸라의 리더십

아틸라를 평가할 때 가장 중요한 것은 아틸라가 다른 정복자들과 달리 당대뿐만 아니라 사후에도 부하들에게 존경받았다는 점이다. 학자들은 다양한 부족이 아틸라 휘하에서 그에게 진정으로 충성을 바쳤다고 믿는다. 특히 주목을 끄는 점은 아틸라 군에서 이탈한 병력이 없었다는 사실이다. 아에티우스도 서로마제국의 최고 지도자요, 타고난 지휘관으로 수많은 부족을 휘하에 거느렸지만 많은 병력이 이탈하는 걸 막지 못했다.

　훈 제국에 여러 민족이 혼합돼 있었음에도 일사불란하게 움직일 수 있었던 것은 아틸라가 부족들을 다독거리는 일을 게을리하지 않았기 때문이다. 아틸라는 부하들에게 전 부족이 함께 뭉친다면 적과 전투해 얻는 재물보다 더 중요한 것을 얻을 수 있다고 강조했다. 난관을 자신과 함께 헤쳐 나가면 항상 좋은 결과를 얻을 수 있다고 역설했을 뿐 아니라 자신도 부하들과 똑같이 생활한다는 점을 보여줬다.

아틸라의 탁월한 통솔력은 훈족이 서유럽을 공격할 때 어떻게 대군을 동원할 수 있었는가 하는 의문도 풀어준다. 아틸라가 아에티우스와 제국의 운명을 걸고 혈투를 벌일 때 헝가리 본거지에서 발진한 장병이 최소한 20여만 명이나 됐음에도 훈족만으로 구성된 군대는 고작 8,000명에서 1만 명에 지나지 않았다.

이는 아틸라가 훈족 자체의 병력보다 수십 배나 더 많은 병력을 수시로 동원했다는 것을 뜻한다. 학자들은 일단 복속한 민족은 '준훈족'으로 대우해 차별하지 않았기 때문으로 추정한다. 훈족은 다른 민족이 훈족에 귀화하면 이들을 "친구" 또는 "동반자"라고 불렀다.

아틸라가 훈 제국을 건설하고 로마제국의 실상을 잘 알고 있었음에도 정복한 지역을 영구히 확보하려 하지 않은 것은 수수께끼 중 수수께끼다. 훈족은 농민들을 쫓아내지 않았다. 오히려 농사를 짓도록 권장하기까지 했다. 도시에서도 주민들을 쫓아내지 않았다. 당연히 정복 지역의 국가도 해체하지 않았다.

학자들은 아틸라가 중앙집권적인 체제를 구축했음에도 제국을 장기적으로 통치하기 위한 조직이나 행정 체계를 도입하지 않은 것은 시간이 부족했기 때문이라고 설명한다. 아틸라가 좀 더 오래 살았더라면 로마제국은 그의 발아래 무릎을 꿇었을 것이 틀림없다. 그의 갑작스러운 죽음으로 모든 것이 물거품이 됐다. 훈족으로서는 불행한 일이겠지만 유럽으로서는 다행한 일일 것이다.

아틸라는 훈 제국을 세계 무대에 올려놓는 데 성공했다. 물론 아틸라가 로마제국과 동등한 위치에서 대결할 수 있었던 것은 아틸라의 선조들이 남긴 업적 덕분임을 부정할 수 없다. 하지만 아틸라처럼 서양인들과 맞서 동양인의 기개를 보여준 사람은 별로 없었다.

아시아인으로 유럽을 침공한 사람으로는 다리우스 1세, 아틸라, 칭기즈칸이 꼽힌다. 그러나 다리우스 1세는 유럽에 침공했으나 정복하는 데는 성공하지 못했고 칭기즈칸은 그 자신이 유럽을 공략하지 않았다. 대신 손자 바투가 러시아, 폴란드, 헝가리의 군대를 격파하고 유럽으로 진공하려 했지만 진공 직전에 원나라 태종이 사망하는 바람에 철수한다. 바투에게는 유럽 공격보다 태종의 후계자를 결정하는 문제가 더욱 중요했기 때문이다. 그러나 아틸라는 독일, 스위스, 프랑스, 이탈리아의 거의 모든 지역을 점령해 유럽의 패자가 됐다. 아틸라가 훈족의 단독 지배자로 군림한 기간은 단 8년. 아틸라에 대한 전설이 계속 쌓일 수밖에 없는 일이다.

아틸라는 1968년 1월 23일 원산 앞바다에서 미국 함선 푸에블로호가 북한에 나포됐을 때 또다시 세계인의 입에 오르내린다. 푸에블로호의 선장 리오드 버처는 북한군에 "아틸라 이래로 가장 현명치 못한 행동"을 사죄했다. 나중에 그는 "맹세코 변명의 여지가 없다"며 처음 사죄를 번복했다. 아틸라는 현대에 와서 다시금 누명을 뒤집어쓴 꼴이었다.

아틸라의 참모습

아틸라는 절대적인 힘을 상징하는 사람으로 표현되지만 정작 아틸라가 어떤 사람이었는지 아는 사람이 거의 없다. 이탈리아 파르마에 있는 가르투시오 수도원에 아틸라가 그려진 명판이 있다. 15세기 말에 제작된 이 타원형 명판을 보면 아틸라 머리에 염소 뿔이 두 개 돋아나 있다. 이처럼 유럽인들은 아틸라를 인간으로 여기지 않았다.

그렇지만 나는 아틸라의 얼굴에 대한 묘사에서 훈족과 한민족의 친연성을 연결하는 데 결정적인 고리를 찾았다. 6세기에 《고트족의 역사》라는 책을 쓴 조르데인은 프리스코스의 말을 인용해 아틸라의 모습을 다음과 같이 적었다.

> 그는 전쟁광이었지만 행동에 절도가 있었고 설득력도 있었다. 자신의 보호에 들어온 추종자들에게는 매우 관대한 사람이었다. 키는 왜소했지만 가슴이 떡 벌어졌고 머리도 컸다. 눈은 작고 수염이 그리 많이 나지 않았으며 드문드문 흰 수염이 섞여 있었다. 코는 납작했고 안색은 가무잡잡해서 출신 성분을 쉽게 알 수 있었다.[10]

이는 전형적인 몽골인의 모습이다. "안색이 가무잡잡"한 것은 초원의 강렬한 태양에 오래 노출돼 피부가 검게 그을렸기 때문으로 보인다.

역사학자 조르데인을 비롯한 많은 저자들도 이 설명을 그대로 인용하고 있다. 그런데 《로마제국 쇠망사*The History of the Decline and Fall of the Roman Empire*》를 써 로마 역사를 한 차원 높게 다뤘다는 에드워드 기번은 프리스코스의 글을 인용하면서 유독 훈족과 아틸라의 눈에 대해 달리 표현했다.

그는 훈족을 설명하면서 "눈은 검고 작지만 눈구멍은 극단적으로 움푹 들어가 있다"라고 적었다. 아틸라를 설명할 때도 아틸라의 눈이 "작지만 극단적으로 움푹 들어갔다"라고 표현했다. 그런데 조르데인은 아틸라를 여러 번 면담한 프리스코스의 설명을 그대로 인용한 반면 에드워드 기번은 다른 부분은 그대로 인용하면서도 눈에 대해서만 매우 다르게 표현한 것이다.

　미란다 트위스Miranda Twiss도《세상을 움직인 악The most evil men and women in History》에 아틸라를 "작고 우묵한 눈과 납작한 코"라고 설명하는데 이는 미란다 트위스가 에드워드 기번이 쓴 글을 그대로 인용했기 때문으로 추정된다."

　기번이 프리스코스의 증언 중에서 유독 아틸라의 눈을 "움푹 들어갔다"라고 설명한 데에는 상당히 깊은 의미가 숨어 있다. 아틸라가 훈족 중에서도 동양계가 아니라 서양계라는 것을 은연 중에 밝힌 것이다. 몽골인과 유럽인을 구분하는 가장 중요한 형태학적 차이가 눈 부위기 때문이다. 몽골인은 코뼈가 낮지만 유럽인은 코뼈가 뚜렷하게 솟아 있다. 한마디로 몽골인은 눈이 푹 들어가 있지 않다.

　훈족의 여파로 당시 세계 최고의 문명을 자랑하던 서로마제국이 야만족인 게르만족에게 멸망한다. 유럽인들의 자존심이 상한 것이 바로 이 부분으로, 게르만인을 몰아낸 민족이 게르만족보다 더 야만족으로 여겨지는 훈족이라는 점이다. 유럽 학자들은 대체로 훈족의 공격을 혐오하지만 유럽의 역사를 훈족이 다시 썼다는 사실 자체를 부정할 수는 없으므로 게르만족 대이동을 적을 때 다소 어정쩡한 태도를 보일 수밖에 없는 것이다.

지금까지 게르만족을 공격한 훈족을 한민족과 연계시키지 못한 이유는 훈족의 원류를 흉노로 인식은 했으나 지배 집단을 동양계인 몽골계 민족이 아니라 서양계인 투르크계 민족으로 추정했기 때문이다. 투르크계 민족이 건설한 오스만튀르크의 후손인 터키인들과 동양인은 명백하게 구분된다. 터키인들의 체격은 유럽인, 특히 고대 로마인에 견줘 결코 작은 편이 아니다. 코 역시 유럽인만큼이나 높고 눈도 작지 않다.

아틸라의 코가 낮다고는 했지만 눈이 깊이 들어가 있다는 기번의 설명은 다소 불합리하다. 왜냐하면 코가 낮은데도 눈이 깊이 들어간다는 것은 매우 비정상적이기 때문이다. 그러나 눈이 쑥 들어갔다는 설명을 액면 그대로 인정한다면 아틸라가 몽골계가 아니라는 추정도 가능하다.

아틸라의 눈에 대한 묘사는 훈족 지배 집단이 한민족과 친연성이 있다는 내 가설에 많은 문제점이 있다는 지적과 같았다. 흉노가 크게 몽골계와 돌궐계로 나뉘는 것은 이미 설명했지만 한민족이 몽골계라는 것은 부연할 필요도 없다.

그런데 한국방송KBS이 방송한 다큐멘터리 〈몽골리안 루트〉〈그뤼포스의 후예들〉을 보면 헝가리 국립박물관 소속인 아틸라 박사는 프리스코스가 만든 원본 사료를 보면서 아틸라의 모습을 다음과 같이 설명했다.

아틸라는 키가 작았으며 머리가 컸고 단단한 체격에 얼굴색은 거뭇했다. 눈은 가늘게 찢어졌고 코는 납작했으며 광대뼈가 튀어나왔고 구레나룻이 적었다.

아틸라 박사가 말한 내용은 프리스코스가 아틸라를 직접 보고 적은 것이므로 아틸라에 대한 객관적인 묘사다. 나는 에드워드 기번이 프리스코스를 인용하면서 일부러 아틸라의 눈에 대해 달리 썼다고 믿는다. 이유는 간단하다. 아틸라를 동양인이 아니라 유럽인으로 묘사하는 것이 서양인들의 구미에 맞는 일이기 때문이다.

유럽인이 세계사를 장식한 아틸라를 서양인으로 받아들이고 싶은 마음은 충분히 이해할 수 있다. 적어도 세계 3대 제국을 건설한 아틸라가 야만족 중 야만족이라는 동양계가 아니라는 점은 그들에게 매우 중요하기 때문이다.

전설이 된 아틸라

아틸라는 사람들의 상상을 자극하는 카리스마를 지닌 영웅 중 한 명이다. 어린아이들은 그의 이름에서 연상되는 잔인함과 정열 그리고 절대적인 힘에 매력을 느낀다. 아틸라가 마냥 파괴와 약탈만 일삼은 것은 아니기 때문에 더욱 신비감이 돈다. 아틸라는 전투할 때마다 승리했지만 약탈을 배경으로 한 교묘한 협상을 통해 상대방에게서 수많은 재보를 얻는 외교적 수완노 보였다.

그러나 외형적 업적과는 달리 그의 사생활은 매우 모순되는 점이 많았다. 다른 훈족처럼 그는 술자리에서 폭음을 주저하지 않았다.

폭음으로 업무가 마비되는 일이 다반사였다. 아틸라를 더욱 신비스럽게 부각시킨 것은 결혼식 이튿날 신부의 팔에 안겨 죽음을 맞았기 때문이기도 하다.

2008년에 개봉한 영화 〈작전명 발키리〉에서도 아틸라의 그림자를 찾을 수 있다. 할리우드 스타 톰 크루즈가 클라우스 폰 슈타우펜베르크Claus Von Stauffenberg 백작으로 나와 화제를 몬 이 영화는 제2차 세계대전 중에 벌어진 극비 작전을 사실에 가깝게 재현한 영화다. 성품이 강직한 폰 슈타우펜베르크 대령은 히틀러가 조국을 파멸시키기 전에 막으려고 애쓰는데 히틀러가 비상사태에 대비해 수립한 '발키리 작전'을 이용해 히틀러를 암살할 계획을 세운다.

결론을 말하자면 작전은 실패로 돌아간다. 이 사건으로 거의 5,000여 명이 처형된다. 제2차 세계대전 당시 독일에서 일어난 가장 극적인 사건이라고도 볼 수 있는데 흥미로운 것은 이 영화가 아틸라와도 관련 있다는 점이다. 그것은 '발키리' 때문이다. 발키리발퀴레라고도 한다는 북유럽 신화에 나오는 여신이다.

북유럽 신화에서 최고의 신은 오딘Odin이다. 오딘은 전쟁, 농경, 저승을 관장하는데 특히 영웅들의 수호신이다. 오딘은 전쟁에서 죽은 영웅을 늘 자신 곁에 두고 싶어 했다. 그래서 그는 자신을 섬기는 아름다운 처녀 신들에게 죽은 영웅의 영혼을 자신이 살고 있는 발할라로 옮기는 일을 시킨다. 이들을 고대 노르웨이어로는 "발퀴랴Valkyrja", "발키리"라고 부르며 '전사자戰死者를 고르는 자'란 뜻을 띠고 있다.

반신녀半神女인 발키리는 평소에는 전사자들의 궁전인 발할라에서 노래를 부르고 길쌈을 하면서 전사들을 접대한다. 그러나 인간계에 전쟁이 벌어져 용감한 전사자가 생기면 전사자를 발할라로 데리고 온다. 전사한 영웅은 발할라에서 다시 생명을 얻는다.

바그너는 이 신화를 바탕으로 세계에서 가장 긴 오페라인 〈니벨룽의 반지〉를 만들었다. 〈니벨룽의 반지〉는 모두 4부로 구성된 오페라로, 제1부 〈라인의 황금〉, 제3부 〈지그프리트〉, 제4부 〈신들의 황혼〉인데 제2부가 〈발퀴레〉다. 그리고 〈니벨룽의 반지〉에 나오는 현명한 왕 에첼이 바로 아틸라다.[12]

바그너의 오페라 〈니벨룽겐의 반지〉는 아틸라를 다룬 걸작이다. 바그너의 오페라에서는 아틸라가 직접 주인공으로 등장한다고는 볼 수 없지만 아틸라의 부르군트 침공을 배경으로 한 《니벨룽겐의 노래》를 원전으로 삼고 있다.

작품 속에서 아틸라는 용감하고 지혜로우며 남자다운 기개를 자랑한다. 그도 그럴 것이 아틸라는 흩어져 있던 게르만족을 수용해 그들에게 새로운 터전을 제공하지 않았는가? 아틸라의 출현으로 게르만족은 당시 최대 세력인 로마제국을 무너뜨리는 데 성공했다. 비록 아틸라가 살아 있을 때 게르만족에게 큰 피해를 준 면도 있지만 결국 아틸라 덕분에 게르만족이 세계사에 우뚝 서게 된 것조차 부정할 수는 없는 일이었다.

아틸라가 사망한 지 1,000년이나 지난 르네상스 시대에 아틸라를 소재로 한 예술 작품이 가장 많이 소개된 곳은 이탈리아, 그중에서도 베네치아였다. 1490년에 무명 작가가 쓴 《아틸라》라는 작품이 발간됐는데 이 책은 1521년까지 4판이나 출간됐다. 곧이어 출간된 마리아 바르비에리의 작품 《신이 내린 징벌, 아틸라의 전쟁》은 더욱 호평을 받아 16세기 초반에 20쇄나 발간될 정도였다.

학자들은 유독 베네치아에서 아틸라를 다룬 작품이 많이 나온 건 아틸라가 아퀼레이아를 철저하게 파괴한 사건 탓이라고 말한다. 아퀼레이아에서 쫓겨난 사람들이 베네치아를 건설했기 때문에 자신들에게 고통을 준 아틸라를 잊지 못한다는 설명이다.

아틸라에게 비교적 후한 점수를 준 유명 작가로는 프랑스의 피에르 코르네유*Pierre Corneille*를 들 수 있다. 1667년에 그는 〈아틸라〉를 무대에 올렸는데, 아틸라를 주인공으로 삼은 의도를 다음과 같이 설명한다.

아틸라의 이름은 세상에 잘 알려져 있으나 그의 인물됨을 알고 있는 사람은 많지 않다. 아틸라는 행동적인 인물이라기보다 지적인 인물에 더 가깝다. 그는 세상 사람들에게 공포심을 안겨주기 위해 무방비 상태인 사람들을 공격하는 등 인간들의 두려움을 이용해 자신이 원하는 목적을 이뤘다.

코르네유의 작품은 관객들에게는 그런대로 호평을 받았지만 평론가에게는 혹평을 받았다. 평론가들은 그가 아틸라의 성격을 제대로 파악하지 못했다고 평가했다. 아틸라는 그리스도교인도, 고대 로마인도, 그리스 신화에 나오는 인물도 아니다. 관객들이 공감할 수 있는 대의명분을 따르는 사람도 아니다. 그런데도 극적 효과를 위해 연극 중에 죽어야 했다.

18세기와 19세기에도 많은 극작가들이 아틸라를 주요 작품의 소재로 선택했다. 이탈리아의 작곡가이자 극작가인 피에트로 메타스타시오Pietro Metastasio는 〈아에티우스〉에서 아틸라를 야심이 좌절된 야만족 왕으로 설정했다. 반면에 자카리아스 베르너Zacharias Werner는 소설 《훈족의 왕 아틸라》에서 아틸라를 무자비한 폭군으로 등장시킨다. 아틸라는 호노리아에게 살해되며 마지막으로 블레다가 아틸라의 죽음에 웃음을 터뜨리며 끝난다. 역사적인 사실과 너무나 다른 이 소설은 결국 성공하지 못하고 곧바로 사라진다.

아틸라를 주인공으로 출연시킨 작품 중에서 가장 성공한 작품은 주세페 베르디Giuseppe Verdi의 오페라 〈아틸라〉다. 베르디는 실패한 베르너의 소설을 면밀히 분석했다. 그는 우선 주인공을 여섯 명으로 줄였다. 아틸라, 아에티우스가 모델인 에치오와 함께 아퀼레이아의 시민으로 포레스토라는 기사와 귀족의 딸 오다벨라, 아틸라의 노예 울디노 그리고 교황 레오 1세를 등장시켰다. 당시 이탈리아 통일 운동의 주창자들은 이탈리아가 자유주의적인 교황의 인도를 받아야 위대한 민족으로 다시 태어날 수 있다고 생각했으므로 교황 레오 1세의 등장은 시의적절했다.

1846년 3월에 베네치아 페니스 극장에서 〈아틸라〉가 초연됐다. 오페라의 마지막에 아틸라가 오다벨라에게 살해될 때 모든 관객이 일어나 손뼉을 쳤고 공연이 끝나자 관객들은 횃불을 들고 작곡가 베르디를 호위해 숙소까지 행진할 정도였다. 베네치아에서 성공한 것에 힘입어 오페라 〈아틸라〉는 페라라, 비첸차, 트리에스테를 비롯한 많은 도시에서 성공을 거두었는데 특히 밀라노에서 대호평을 받았다.

1857년에는 리스트Liszt가 〈훈족의 전쟁Die Hunnenschlacht〉을 바이마르에서 공연했다. 리스트는 전쟁이나 전쟁에 관련된 모든 것이 기본적으로 기독교의 승리를 상징해야 한다고 믿었기 때문에 현실감 있는 무대 장치를 구성하려 했지만 크게 성공하지는 못했다.

아틸라와 훈족을 대중에게 널리 알린 것은 영화다. 아틸라에 관한 첫 영화는 이탈리아에서 제작됐다. 1917년에 이탈리아의 헤브로마리 감독이 만든 무성영화 〈아틸라, 신이 내린 징벌Attila, Flagello di Dio〉이 상영됐고 1924년에는 독일의 유명한 감독 프리츠 랑이 〈훈족 유목민La Horde des Huns〉을 제작했다. 이 영화는 비평가들에게 호평을 받았다.

1954년에는 영화 두 편이 상영됐다. 더글러스 서크 감독의 〈이교도의 표시Sign of the Pagan〉가 미국에서, 피에트로 프린시스치 감독의 〈아틸라, 신이 내린 징벌Attila, Flagello di Dio〉이 이탈리아에서 제작됐다. 1958년에도 소피아 로렌과 앤서니 퀸이 주연을 맡은 〈훈족 아틸라Attila the Hun〉가 제작됐다. 1960년대부터 봇물처럼 제작된 타타르나 몽골인에 대한 영화는 시대와 민족도 완전히 다르지만 대부분 아틸라의 전설과 야만성, 악랄함, 잔인성 등을 배경으로 한다.

아틸라를 주인공으로 한 만화도 등장해 주목을 받았다. 1940년대 미국에서 H. 포스터가 그린 〈베이란트 왕자〉가 나왔고 1960년대에 시리우스는 〈티무르〉에서 아틸라를 주인공으로 삼았다. 이 만화를 보면 훈족은 잔인하고 격정적이며 야만족이라는 전형적인 틀 안에서 움직였다.

아틸라가 각종 예술 분야에서 성공할 수 있었던 것은 무절제한 문명국의 폭력과 나태에 대한 고발이라는 의미도 있었기 때문이라고 비평가들은 설명한다. 여하튼 아틸라를 주인공으로 하는 작품은 계속 제작됐다. 2001년에 딕 로리가 감독을 한 〈아틸라*Attila*〉가 근래에 한국에서 방영되기도 했다.

헝가리에는 아틸라에 대한 전설이 많이 남아 있다. 헝가리인들은 적의 공격을 받으면 그저 은하수를 떠올리기만 해도 자기 민족을 구하러 전사들이 온다고 믿는다. 9세기 말 아라파드가 헝가리 지역에서 패권을 장악했는데 그는 아틸라가 정복한 영토를 회복하는 것이 자신의 권리이자 의무라고 여겼다. 11세기부터 헝가리인들은 훈족을 선조로 인정하기 시작했다. 헝가리 역사 전체를 통틀어 아틸라는 늘 존경의 대상이었으므로 아틸라라는 이름은 세례명으로도 많이 사용된다. 부다페스트에는 아틸라 우트카*Attila Utca*라는 도로가 있는데 유럽 각지에서는 아틸라가 식당 이름으로도 자주 보인다.

아틸라를 더욱 신비로운 인물로 부각하는 것은 게르만족의 대표적인 전설이자 공포의 화신인 드라큘라가 아틸라의 자손으로 설명된다는 점이다. 드라큘라의 전설이 아틸라에서 시작된 이유는 한 가지밖에 없다. 아틸라의 핏줄이어야 더 공포스럽기 때문이다.

드라큘라는 영국의 소설가 브램 스토커*Bram Stoker*가 루마니아와 유럽 전역에 존재하는 드라큘라 왕의 전설을 집대성해 1897년에 발표한 《드라큘라》로 유명해졌다. 이 소설은 발간되자마자 베스트셀러가 됐고 전 세계에서 여전히 잘 팔리고 있을 뿐 아니라 드라마, 영화로도 제작됐다. 드라큘라의 모델은 트란실바니아에 실제로 존재한 드라큘라 왕으로 알려져 있는데 트란실바니아는 훈족이 로마군에 패배한 뒤에 근거지로 삼은 곳으로, 현재도 훈족의 원형이 가장 많이 남아 있는 곳이다. 드라큘라가 아틸라의 후손으로 설명되는 것은 우연이 아닌 셈이다.

드라큘라가 가장 싫어하는 것은 잘 알려진 대로 마늘과 십자가다. 드라큘라가 마늘을 싫어하는 이유는 잘 알려져 있지 않은데 그 원인을 훈족이 마늘을 좋아했다는 점에서 찾는다. 훈족에게서 유럽인들이 잘 모르는 마늘 냄새가 나자 유럽인들은 마늘을 훈족의 상징으로 여겼다. 훈족에게 철저하게 패배한 독일인들이 마늘 냄새를 매우 싫어하는 것도 이해되는 점이다. 심지어 히틀러가 제2차 세계대전을 일으킨 이유가 마늘을 유럽에서 퇴치하기 위해서라는 유머가 있을 정도다. 훈족과 아틸라가 유럽인들에게 얼마나 많은 영향을 끼쳤는지 이해할 수 있는 바다.

제 5 부 가야 · 신라와 훈족의 친연성

최근에 훈족이 가야·신라와 친연성이 있다는 주장이 봇물 터지듯 쏟아지고 있다. 물론 한민족이 유럽을 직접 공격했다고 주장하는 건 아니다. 중국과 부단한 각축전을 벌인 흉노족 중에서 일부가 서천을 하면서 훈족으로 성장했고 또 한 부류가 한반도 남부 지역으로 동천했다는 설명이기 때문이다.

　　훈족과 가야·신라의 친연성을 보여주는 자료가 최근에 한국에서 쏟아지는 것은 그동안 잘 알려지지 않았던 사료와 고고학적 발굴 덕분이다. 사실 훈족과 가야·신라를 연계하는 작업은 그다지 오래되지 않았다. 그동안 가야·신라의 지배 세력이 북방 기마민족의 후예라는 설명은 많이 있었지만 멀리 훈족과의 친연성까지를 설명하지는 못했기 때문이다.

동복

한민족과 훈족의 연계성

머리말에서 밝힌 대로 독일 ZDF가 방송한 다큐멘터리 〈스핑크스, 역사의 비밀〉은 훈족의 원류가 아시아의 최동단, 즉 한국인일 가능성이 있다고 밝혔다. 이 다큐멘터리는 한민족과 훈족이 연계됐다는 증거를 몇 가지 제시했다. 그중 하나가 청동 솥, 즉 동복銅鍑이다. 훈족은 청동 솥을 말에 싣고 다녔는데 신라 지역에서도 말에 청동 솥을 실은 기마인물상국보 제91호이 발견됐다. 게다가 청동 솥에서 발견되는 흉노 문양이 한국의 머리 장식에서도 많이 보인다.

다큐멘터리 〈스핑크스, 역사의 비밀〉이 한민족과 훈족이 친연성이 있다는 증거로 동복을 제시했다는 것은 놀라운 일이 아닐 수 없다. 물론 같은 유물이 서로 다른 두 지역에서 발견됐다고 해서 두 지역을 동일한 문화권으로 보는 것은 대단한 속단이다. 그러나 속단이 광범한 지역에 걸친 문화나 문명을 연구할 때 조심해야 할 점 가운데 하나지만 이처럼 두 지역에서 발견된 유물이 친연성을 설명하는

데 중요한 구실을 하는 것 또한 사실이다.

나는 훈족과 한민족의 친연성을 찾기 위해 중국, 몽골은 물론 서유럽과 동유럽을 부단히 찾아갔다. 특히 아틸라와 아에티우스의 혈전이 벌어진 샬롱 전투 현장도 여러 번 찾았다. 그러나 샬롱 전투가 벌어진 프랑스 상파뉴아르덴 주 트루아에서조차 훈족이 남긴 흔적을 찾을 수 없었다.

사실 예견한 일이었다. 아틸라는 샹파뉴아르덴 지역에 본영을 세웠지만 이것은 중세 시대 성곽과 같은 진지는 아니었다. 더구나 아에티우스와의 전투는 백병전으로 시종일관했다. 백병전으로 수십만 명이라는 엄청난 사상자가 생겼지만 전투가 끝난 뒤에 곧바로 사상자를 수습했다면 현장에 아무것도 남지 않는 것은 당연한 일이다.

이런 사실은 트루아 박물관에서도 확인할 수 있었다. 트루아 박물관 관계자는 박물관에 아틸라 관련 유물이 전혀 없음을 아쉬워했다. 단지 박물관 지하에 있는 '푸안Pouan의 보물'만이 아틸라와의 연계성을 보여준다고 설명했다.

푸안의 보물은 트루아 북쪽으로 30킬로미터 떨어진 오브 언덕에서 출토한 보물로, 1842년에 장 밥티스트 뷔타Jean Baptiste Buttat가 발견했다. 순금 반지, 목걸이, 팔찌, 단검, 도금한 손잡이가 있는 양날 장검과 철반석류석 등이었다.

처음에는 로마 연합군으로 참전했다가 전사한 서고트족 왕 테오도리크의 무덤으로 추정됐지만 아틸라의 동맹자였던 동고트족 왕 라우다리크의 묘로 추정된다. 서양사의 축을 이루는 고트족의 무덤이 발견됐다는 사실은 당대에 큰 주목을 받았다.

국보 제91호 말 탄 사람 토기. ⓒ국립 중앙박물관

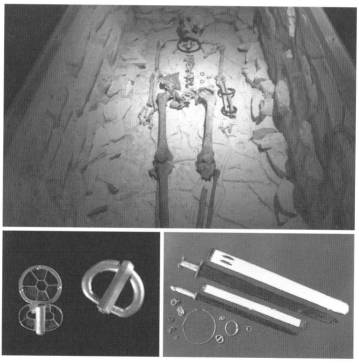

트루아 북쪽 오브 언덕에서 발견된 푸안의 보물. 유골과 함께 칼, 띠고리 등이 출토했다.

나는 박물관 지하에 있는 푸안의 보물을 보고 실망하지 않을 수 없었다. 유물 자체가 얼마 되지 않았기 때문이다. 그러나 얼마 남아 있지 않은 칼이 나를 놀라게 했다. 황금보검을 제작한 기법과 동일했기 때문이다. 최근에 국립 중앙박물관은 계림로 14호 무덤에 관한 분석 결과를 다음과 같이 발표했다.

> 피장자는 남성 두 명으로, 이들이 묻힌 시기는 6세기 초임을 밝혔다. 신장은 150에서 160센티미터로 추정되고 두 남성이 함께 묻히게 된 이유로는 전쟁이나 전염병에 의한 사망이다. 황금보검은 유럽 고고학에서도 많은 관심을 가지고 있는 유물로, 제작 시기는 5세기경이다. 또한 황금보검은 중앙아시아 지역에서 유행한 단검 형태로, 동로마제국 및 5세기 유럽 각지의 이민족 사이에 퍼져 나가던 금세공 기술이 결합한 것이다. 중앙아시아의 집단이 동유럽, 즉 트라키아의 금세공 기술자에게 주문, 제작한 것으로 추정된다.

5세기에 중앙아시아의 누군가가 황금보검 제작을 트라키아 지방에 의뢰했고 이것이 어떤 경위로든 신라로 넘어왔다는 설명이다. 신라에서 발견된 수많은 로마 유물들을 감안하면 트라키아 지역에 의뢰한 중앙아시아식 단검이 8,000여 킬로미터 떨어진 신라로 왔다고 추정하는 것도 무리는 아니다.

앞에서도 설명했듯이 동유럽에서 만든 황금보검이 신라로 오려면 트라키아 사절이 직접 신라로 가져오거나 신라 사절이 트라키아에서 보물을 받아 와야 한다. 그런데 황금보검이 제작된 5세기에는 훈족이 트라키아 지역에서 명실상부한 지배자로 군림하고 있었다. 훈족의 지배 민족이 신라와 친연성이 있다는 것을 이해한다면 훈족 지배자가 신라 왕가에 선물로 줬다는 추정도 가능하다.[01]

베렌트와 슈미트 박사가 한민족과 훈족이 연계됐다는 증거로 제시한 여러 자료들은 고고학적으로도 설득력이 상당하다. 그동안 한국 학자들 또한 신라와 가야의 지배계급이 북방 기마민족이었다는 사실을 꾸준히 주장해왔는데 이 자료들은 한걸음 더 나아가 훈족과 한민족의 친연성을 설명한다.

동복은 어떤 용도로 쓰였나

신라·가야의 지배자들이 북방 기마민족, 즉 흉노의 후예로 거론되는 결정적인 유물 중 하나로 동복이 거론된다. 그만큼 동복은 기마민족과 관계가 깊다. 기마민족은 자신들만의 특성과 생존법, 의식이 있기 마련이다. 그중 가장 잘 알려진 것이 말에 싣고 다니는 동복이다. 동복은 기원전 8세기나 기원전 7세기 무렵에 출현해 기원후 5세기나 6세기 무렵에 소멸되는데 유목 민족의 특성상 매우 넓은 지역에 걸쳐 발견되고 있다.

원래 동복은 정화 의식에서 고기를 삶을 때 쓰는 대형 화분처럼 생긴 농제 용기였다. 부리 중에서 속상으로 추대되면 농복을 받아 항상 말안장에 얹어놓고 다녔다. 흔히 지름이 30센티미터 정도인 작은 항아리처럼 생겼는데 대형 동복은 높이가 50센티미터에서 60센티미터에 이르렀고 무게는 50킬로그램이 넘는 것도 있다.

한국에서는 두 가지 형태로 발견된다. 첫째는 국보 제91호 말 탄 사람 토기다. 말 탄 사람 토기는 1924년에 경상북도 경주시 노동동 금령총에서 출토했다. 높이 23.5센티미터, 길이 21.5센티미터인 이 토기는 주인과 하인이 말을 타고 있는 한 쌍으로, 말 뒤쪽에 동복을 싣고 있다. 말 엉덩이 쪽에 있는 솥처럼 생긴 것이 바로 동복이다. 둘째는 김해박물관 등 여러 박물관에서 보이는 흉노식 동복이다.

동복은 기본적으로 스키타이식과 흉노식 두 가지로 나뉜다. 스키타이식 동복은 반구형 기체에 둥근 손잡이가 한 쌍 달려 있고 손잡이에 작은 돌기가 있는 것이 특징이다. 반면 흉노식 동복은 심발형深鉢形 기체에 곧은 직사각형 손잡이가 한 쌍 달려 있는데 손잡이에는 작은 돌기가 있는 것과 복잡하고 화려한 장식이 있는 것이 있다.

동복은 네이멍 자치구 오르도스 지방에서 다수 발굴됐고 몽골의 수도 울란바토르에서 북쪽으로 약 100킬로미터 떨어진 노인울라 고분군에서 212기가 발견됐다. 그 밖에도 북몽골 지역인 도르닉나르스, 알타이 산맥의 데레츠고에, 볼가 강 유역 오도가와 그 지류인 카마 강 유역인 페름, 서우랄 지역인 보르쿠타, 남러시아 돈 강 유역인 노보체르카스크 등에서 발견됐을 뿐 아니라 중국 북부 초원 지대, 헝가리, 프랑스, 독일 등에서도 발견됐다. 헝가리, 프랑스, 독일에서 동복이 발견된 것은 훈족이 이 지역을 점령했기 때문이다.[02]

한국에서 출토한 말 탄 사람 토기에 있는 동복은 흔히 술이나 물 등 액체를 담는 용도로 쓰였다. 가야 지방 무덤에서 술잔 등 수많은 일상용 토기가 발견되므로 이 토기도 같은 용도라는 것이다. 반면에

2007년 여름 흉노 고분에서 발굴된 동복. 동복 안에는 인골이 담겨 있었다. ©연합뉴스

김원룡은 말 궁둥이에 있는 것은 솥이 아니라 '등잔형 주입구'라고 설명했고 김태식은 502년에 순장 제도가 금지되자 사람과 말을 순장하는 대신에 명기明器를 부장한 증거라고 적었다. 명기란 장사 지낼 때 시신과 함께 묻기 위해 따로 만든 것으로, 지증왕 대부터 순장이 나타나지 않는다는 것을 그 증거로 들었다.

반면에 존 카터 코벨John Carter Covell은 말 탄 사람 토기에 대해 매우 주목할 만한 의견을 제시했다. 그는 상류층 사람들의 무덤에서 나온 부장품으로 술잔과 함께 말 모양 토기가 많이 발견된다는 점에 주목했다. 말 탄 사람 토기에서 가장 두드러진 것은 말 앞가슴에 나 있는 주둥이의 위치다. 말 잔등에 있는 배구로 액체를 부으면 말 앞가슴 주둥이로 액체가 흘러나온다. 말의 꼬리가 부자연스러운 각도로 뻗쳐 있는 것으로 봐서 이 부분이 손잡이로 조정된 것이 분명하다고 주장했다. 코벨은 시베리아 무속에서 말을 제물로 바쳐 죽인 뒤 의례로 그 피를 받아 마시는 과정이 있다고 적었다.

코벨은 말 모양 토기가 가야와 신라 두 지역에서 함께 발견되는 이유를 기마민족의 유입으로 설명하면서 토기 내부를 화학적으로 분석한다면 피의 흔적이 발견될지 모른다고 추측했다. 형태가 특이한 말 탄 사람 토기의 용도가 일반적으로 알려진 술병이 아니라 고대의 무속 의례에서 희생된 말의 피를 담는 그릇이라면 더더욱 한민족과 흉노의 친연성을 암시하는 셈이다.[03]

베렌트와 슈미트 박사는 말을 탄 사람의 등에 솥을 끈으로 묶은 것과 기마상 주인공의 복장과 삼각모가 전형적인 유목민 형식인 점, 안장과 등자는 훈족이 사용하는 것과 똑같다는 점을 지적했다. *몇몇 한국 학자들은 기마상은 단순히 기마 풍습을 알려주는 자료라고 설명했다.* 앞에서도 설명했지만 대체로 학자들은 흉노족이 등자를 발명했다는 데 동의한다.

말 탄 사람 토기가 특별하다는 것은 같은 유형인 국보 제275호 기마인물형 뿔잔과 비교해도 알 수 있다. 이 토기는 출토지가 명확하지는 않지만 5세기 가야 시대 유물로 추정된다. 둘 다 말 탄 사람 토기지만 국보 제275호 토기는 나팔 모양 받침대 위에 기마 인물이 올라가 있다. 이것은 받침굽이 높은 가야 시대의 굽다리 접시와도 모양이 유사하다. 게다가 말 엉덩이 부분에 국보 제91호처럼 동복이 있는 것이 아니라 뿔잔 한 쌍이 있다.

국보 275호가 두드러진 점은 말 탄 무사의 복식과 마구가 국보 제91호보다 훨씬 상세하게 표현돼 있다는 사실이다. 무사의 투구와 갑옷, 목을 보호하기 위해 두르는 경갑脛甲, 방패, 마갑 등 무구와 마구가 매우 상세한데 특히 결정적인 차이점은 말 앞가슴에 주둥이가 보이지 않는다는 것이다. 이것은 국보 제91호와 제275호의 용도가 다르다는 것을 의미한다.

동복은 족장만이 가질 수 있으므로 엄격하게 관리됐다. 평소에는 족장이 자신의 지위를 나타내기 위해 항상 말에 휴대하고 다녔다. 족장이 쓰던 동복은 족장이 죽으면 무덤에 함께 묻혔다. 몽골 도르릭나르스에서 발견된 동복은 주둥이가 비단으로 덮여 있었고 소 등뼈가 담겨 있었다. 이는 동복으로 가축을 조리했으며 비단을 덮을 정도로 매우 중요하게 생각했음을 알려준다.

족장이 죽으면 그와 관계있는 사람들을 모두 초청해 장례 기간 동안 동복에 말고기 등을 끓여 대접한다. 동복이야말로 사자와 함께하는 도구였던 셈이다. 동복으로 끓인 음식을 나눠 먹은 다음에는 반드시 동복의 한쪽을 망가뜨린다. 이를 훼기毀棄라고 하는데 이는 북방 기마민족의 장례 과정에서 나타나는 특별한 행위라 할 수 있다. 훼기는 동복에만 국한한 것은 아니다. 이들은 토기의 아가리·바닥·받침뿐만 아니라 동검이나 청동거울 등을 깨뜨려서 일부만 묻기도 했다. 철기 또한 마찬가지였다.

이런 훼기 풍습은 토기·동기·철기 등에도 영혼이 존재한다는 고대인들의 믿음에서 비롯된 것으로 보인다. 피장자를 위해 물건에 다른 영혼을 불어넣으려면 어떤 변화를 줘야 하는데 북방 기마민족은 물건을 훼손하는 것이 그런 목적에 적합하다고 생각했다는 뜻이다. 이와는 달리 죽은 영혼이 생전에 사용하던 물건에 대한 애착을 버리지 못해 다시 현세로 찾아올지 모른다는 두려움에서 유물을 훼손했다고 보는 의견도 있다. 즉, 유물을 훼손함으로써 영혼이 돌아오는 것을 방지할 수 있다는 것이다. 여하튼 학자들은 이런 훼기 행위를 통해 장례 행위의 부정不淨을 털어버리는 동시에 죽음에 대한 공포감에서 해방되고자 했다고 본다.[04]

2010년 7월에 내가 몽골 국립박물관과 한국 국립 중앙박물관이 공동으로 발굴하는 도르릭나르스 발굴 현장을 방문했을 때 몽골 국립박물관 에렉젠 박사는 흉노의 족장급 무덤이 거의 모두 도굴됐음에도 동복이 발견됐다는 것은 고고학적으로 기적이나 마찬가지라고 말했다.

그러면서 도굴된 무덤임에도 동복이 발견된 이유를 훼기 풍습 덕분이라고 설명했다. 동복이 흉노의 수장급만 가질 수 있는 특수 물품이기는 하지만 망가진 채 매장되므로 도굴꾼에게는 가치가 크지 않았다는 뜻이다.

여하튼 동복은 북방 유목 민족이 활동한 지역이라면 어디에서든 발견되는데 동복에 있는 문양이 한반도에서 출토한 유물의 문양과 유사하다는 것도 눈길을 끈다. 훈족이 사용한 동복 아가리뿐 아니라 귀족 부인의 장식 머리띠와 관에도 도형화된 나뭇잎들이 섬세하게 세공돼 있다. 그런데 한국에서 발굴된 금관에는 나무 형상출자형出字形 장식과 녹각 형상녹각형鹿角形 장식이 주요 부분을 이루고 있다.[05]

녹각 형상은 스키타이문화 등 북방 기마민족이 사용한 유물에서도 자주 나타나지만 직각수지형 입식은 신라에만 나타나는 독창적인 형태다. 그런데 훈족의 동복에서도 같은 문양이 나타난다. 나무 형상 입식立飾은 북방 초원 지대의 자작나무를 형상화한 것으로, "수지형樹枝形"이라고 부르기도 한다.

북방 유목민들은 우주 개념을 이해하는 데 결정적인 존재로 순록과 우주 수목을 차용했다. 고대 신화에서는 우주 순록의 황금 뿔 때문에 해가 빛난다고 설명한다. 순록은 그 존재와 함께 햇빛의 운행 과정을 나타낸다. 경주에서 발견되는 금관에 해신의 금빛 비상을 사슴뿔 형상으로 정교하게 옮겨놓은 것을 볼 수 있다. 이런 방식은 불교 신화가 그 자리를 대체할 때까지 지속됐다.

게다가 금관에 나타나는 나무는 평범한 나무가 아니라 영험한 나무로, "우주 수목"이라 불린다. 지표에서 제일 높은 우주의 한 중심에 버티고 선 구조물로, 고대인들이 상상한 하늘天을 향해 상징적으로 뻗어 오른 나무를 말한다. 코벨은 이 나무가 북방 지역에 많이 자라는 자작나무라고 설명한다. 그는 남한 지역이 북방 지역과 기후가 달라 흰자작나무가 잘 자라지 않는데도 흰자작나무를 금관의 중요 요소로 장식했다는 것은 제작자들이 북방 지역에 산 기억이 있기 때문이라고 설명했다.

자작나무는 추운 기후에서 잘 자란다. 높이가 20미터에 이르고 나무껍질은 흰색이며 옆으로 얇게 벗겨진다. 작은 가지는 자줏빛을 띤 갈색이며 지점脂點이 있다. 고대인들은 눈처럼 생긴 모양에 신통력이 깃들어 있다고 생각했다. 즉, 자작나무가 모든 것을 보고 있다는 것이다.

그러므로 자작나무는 매우 중요한 곳에 심는 나무였다. 자작나무에 얽힌 가장 유명한 일화는 돈황 주위에 있는 자작나무에 관한 것이다. 돈황 사람들은 자작나무가 돈황에서 일어나는 모든 일을 보고 있다고 설명하는데 한마디로 자작나무가 있는 곳에서 나쁜 짓을 하지 말라는 뜻이다. 돈황에 있는 많은 석굴들이 지금까지도 상당 부분 잘 보존돼 있는 것을 자작나무의 효험 덕분으로 믿기도 한다.

한국에서 발견된 동복은 수가 적지 않다. 평양시 동대원리, 정오동 1호 무덤, 소라리 토성 등 낙랑군 지역에서 발견됐고 김해에 있는 가야 시대 고분인 대성동 29호 고분과 47호 고분, 양동리 235호 고분에서도 동복이 한 개씩 출토했다. 그런데 동복은 백제나 신라에서는 나타나지 않았고 김해에서만 발견됐다. 또한 형태는 같지만 철로 만든 철복鐵鍑이 김해 양동 유적과 경주 사라리 유적에서 출토했고 고구려의 첫 수도로 알려진 오녀산성에서도 쇠솥이 발굴됐다.[06] 대성동 29호 고분과 양동리 235호 고분에서 출토한 동복은 3세기 말에 제작된 것이며 대성동 47호 고분에서 출토한 동복은 후세에 제작된 것으로 보이는데 귀는 단면이 평볼록렌즈 형태다.[07]

이런 동복은 중국 지린 성 북부 유수노하심榆樹老河深과 헤이룽장 성 남부 일대, 한국인과 강력한 연계가 있다고 추정되는 시라무렌 강변의 오르도스 지역에서 출토한 것과 유사하다. 최근에 가야·신라의 지배계급이 북방에서 내려왔다고 강력하게 주장되는 이유 중 하나도 우리나라 남부 지역에서 발견된 동복 때문이다.

복각궁

복각궁과 파르티안 기사법

훈족의 활은 유럽인들에게 깊은 인상을 심어줬다. 흔히 활은 단순궁, 강화궁, 합성궁으로 나뉜다. 나무 등 단일 소재로 만든 활을 단순궁이라고 하며 활채를 나무껍질이나 힘줄 등으로 감아 보강한 것을 강화궁, 여러 가지 재료를 사용해 활채의 탄력을 극대화한 것을 합성궁이라고 한다.

한국 활은 합성궁에 해당하는데 특히 활채가 활시위를 묶는 활고자 부분에서 한 번 더 휘는 이중 만곡궁彎曲弓이다. 활줄을 걸치지 않으면 만곡궁은 활이 휘는 방향과 반대로 뒤집힌다. 활줄을 풀었을 때 만곡궁이 뒤집혀 휘는 각도가 활에 따라 다른데 한국의 전통 활인 국궁이 만곡궁 중에서도 휘는 정도가 가장 심하다. 활줄을 풀었을 때 거의 완전한 원을 이룬다.

조선 각궁은 물소 뿔, 산뽕나무, 대나무, 소 힘줄, 벚나무 껍질 등으로 만드는데 재료를 밀어 부레풀을 이용해 접합한다. 이 활이 위력을 발휘하는 것은 궁력이 강할 뿐만 아니라 길이가 매우 짧아 말 위에서 쏘는 데 매우 편리하기 때문이다.

앞에서도 설명했지만 만곡궁을 처음으로 사용한 민족은 예맥인 일 것으로 추정된다. 《진서秦書》를 보면 "고구려는 부견이 즉위하자 사신을 파견해 낙랑단궁을 보냈다"라는 기록이 있다. 이 낙랑단궁이 맥궁과 같은 것으로 보인다. 당시 중국인들이 일컬은 "낙랑"은 한사군 가운데 하나인 낙랑군을 뜻하는 것이 아니라 한반도 전체를 가리키는 말이다.

한반도에서 가장 오래된 활 유물은 평양에서 출토한 고구려 활로, 고분 벽화에도 전형적인 이중 만곡궁이 그려져 있다. 각궁의 원형이 없으므로 정확한 사실은 알 수 없지만 한민족의 활이 얼마나 뛰어났는지에 대해서는 조선 시대에 사용된 활만 봐도 잘 알 수 있다. 세조 4년 기록에 다음과 같은 글이 있다.

> 병조에서 아뢰기를 "군사로서 활 120근을 당기는 자를 가려 만강
> 대彎强隊, 강궁을 당기는 자로서 편성한 시위대라 일컫고 행행行幸할 때에 시위侍衛
> 하게 하소서" 하니 그대로 따랐다.

120근77킬로그램짜리 활을 당기는 사람을 만강대라는 시위대로 편성했다는 뜻인데 120근이라면 현대 양궁11.3킬로그램에서 20.4킬로그램의 약 세 배에서 일곱 배가량 된다. 그만큼 조선 활이 뛰어났다는 말이기도 하지만 활을 다루는 무인들의 솜씨 또한 대단했다는 것을 알 수 있다.

조선 시대의 활은 그 용도에 따라서 전투용으로 사용되는 군궁軍弓, 활쏘기 연습에 사용하는 평궁平弓, 의례에 사용하는 예궁禮弓, 무과 시험에 사용하는 육량궁六兩弓, 무거운 화살인 육량시六兩矢를 쏘는 활으로 나뉘는데 그중 군사용으로 사용되는 군궁이 이중 만곡궁인 각궁이다. 이는 고대와 다름없을 것으로 추정된다.

각궁은 흑각黑角, 수우각水牛角 등으로 불리는 물소 뿔로 만든다는 데 특징이 있으며 이를 "흑각궁黑角弓"이라고도 부른다. 흰색과 황색 물쏘 뿔로 만든 건 "백각궁白角弓", "황각궁黃角弓"이라 불렀다. 각궁을 만들 때는 물소 뿔의 바깥쪽 면만 쓰고 뿔 두 개로 활 한 자루밖에 만들 수 없었기 때문에 각궁 제조에는 물소 뿔이 많이 필요했다. 물소 뿔을 쉽게 조달하기 위해서 조선 시대에 몇 차례 물소를 수입해 키워보려고 했지만 기후가 맞지 않아 번번이 실패했다. 구하기 힘든 물소 뿔을 기본 재료로 사용한 것은 물소 뿔을 활채 안쪽에 붙이면 어떤 재료보다 탄력이 좋았기 때문이다.

물론 각궁의 강력한 힘이 모두 물소 뿔 때문인 건 아니다. 활채 바깥쪽에 붙이는 소 힘줄은 활이 부러지는 것을 막고 복원력을 극대화한다. 활채를 접합하는 접착제로는 원래 소의 부산물인 아교가 사용됐다. 그러나 세종 집권기 전후로 민어 부레로 만든 어교를 쓰기 시작했다. 어교는 접착력이 우수할 뿐 아니라 다 마른 뒤에도 실리콘처럼 상당한 유연성을 유지한다. 연신율延伸率이 각기 다른 여러 새료를 접합해도 힘의 손실이 거의 발생하지 않는다. 복합 재료를 사용해서 만든 각궁이 활시위를 풀었을 때 재료가 풀리지 않고 완전히 반대 방향으로 휘는 것은 어교 덕분이다.

그러나 각궁에도 중요한 문제점이 있다. 어교는 비가 오거나 기후가 습해지면 물을 먹어 녹아버린다. 따라서 비가 오거나 습할 때는 각궁을 사용할 수 없다. 무더운 여름철에는 온돌방에 넣어서 따뜻하게 보관해야 한다. 더구나 각궁은 제작하기가 매우 어렵다. 각궁 하나를 완성하는 데 5년 이상이 걸린다. 그럼에도 기마병이 이 활을 사용한 것은 크기가 작아 다루기가 편리하고 위력이 대단했기 때문이다.

브라운 공대 김경석 박사는 활의 작동 원리를 규명해 한국 활이 세계에서 가장 우수함을 입증했다. 김 박사는 한국 활의 시위 길이 1.2미터가 영국의 장궁1.8미터, 일본 활2미터보다 훨씬 짧으면서도 사거리가 두세 배 긴 이유를 실험으로 풀었다. 한국 활은 다른 나라 활과 달리 꼭짓점이 두 번 발생하는 '이단 추진 로켓'과 같은 궤적을 그린다는 사실을 밝혔다. 동양인들이 체격이 작아 활을 잘 당길 수 있게 활시위를 짧게 만들었다고 믿는 사람이 많지만 김 교수는 활줄을 빨리 움직여 추진력을 높이기 위한 옛사람들의 지혜라고 말했다. 게다가 다섯 군데나 굽어 있는 한국 활은 오금과 도고지 부분에서 한 번 더 추진력이 발생해 다른 활보다 더 멀리 날아갈 수 있다고 설명했다.[08]

화살 또한 훈족과 한민족의 친연성을 설명하는 데 기여한다. 고구려 무용총 벽화에 그려진 화살촉은 얇고 넓적하고 등이 없는 것과 너비가 좁고 등이 두드러진 것 두 종류로 나뉜다. 평양에 있는 고산동 7호 무덤의 화살촉은 "도끼날식끌날식"이라 불리는데 밑이 좁고 끝으로 가면서 점차로 벌어지며 끝 날이 직선 형태다. 끝이 예리한 도끼날식 화살촉은 고구려 초기 무덤에서 많이 발견된다.

훈족도 도끼날식 화살촉을 사용했다. 물론 훈족이 도끼날식 화살촉만 사용한 것은 아니다. 도끼날식 화살촉은 상처를 크게 낼 수는 있지만 상처를 깊이 낼 수는 없다. 명중률에서도 끝이 뾰족한 화살촉보다 못하다. 그러므로 도끼날식 화살촉은 적의 화살이 미치지 않는 먼 거리에서 적을 먼저 공격할 때 사용했을 것이다. 고구려뿐 아니라 백제나 신라, 가야의 화살촉 또한 끝이 넓적하거나 둘 혹은 셋으로 나뉜 화살촉을 사용했다.

화살이 날아갈 땐 탄성력이라는 힘이 작용한다. 탄성력은 어떤 힘으로 변형된 물체가 그 힘이 사라지면 다시 본래 모습으로 되돌아가려는 힘을 말한다. 고무줄, 스프링, 풍선을 떠올리면 쉽게 이해할 수 있을 것이다. 활은 활시위를 뒤로 당기면 앞으로 돌아가려는 힘을 이용해 화살이 날아가도록 하는 것이다. 활을 쏘면 화살은 곧게 펴진 상태로 날아가는 것이 아니라 물고기가 헤엄치듯 날아간다.

화살이 좌우로 흔들리며 날아가는 이유는 활의 강한 탄성력을 받은 화살의 꼬리 부분이 머리보다 앞서 가려고 하기 때문이다. 이렇게 좌우로 흔들리면서도 한 방향으로 곧게 날아갈 수 있는 것은 깃 때문이다. 즉, 화살 꼬리에 달린 깃은 장식용이 아니라 날아가는 화살이 흔들리지 않게 하는 것이다.[09]

깃의 역할은 이뿐이 아니다. 화살은 구조상 날아가면서 회전하기 마련이지만 이것을 더욱 빠르게 회전시키는 기능도 있다. 현재 제작되고 있는 국궁용 화살은 왼손으로 활을 밀고 오른손으로 활줄을 당기는 우궁에 쓰는 화살과 오른손으로 활을 밀면서 왼손으로 줄을 당기는 좌궁에 쓰는 화살이 다르다. 직선을 이루지 못하고 완만한 곡선을 이룰 수밖에 없는 화살 깃을 부착할 때 좌·우궁용 화살을 구분해 반대 방향으로 붙이는 것이다. 화살을 만드는 장인은 좌궁의 화살 깃은 꿩의 오른쪽 날개 깃털을 사용하고 우궁의 화살 깃은 왼쪽 날개 깃털을 사용한다.

훈족이 만곡궁만 사용한 것은 아니다. 흉노의 활동 무대에서는 만곡궁과 다른 한식궁뼈로 만든 활고자를 부착한 한나라의 중형 활도 발견된다. 《전한서前漢書》〈흉노전〉을 보면 선제는 흉노의 호한연 선우에게 활한 구와 화살 네 개를 선물로 줬다. 활과 화살의 숫자가 적은 것을 볼 때 의례를 위한 활로 볼 수 있지만 활에 관한 정보가 흉노에게 이미 알려진 것으로 보인다. 그러나 말을 타고 전투할 때는 중형 활인 한식궁은 불편한 점이 많으므로 만곡궁이 주력으로 사용됐을 것이다.

한편 훈족은 사자死者를 묻을 때 흔히 사자가 타던 말과 쓰던 물건을 함께 묻었다. 그런데 부장품을 묻으면서 활은 함께 묻지 않았고 활을 묻더라도 모조품을 묻었다는 사실이 발견됐다. 이것은 사자가 사용하던 활을 다른 사람에게 상속시키거나 제3자에게 양도했다는 것을 뜻한다. 학자들은 활을 만드는 기술이 단절됐거나 중요 부속품이 부족했기 때문으로 추정한다.

역사가 암미아누스 마르켈리누스도 훈족의 재료 부족 사태에 대해 적었다. 그는 유럽에 진출한 훈족이 동물의 뼈를 갈아 화살촉을 만들었다고 했다. 훈족은 아시아에 있을 때, 즉 흉노로 불릴 때부터 철촉을 사용했다. 이 또한 서유럽에 진출한 이후 제작 기술이 단절

됐거나 물자가 부족해서 생긴 현상으로 보인다.

훈족의 활이나 화살촉 부족 사태는 서유럽을 침공한 훈족의 당시 정황을 다소 유추할 수 있게 한다. 훈족의 서방 침입이 장기적인 계획에 따른 것이 아니라는 사실이다. 어느 전쟁이고 승리를 전제로 한다면 사전에 충분한 전력을 갖춰야 하는데 특히 군수물자를 확보하는 게 가장 중요하다. 훈족의 주력은 기동성, 즉 말과 복각궁으로 무장한 기마병이었다. 그런데 이들에게 활이 부족한 사태가 일어난 것이다. 서유럽으로 이동한 훈족에게 전투 장비 부족 사태가 일어난 것은 군수물자를 충분히 비축하지 못했다는 사실을 암시한다.

유럽인들도 복각궁을 만들려고 노력했지만 실패했다는 기록도 있다. R. P. 엘머는 다음과 같이 적었다.

내가 아는 한, 백인 중에서 복각궁을 만드는 데 성공한 사람은 없다. 모두들 황인종이 만드는데 백인종이 만들지 못할 리 없다며 달려들었다. 그러나 아무도 고대 동양인들이 만든 활과 겨룰 만한 것을 만들어내지 못했다.

만곡궁이 남다른 위력을 발휘할 수 있었던 것은 말을 타고 화살을 자유자재로 쏠 수 있었기 때문이다. 특히 말을 달리면서 뒤로 몸을 틀어 화살을 쏘는 기술을 파르티안 기사법背斜騎射法이라고 한다. 파르티안 기사법은 한국인이라면 모르는 사람이 없을 것이나. 고구려 무용총 벽화에서 보듯 무사가 말을 달리면서 뒤로 몸을 틀어 활을 쏘는 방식이다.

그런데 이와 같은 기사법은 말만 잘 타면 되는 것이 아니다. 활이 몸을 돌려 뒤로 쏘는 데 적합해야 하고 몸을 뒤로 돌릴 때 몸이 흔들리지 않도록 하는 버팀대가 있어야 한다. 바로 만곡궁과 등자다. 원래 파르티안 기사법이 개발된 것은 말을 타고 활을 쏠 때 생기는 문제점을 개선하기 위해서였다. 활을 앞으로 쏘려면 말 머리 때문에 사각지대가 생길 수밖에 없다. 그러므로 말을 타고 활을 쏠 때는 목표를 측면에서 뒤로 가도록 하고 쏘는 것이 시야도 넓고 효율적이다. 사격 자세 또한 앞으로 쏘는 것보다 뒤로 돌아 쏘는 것이 더 안정적이어서 명중률도 높다. 이 기술 덕분에 기사는 말을 타고 달리면서 어느 방향으로든 화살을 날릴 수 있었다.

파르티안 기사법은 등자라는 획기적인 마구가 있기 때문에 가능한 일이었다. 마구는 모두 세 가지로 구성돼 있다. 첫째, 말 등에 올라앉기 위한 안장, 발을 딛는 등자와 말다래 그리고 그것을 장착하는 말 띠와 띠고리다. 둘째는 말을 다루기 위한 자갈·굴레·고삐 등이며 셋째는 이것에 장식으로 달린 말띠드리개杏葉·말띠꾸미개雲珠·방울 등이다.

마구 중에서 가장 먼저 출현한 것이 자갈이고 가장 늦게 출현한 것이 등자다.[10] 등자는 장시간 말을 탔을 때 생기는 다리의 피로감을 예방하기 위해 발을 받쳐주는 가죽 밴드나 발 주머니를 말한다. 등자가 발명되기 전에는 기수의 자세가 불안정했다. 떨어지지 않기 위해 허벅지와 발로 말의 몸통을 꽉 조여야 했다. 그러므로 아무리 노련한 기병이라고 해도 한두 시간만 말을 타고 달리면 엉덩이와 사타구니에 온통 멍과 물집이 생기기 마련이었다. 게다가 등자가 없을 때는 혼자 말에 오르기조차 어려웠다. 그런데 등자는 기수가 달리는 중에도 상체를 자유자재로 움직일 수 있게 했다. 등자를 개발한 북방 기마민족이 세계를 제패할 수 있는 기동력을 발휘한 것도 우연은 아니다.

유럽에 하나뿐인 벽화

나는 유럽에 하나 남아 있다는 활 쏘는 훈족 그림을 직접 확인하기 위해 이탈리아 서북부에 있는 아퀼레이아를 찾았다. 독일인 크리스티안 후프는 아퀼레이아에 있는 크리프타아프레시 교회에 화살을 쏘는 훈족을 그린 벽화가 있다고 했다. 이 그림이 유럽에 남은 유일한 그림이라는 것이다."

앞에서 설명했지만 아퀼레이아는 로마제국의 부유한 도시였다. 아퀼레이아는 아틸라의 이탈리아 침공로에 있었기 때문에 아틸라에게 철저하게 파괴돼 현재 로마 유적은 거의 보이지 않았지만 크리프타아프레시 교회에서 750제곱미터에 달하는 로마 시대의 대형 모자이크 바닥 장식이 발견돼 세상을 놀라게 했다. 이 유적은 1998년에 유네스코 세계 문화유산으로 등재됐다.

현재 아퀼레이아는 포도주 등을 생산하는 조그마한 농촌 마을로 변해 있지만 크리프타아프레시 교회의 모자이크 장식이 워낙 유명해서 많은 사람들이 이곳을 찾는다. 나도 이 교회를 찾아 교회 직원에게 훈족과 로마제국의 전투 장면을 담은 그림이 어디 있느냐고 물었다. 그러나 직원은 그런 그림이 없다고 잘라 말했다. 그림을 보려고 파리에서 거의 3,000킬로미터를 혼자 차를 몰로 왔다고 하자 매우 안타깝게 생각한다면서도 없는 것은 없는 것이라고 재차 강조했다.

이번에는 아퀼레이아 관광 안내소를 찾아갔다. 직원에게 1990년 대에 한스 크리스티안 후프라는 독일 학자가 분명히 이곳에서 사진을 찍었다고 하는데 현재 없다고 한다. 그 사이에 혹시 그림을 지운 것 아니냐고 질문했다. 그러자 직원은 이탈리아 사람들이 세계유산을 지울 만큼 무지한 사람들은 아니라며 발끈하더니 크리프타아프레시 교회로 연락했다. 그는 교회의 돔 아래에 있는 예배당에 프레스코화가 하나 있다고 알려줬다. 11세기 중엽에 그린 프레스코화로, 연대가 다르기는 하지만 벽화는 그것밖에 없다는 것이었다.

다시 교회를 찾자 직원이 예배당으로 안내했다. 벽면과 천장에 기독교 성화들이 그려져 있지만 훈족과 로마인이 싸우는 그림은 없었다. 또다시 실망한 표정으로 예배당을 나오려고 하는데 벽면 하단부에 그토록 찾던 그림이 있지 않은가!

재빨리 사진을 몇 장 찍고 예배당을 나와 직원에게 그림을 찾았다고 말했다. 직원도 매우 놀라는 표정이었다. 직원과 함께 다시 예배당에 들어가 그림을 보여주자 직원은 매우 미안한 표정을 지으며 아틸라 시대의 그림이 있다고는 생각하지 못했다고 말했다. 그러고는 비슷한 그림이 교회 천장에도 있다고 말했다. 그림을 보고 싶었지만 천장을 수리하고 있어서 볼 수는 없었다. 공사가 끝나면 볼 수 있는지 물었다. 직원은 원래 외부인에게는 공개하지 않지만 서류로 요청하면 가능할 수도 있다면서도 말끝을 흐렸다. 천장에 그런 그림

이탈리아 아퀼레이아 크리프타아프레시 교회에서 찾아낸 벽화. 훈족 병사가 파르티안 기사법으로 활을 쏘는 장면을 담았다.

이 있는지 확실하지 않다는 것이었다.

직원이 활을 쏘는 훈족 그림이 있을 리 없다고 단언한 것도 어느 정도 이해할 수 있었다. 교회 안내 책자는 이 그림을 "십자군 전사가 야만족 궁사를 뒤쫓고 있다A Crusader pursues a barbarian archer"라고 설명하고 있었기 때문이다. 십자군이라면 아틸라 시대와 적어도 800여 년이란 차이가 난다. 파르티안 기사법으로 활을 쏘는 야만족 궁사를 훈족으로 생각지 못한 것이었다.

편두

한반도에서 발굴된 변형 두개골

1976년에 발견돼 모두 네 차례에 걸쳐 무덤 180여 기가 발굴된 김해 예안리 고분군은 4세기에 조성된 무덤으로, 규모로 봐서는 일반 서민 계층의 공동묘지로 추정된다. 예안리는 현재 낙동강 삼각주 북부에 해당하지만 옛날 지형으로 보면 고김해만古金海灣의 하부에 속하는 지역이다. 630제곱미터에, 상하로 네 겹 정도 중복돼 있는데 거의 모든 무덤에 인골이 한 구, 많게는 10여 구 남아 있었다. 유물이 모두 2,000여 점 나왔다.

현재 부산대학교 박물관에 소장돼 있는 예안리 인골은 수적으로도 역사상 유례없는 일이지만 더욱 학자들의 눈길을 끄는 것은 1,600여 년 전 인골이라고 보기에는 보존 상태가 매우 양호하다는 점이었다. 우리나라 토양이 대체로 강한 산성을 띠어서 무엇이든 잘 썩지만 예안리 유적은 유적 상부에 형성된 패총의 영향으로 토양이 중화됐기 때문이다.

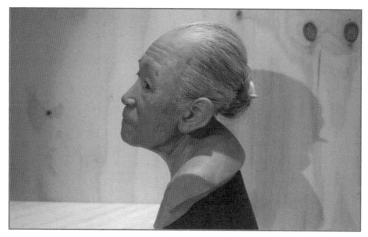

예안리에서 발굴된 편두를 바탕으로 복원한 예안리 여인. ©전곡선사박물관

예안리인들의 평균 신장은 남성이 164.7센티미터, 여성이 150.8센티미터였으며 현대인보다 비교적 안면이 높고 코가 좁으며 콧부리가 편평한 편이었다. 그리고 남자보다 여자, 그중 장년층40대의 사망률이 높았다. 12세 이하 사망자가 전체의 3분의 1 이상이나 돼 유아 사망률이 높았음을 보여준다.

그런데 학자들의 주목을 크게 끈 것은 변형 두개골 열 개였다. 2001년에 한국방송이 방송한 다큐멘터리 〈몽골리안 루트〉에서는 예안리 85호와 99호 고분에서 발견된 두개골이 소개됐다. 이 두개골의 머리둘레는 50센티미터 정도에 지나지 않을 정도로 한국인의 정상적인 머리둘레57.5센티미터보다 매우 작았다.[12] 이렇게 인공 변형된 두개골을 "편두扁頭, cranial deformation"라고 부르는데 외압으로 두개골이 변형된 것이다. 편두에 관한 기록은 《삼국지三國志》〈위지〉〈동이전〉에도 있다.

아이가 태어나면 긴 돌로 머리를 눌러둬 납작하게 했다. 그래서 진한 사람들의 머리는 모두 편두다.

기록 속 진한은 3세기 중엽의 진한辰韓과 변한弁韓으로, 김해 지역에 터를 잡은 가야인이 여기에 포함된다. 기록 속에만 존재하던 편두의 실체가 예안리 인골로 확인된 것이다. 편두 풍습에 대해 일본인 츠보이 구메조坪井九馬三는 고대 인도에서 퍼진 구습으로 설명했지만 흔히 유목민에게 많이 나타나는 풍습이기도 하다.

고조선 지역에서도 일찍부터 편두 풍속이 있었다. 《만주원류고滿洲源流考》제2권을 보면 만주 지방에서는 옛날부터 편두를 하는 관습이 있었다. 어린아이일 때 와구臥具를 이용해 머리통을 편두형으로 만들었다고 기록돼 있는데 일본인 시마 고로島五郎도 우리나라 사람이 머리 앞뒤 길이가 매우 짧은 단두개형短頭蓋形이라는 측정 결과를 발표하기도 했다.[13]

중국 산둥 성과 장쑤 성 북부 일대에서 이른바 동이계 신석기시대 문화로 알려진 대문구문화大汶口文化 유적에서 발굴된 인골을 분석한 결과 후두부를 변형시킨 편두형도 발견됐다. 이것은 동이족이 중국인과 달리 편두 습속을 매우 오래전부터 사용했다는 사실을 말해준다. 러시아 블라디보스토크 대학교 박물관에도 말갈계 편두형 인골이 있는데 이는 이들이 고대에 같은 문화권이었음을 보여준다.

편두 풍습은 중국과 훈족의 이동로뿐만 아니라 세계 곳곳에서 행해졌다. 남아메리카의 페루, 아르헨티나, 칠레, 에콰도르, 콜롬비아는 물론 멕시코에서도 발견된다. 미국 서남부에 사는 인디언한테서도 발견되며 대양주인 뉴기니, 뉴칼레도니아, 뉴헤브리디스 제도와 같은 고립된 섬에서도 보인다. 소아시아, 아르메니아, 중앙아프리카, 인도뿐만 아니라 이집트에서도 발견된다. 최근에 컴퓨터그래픽스로 복원한 투탕카멘 왕 또한 전형적인 편두였다.[14] 현대인에게는 편두가 다소 기이하게 보일지 모르지만 고대에는 보편적인 풍습이었다.

몽골에서 프랑스에 이르는 훈족의 이동 경로에서 발견된 묘를 발굴하면서 훈족의 머리가 정상적인 형태가 아니라는 사실이 밝혀졌다. 훈족은 관자놀이와 이마가 특이하게 눌려 있고 고랑 같은 주름이 머리에 죽 둘러 있었으며 머리통이 길게 늘어나 있었다. 전형적인 편두였다. 특히 훈족의 본거지였던 판노니아 지방에서 많은 편두 인골이 발견됐다. 이같은 훈족의 모습은 훈족을 경멸한 마르켈리누스의 설명이 매우 정확했다는 것을 보여준다.

학자들이 편두에 주목하는 것은 훈족이 편두로 하층계급과 상층계급을 구분한 것으로 추정되기 때문이다. 프랑스 칼바도스 지방에서 5세기 중반에 조성된 두 귀족의 무덤이 발굴됐다. 수많은 장신구와 함께 유골이 발견됐는데 놀랍게도 두 사람 모두 편두였다. 훈족은 귀족 자녀의 머리를 강제로 변형시켰는데 이 두 사람은 훈족에 복속된 알란족으로 보인다. 게르만 지역의 튀링겐과 오덴발트에서도 편두가 발견된 것을 봐서는 훈 제국에서 편두가 보편적이었음을 알수 있다. 반면에 훈족에게는 편두가 발견되지만 흉노에서는 편두가 발견되지 않는다는 보고도 있다. 흉노속에서 살라서 나와 서유럽을 공격한 훈족 지배 집단은 편두 습속을 갖고 있었다는 추정을 가능하게 한다.

앞에 설명한 말 탄 사람 토기의 주인공도 편두다. 토기의 주인공이 세계적으로 특이한 변형 인골 형태를 취하고 있으며 한반도 남쪽과 유라시아 대륙의 끝에서 편두가 발견됐다는 것은 두 민족 간에 강력한 친연성이 있다는 것을 다시 한 번 확인시켜준다.

수수께끼가 풀리다

편두는 신라 금관의 크기에 대한 의문점도 해결해준다. 국내에서 출토한 금관의 지름은 다음과 같다. 천마총 금관이 20센티미터, 금관총 금관이 19센티미터, 서봉총 금관이 18.4센티미터, 황남대총 금관이 17센티미터, 금령총 금관이 16.4센티미터, 호암미술관에 소장된 금동관이 16.1센티미터, 복천동 금관이 15.9센티미터다. 그러나 이 지름은 사람이 왕관을 쓰기에는 너무 작다.

금관의 크기가 작은 건 왜 그럴까? 우선 왕이 어린 나이에 사망했을 수 있다. 그러나 5세기와 6세기에 사망한 신라 왕 가운데 열 살 전후 어린 나이로 사망한 왕은 없다. 특히 황남대총에서는 남성의 무덤인 남분이 아니라 여성의 무덤인 북분에서 금관이 출토했으므로 왕의 금관이 아님이 분명하다. 그러므로 이 작은 금관은 요절한 왕족이 쓴 것으로 추정되기도 한다.

몇몇 학자들은 금관이 너무 작아 실제로 머리에 쓰기에 부적합한 데다 버팀력이 약하고 지나치게 장식이 많다는 점을 들어 금관은 살아 있을 때 쓰기 위해 제작된 것이 아니라 무덤에 넣는 부장품, 즉 죽은 자를 위한 데스마스크로 특별히 제작된 것이라는 해석을 제기했다. 다시 말해 이집트에서 나온 황금 마스크와 비슷한 용도라는 것이다. 특히 피장자의 발치에 묻힌 금동 신발 바닥에 스파이크 같은 장식이 있어 실용성이 없다는 점과 또 다른 부장품인 금제 허리띠도 무게가 4킬로그램이나 된다는 점으로 볼 때 금관 또한 장례용 부장품일 가능성이 크다는 설명이다.

물론 특수한 끈을 이용해서 머리에 쓸 수 있다는 반론이 제기됐다. 금관을 어떻게 머리에 썼을까 하는 연구에서 세움 장식을 실로 고정하고 그 안에 모자를 쓴다면 머리에 쓸 수 있다는 설명도 나왔다.[15] 특히 중국 당나라 장회태자묘 벽화에 묘사된 인물 중에 신라인으로 추정되는 사신도가 있는데 이 그림을 보면 신라 사신이 쓴 관모는 정수리 부분에 얹혀 있다. 이런 관모는 테두리 양쪽에 길쭉한 끈을 드리워 턱 밑에서 묶는데 금관 또한 착용법이 이와 비슷할 것으로 유추하기도 한다.[16] 그러나 두 가설 모두 금관의 크기가 작다는 것을 매끄럽게 해석할 수 없으므로 신라 금관은 고고학자들에게 풀리지 않는 수수께끼 중 하나였다.

이 수수께끼를 풀어줄 단서가 포착됐다. 헌강왕 11년885년에 최치원이 지증대사적조탑비智證大師寂照塔碑, 국보 제315호 건립을 위해 비문을 지었는데 이 비문에는 주인공인 지증대사 외에도 당시에 활약한 승려들의 이름과 지명, 관직명, 제도, 풍속 등에 관한 정보가 상당히 적혀 있다. 특히 신라의 왕토사상王土思想과 사원에 토지를 기부하는 절차를 알려주는 내용이 담겨 있어 신라 시대 선종을 이해하는 데 중요한 사료로 꼽힌다. 그런데 이 비문 서두에 실린 "편두거매금지존

偏頭居寐錦至尊"이라는 글은 신라 왕의 두상에 대해 다음과 같이 설명한다.

> 성姓마다 석가의 종족에 참여해 편두인 국왕 같은 분이 삭발하기도 했으며 언어가 범어梵語를 답습해 혀를 굴리면 불경의 글자가 됐다.[17]

이 구절은 법흥왕이 만년에 출가해 스님이 됐다는 것을 설명하면서 나온 말이다. 거매금居寐錦, 거서간居西干, 마립간麻立干, 이사금尼斯今은 임금을 의미하므로 최치원은 신라 임금이 편두였음을 밝힌 것이다.[18] 금관을 쓰는 사람들이 편두라면, 즉 신라 임금을 비롯한 지배자들이 편두였다면 금관이 작은 이유가 충분히 설명된다.[19]

그러나 김해 예안리에서 발견된 편두 유골만 놓고 본다면 새로운 물음이 제기된다. 김해 예안리에서 발견된 편두는 두 여성이었기 때문이다. 《삼국지》〈위지〉〈동이전〉에는 편두가 진한과 변한의 특징적인 습속으로 기록돼 있으나 주민 전체가 편두를 한 것은 아니라고 볼 수 있다.

특히 가야 지역에서 편두는 4세기계 일정한 시기에 한해 시행됐다고 추정되는데 부산대학교 정징원 교수는 하층민에게서 편두가 보이는 것은 당시 미인의 기준이거나 특별한 습속 때문일지 모른다고 추정했다. 언론인 안태용은 신분을 구별하기 위한 방편일지도 모른다고 해석했다. 몇몇 학자들은 무당과 같은 특수 신분인 여성만 편두를 한 것이 아닌가 추정한다.[20]

신라 금관은 한국을 대표하는 유산임에도 그동안 풀기 어려운 수수께끼였다. 그러나 법흥왕처럼 신라의 지배자들이 편두였다면 이런 의문을 일거에 해결할 수 있다. 역사서에 기록된 대로 편두가 진한과 변한에서 일정 기간 동안 적용된 습속이라 볼 수 있지만 이들 습속이 신라 지배자 계급에 어떤 과정을 거쳐서 도입됐는지는 앞으로 더 연구해야 할 과제다.

순장

순장은 흉노의 풍습

살인은 현대인들에게 가장 금기시되는 행위다. 어떤 이유에서도 살인은 정당화되지 않는다. 그러나 이런 현대인들의 상식이 과거에도 통용된 것은 아니다. 가장 대표적인 것이 살아 있는 사람을 죽여서 무덤에 묻는 순장 제도다. 이런 풍습을 지역에 따라 아름다운 미풍양속으로 여기기도 했기 때문이다.

가장 잘 알려져 있는 순장은 인도의 순장이다. 인도에서는 남편이 죽으면 화장할 때 아내를 함께 불에 태워 죽이는 '사티'라는 풍습이 있다. 1829년에 법으로 금지됐지만 아직도 일부 지역에서 시행되고 있다. 원래 이 습속은 왕이 죽으면 왕비가 따라 죽음으로써 두 사람이 저승에서 다시 부활한다는 신화와 연결돼 있다. 이와 같이 죽은 사람을 위해 산 사람을 함께 매장하는 것은 죽은 뒤에도 피장자의 평소 생활이 재현된다는 믿음에서 나온 것으로, 고대 세계에서는 매우 익숙한 풍습이다.

순장은 메소포타미아 지역에서 발생한 것으로 추정된다. 신석기 시대 유적인 기원전 7000년 예리코 유적에서 발견된 남자 시체가 순장된 것이라는 주장도 있지만 대체로 기원전 3000년 메소포타미아 지역에서 본격적으로 시행된 것으로 보인다. 아프리카, 북아메리카, 인도네시아, 오세아니아 등에서도 순장이 성행했다. 유럽에서는 고대 갈리아, 아일랜드, 불가리아, 슬라브 지역에서 순장 또는 순사_{자원해 묻히는 것} 풍습이 있었던 것으로 알려졌다.

동양으로 한정한다면 고대 중국에서는 순장 제도가 지도자에 따라 생겼다가 없어지는 일이 반복됐다. 중국에서 순장이 성행한 시기는 상나라와 서주 시대였다. 보통 한 무덤에 100명 정도가 순장됐는데 순장자의 수만큼이나 묻힌 방법도 다양하다. 두개골만 매장된 구덩이가 있는가 하면 꿇어앉은 채 죽은 순장자도 있다. 수십 명이 포개져 매장된 무덤도 발견된다. 순장 풍습은 서주 시대 이후 급격히 감소한다.

《사기》를 보면 진秦나라 무공 20년_{기원전 678년}에 66명을 순장했다는 기록이 있다. 학자들에 따라 이 기록이 첫 순장 기록으로 간주되기도 하지만 중국의 허지안민何健民 박사는 서주 선왕宣王, 기원전 827~781년 대에도 순장 기록이 있다고 주장했다.[21]

순장 제도는 진秦나라 헌공 원년인 기원전 385년에 폐지됐으나 진시황이 죽고 즉위한 호해 때 다시 등장했다. 다소 과장됐다는 지적도 있지만 그는 시황제의 첩과 지하 황릉을 만든 기술자들을 포함해 무려 1만여 명을 생매장했다고 한다. 그 뒤 한나라 때부터 원나라 때까지는 순장 풍습이 사라졌다가 명나라 때 부활한다. 명나라 태조 때 많은 궁인들이 순사했고 성조, 인종, 선종 때도 순장했다. 청나라 때도 세조가 사망하자 후궁 30명이 순장했는데 성조 때도 궁녀 40명을 순장하려 성조가 싫어해 금지했다는 기록이 있다.

일본에서도 순장이 성행했다. 죽은 사람들로 능묘를 둘러쌌다는 《고사기》 기록이 있을 정도로 매우 성행했다. 한국에 남은 순장에 대한 기록은 많지 않지만 증거는 상당히 많다.[22]

경상남도 양산군 부부총, 대성동 고분군, 경상북도 경산시 임당동 고분군에서도 순장의 흔적이 나타난다. 순장묘의 주인공들은 살아 있는 사람의 목숨까지 무덤으로 가져갈 만큼 권력이 절대적이었음을 알 수 있다. 임당동 고분군은 5세기에 축조됐는데 당시 신라 경주에서는 대릉원 고분군이 만들어질 때다. 이들은 돌무지덧널무덤을 사용한 흉노 계열이다. 학자들은 당시 임당동 지역은 신라에 복속돼 있었다고 설명한다.[23] 물론 임당동 고분군은 순장으로 볼 수 있으나 추가장나중에 다른 사람을 추가로 매장하는 장례 방식을 완전히 배제할 수 없으므로 순장이 아닐 수 있다.

유명한 경주 황남대총은 돌무지덧널무덤의 구조상 추가장이 불가능한데 15세 전후인 여성의 치아 열여섯 개와 150센티미터 미만인 여성의 뼈가 관 밖에서 수습됐다. 반면에 60세 전후인 남성 머리뼈와 치아 열두 개가 관에서 수습됐다. 이것은 분명 순장이다. 그런데 근래에 순장된 사람이 단 한 사람이 아니라 대략 여덟명이나 아홉 명이라는 사실이 드러났다. 발굴단은 순장자가 한 명이라고 발표했으나 1990년대에 유물 등을 정리하는 과정에서 무려 열 구에 가까운 순장자가 있었음이 뒤늦게 밝혀진 것이다.[24]

돌무지덧널무덤으로 조성된 경주 황남대총. 이곳에서도 순장 흔적이 발견됐다.

다시 흉노와의 연계로 돌아가자. 무엇보다도 장례는 민족의 특성을 잘 보여주는데 순장은 가장 널리 알려진 흉노의 풍습이다. 흉노의 순장 제도는《사기》〈흉노 열전〉에도 적혀 있다.

선우가 죽으면 측근 신하나 애첩이 순사했는데 많으면 수백 명에서 수천 명에 이르렀다.

수천 명이라는 숫자가 좀 과장스럽지만 북방인에게 순장은 매우 보편적인 장례 풍습이라고 볼 수 있다. 그런데 아틸라의 장례식 때에도 순장했다는 기록이 나온다. 요르다네스는 프리스코스의 책을 근거로 아틸라이 장례시 풍경을 다음과 같이 적었다.

수많은 부장품을 욕심내는 인간의 탐욕을 막기 위해 그들은 비열한 방법으로 무덤을 만드는 사람들을 희생시켰다. 이 얼마나 끔찍한 대가인가? 그들은 잔인하게 공사에 동원된 사람들을 죽였다. 이렇게 죽은 사람 모두 아틸라와 함께 묻혔다.

진시황제의 무덤이 도굴되는 것을 방지하기 위해 무덤 공사에 동원된 사람들을 모두 살해했다는 기록이 있는데 아틸라는 도굴의 위험성을 방지하기 위해서도 있겠지만 북방 기마민족의 전통에 따라 순장한 것으로 추정된다.

흉노는 순장뿐 아니라 이면剺面, 전발剪髮도 행했다. 죽은 자를 장송할 때 스스로 칼로 얼굴에 상처를 내는 풍습을 이면이라고 한다. 이면은 죽은 자의 이마에 피를 흘리는 것으로, 죽은 자와 산 자가 일체가 돼 죽은 자를 소생시킨다는 의미가 있다. 이 풍습은 흉노뿐만 아니라 북방 유라시아 여러 민족에게서 광범위하게 행해져 스키타이족, 훈족, 돌궐족, 여진족 등에서도 보인다. 전발은 영혼이 머문다고 전해지는 머리카락을 약간 베어 죽은 이의 영혼을 소환하는 풍습을 말한다. 이 풍습은 이면과 동일한 의미를 지닌 것으로, 노인울라 유적에서 발견된 많은 머리카락이 전발을 나타낸다.[25]

학자들은 흉노가 이면과 전발을 행한 것은 순장으로 살아 있는 사람들이 죽는 것을 막으려 했기 때문이라고 추정한다. 즉, 순장으로 잃을 목숨을 구하기 위해 이면과 전발을 시행했다는 설명이다. 귀중한 노동력과 전투력을 보존해 공동체를 보호하려고 한 것으로 보인다. 아틸라에 관한 기록을 보면 순장, 이면, 전발이 모두 보이는데 이는 아틸라가 그만큼 위대한 인물이었음을 보여준다.[26]

현대인과 다른 고대인의 생각

순장은 형태도 여러 가지다. 대체로 시신 전체가 순장되지만 영덕군 개시동 고분군에서는 머리만 순장되기도 했다. 원주시 법천리 고분군에서처럼 뼈를 모아 항아리에 담아둔 사례도 있다.

지증왕이 순장을 금지시킴으로써 삼국 중에서 가장 늦게까지 순장 풍습을 지켜온 신라에서도 순장이 사라졌다. 중국에서는 명·청대에 순장이 다시 살아나기도 했지만 한국에서는 삼국시대 이후 완전히 사라졌다. 어떤 학자들은 한국이 중국 문화의 영향을 많이 받았으나 비인도적인 방법에서 일찍 벗어났다는 것은 한국인이 정신적으로 크게 진보했음을 의미한다고 주장한다.[27]

물론 신라에서 순장이 폐지된 이유가 생명을 중요하게 여기게 됐기 때문이라기보다 현실적인 이유 때문이었다는 설명도 있다. 학자들은 지증왕이 순장을 폐지한 이유로 우경牛耕을 든다. 우경은 소를 이용해 농업 생산력을 늘리겠다는 것인데 농업을 기본으로 하려면 노동력이 확보돼야 한다. 순장으로 인력이 낭비되는 것을 막고 국가 경제를 살려야 한다는 실리 때문이라는 설명이다. 그러나 순장 풍습을 금지했다고 해서 고대인들의 사후 세계관이 사라지는 것은 아니다. 고대인들은 순장의 대용품을 찾기 시작했다. 순장을 대신할 부장품으로 여러 가지 명기를 사용한 것이다.

순장되는 사람들은 대체로 노예나 포로였다. 지배자들이 이들을 강제로 순장했다는 것이 정설이다. 그런데 순장에 대한 기록은 대부분 왕에 관한 것이므로 순장자들은 거의 궁인·처첩·친속·기타 주종 관계에 있는 인물이었다. 이와 같은 순장자들의 성격은 고대인들의 사후 세계에 관한 믿음과 관련 있다. 고대인들은 죽은 뒤에도 현세와 똑같이 생활할 것으로 믿었기 때문이다.

왕과 같은 지배자들은 죽어서도 현세와 동일한 신분을 계속 유지할 것이라 믿었으므로 무덤에 주인공이 사용하던 물건을 함께 묻었다. 부장품을 무덤에 묻는 것으로 모든 문제가 해결되는 것은 아니다. 사후에 누가 보좌하고 섬기느냐 하는 문제가 남기 때문이다. 당연히 주인으로서는 살았을 때 가까이서 자신을 보필한 처첩이나 신하라면 더할 나위 없을 것이다. 그러므로 학자들은 순장된 자는 무덤의 주인과 가장 가까운 사람일 것으로 추정한다.

김정배 박사는 순장자가 몇백 명에서 몇천 명에 이른다면 노예가 많겠지만 몇몇 사람에 한정한다면 노예일 가능성이 낮다고 설명했다. "피장자는 남성 한 사람인데 순장자 100여 명은 모두 여성"이라는 《서경잡기西京雜記》에 주목할 만하다. 이 기록은 왕에게 딸린 수많은 처첩들을 거의 모두 순장했다는 뜻이기도 하다.[28]

현대인이 보기에는 죽은 뒤에도 살아 있을 때처럼 생활한다는 고대인들의 내세관이 순장이라는 고약한 풍습을 낳았다는 설명으로 귀결되기 십상이다. 당연히 순장당하는 사람들이 슬픔과 고통으로 마지못해 죽음의 길로 들어섰다고 생각한다. 그러나 현대인의 시각이 옳지 않다는 주장도 있다. 당시의 지위와 신분이 사후 세계에서도 이어진다면 주인을 따라 죽는 것이 오히려 유리하거나 당연하게 생각했을지도 모른다는 것이다.

돌무지덧널무덤

돌무지덧널무덤을 사용한 흉노

북방 기마민족이 신라로 동천을 했다는 증거 중에서 가장 큰 증거로 제시되는 것이 바로 돌무지덧널무덤이다. 그러나 북방 기마민족이 돌로 만든 무덤은 돌무지덧널무덤만이 아니다. 이는 고분의 발달 과정이나 현장 여건에 따라 달라진다.

돌로 만든 무덤으로는 돌무지무덤積石塚, 돌널무덤石棺墓, 돌덧널무덤石槨墓, 돌방무덤石室墓 등이 있으며 고인돌무덤支石墓도 돌무덤에 포함된다. 그중에서도 대표적인 무덤 형식이 돌널무덤이다. 돌널무덤도 크게 두 종류로 나뉘는데 하나는 땅을 파고 지하에 판자와 같은 넓은 돌板石로 상자 모양 널棺을 만든 무덤이고 다른 하나는 깬돌割石이나 냇돌江石로 네 벽을 쌓고 뚜껑을 덮은 무덤이다.

한민족에 국한한다면 돌무덤은 신석기시대에서부터 청동기시대에 이르기까지 오랫동안 만주와 한반도, 즉 "동이 지역"이라 불리는 곳에서 크게 유행했다. 고조선 이후 부여, 고구려뿐 아니라 일본 큐슈 지방과 류큐 제도에까지 분포돼 있다.

돌무덤은 고대 중국과 전혀 다른 묘제라는 데 중요성이 있다. 돌무덤은 요하 일대에서 한민족의 터전으로 이동하지만 중원 지역으로는 내려가지 않았기 때문이다. 중국은 땅을 파서 묘실을 만들고 시신과 유물을 안장하는 토광묘가 주류였고 주나라 때에 들어와서야 비로소 나무로 곽을 짜서 묘실을 만드는 목관묘가 유행했다.

이것은 역대 중국 황제들의 능을 봐도 알 수 있다. 중국 능은 대체로 두 가지로 나뉜다. 하나는 퇴토성릉堆土成陵이고 다른 하나는 인산위릉因山爲陵이다. 퇴토성릉은 평지에 흙을 쌓아 올려 작은 산처럼 만드는 것으로, 진시황릉이 바로 이 형식이다. 인산위릉은 산을 뚫어 관을 안치해 산 자체를 능으로 만든 것으로, 한 문제의 패릉霸陵이 대표적이다.

한마디로 돌무덤은 유목민의 전형이라고 볼 수 있다. 니콜라 디 코스모 박사는 돌로 만든 무덤 문화를 "유목 문화"로 지칭하며 흉노 문화 역시 포괄적으로 이들과 동의어로서 사용할 수 있다고 단언했다.[29] 한반도에서 돌무덤이 발견되는 연유를 미뤄 짐작할 수 있을 것이다.

여하튼 북방 기마민족이 살던 터전에서는 수많은 돌무덤이 발견된다. 그런데 《사기》에는 흉노의 무덤에 대해 "장례식에는 관棺·곽槨에 금은이나 옷가지 등을 부장품으로 넣는다. 무덤에 봉분을 하거나 나무는 심지 않았고 상복도 입지 않는다"라고 적었다.

이 기술에 대해 많은 학자들이 의문을 제기했다. 중국 네이멍 자치구에서 발견된 흉노 무덤이 시베리아, 신장 같은 초원 지대와는 달리 봉분이 없는 것이 특징이지만 널과 덧널로 된 묘는 전형적인 중국식 묘기 때문이다. 사마천이 남긴 기록으로는 흉노가 중국식 장례법을 따랐다는 뜻인데 그런 흉노 무덤은 거의 확인되지 않는다.

이 문제가 학자들을 매우 괴롭게 만들었지만 최근에는 사마천의 기록이 부정확하다는 것으로 결론이 났다. 이는 사마천이 흉노가 중국에 은혜를 입은 것처럼 보이도록 한 의도적인 서술로 인식한다. 물론 사마천의 짧은 기록에 흉노의 모든 무덤 양식이 담긴 것은 아니라는 설명도 있지만 여하튼 흉노 무덤 안을 목조 구조물로 만들었다는 사마천의 설명은 옥에 티가 아닐 수 없다.

학자들이 주목하는 것은 카자흐스탄 이리 강 유역에 흩어져 있는 사카족의 대규모 고분이다. 이 고분은 지름이 30미터에서 100미터에 이르는 규모로, 거의 신라 고분 규모에 가깝다. 특히 지상에 목곽을 만들고 그 안에 목관을 놓은 다음 주위를 돌로 채우고 다시 목곽으로 덮고 봉토를 올리는 방식은 신라의 돌무지덧널무덤과 유사한데 건립 연대가 기원전 7세기에서 기원전 3세기로 거슬러 올라간다. 사카족을 스키타이족으로 보기도 하므로 돌무지덧널무덤을 "스키타이-알타이 쿠르간고분"이라 부른다. 모리 도시오는 사카족의 베스셔틀 고분군의 축조법을 다음과 같이 소개했다.

발굴된 1, 3, 6, 8호 고분 모두 내부 구조는 거의 같았다. 1호 고분은 지름 52미터, 높이가 9미터에 이른다. 무덤 입구 표면에서 깊이 1미터 정도까지 돌을 쌓고 그 아래에 돌이 섞인 토층, 다시 그 아래는 큼직한 돌덩어리가 쌓여 있는데 그것들을 제거하자 옛 지표면 위에

기원전 4세기에 조성된 사르마트족의 쿠르간.

세워진 오두막 같은 것이 나타났다. 오두막은 세 부분으로 이뤄졌다. 우선 동쪽에 길이 5.7미터, 폭 1.5미터, 높이 5미터인 통로가 있는데 천장이 없다. 이어서 통나무를 배열한 천장으로 이어진 다소 작은 전실이 있고 그 안쪽에 주실이 있다. 주실은 길이 3.6미터, 폭 3.3미터, 높이 4미터로, 천장에 통나무를 높게 쌓아 올렸고 그 위에 갈대를 엮은 돗자리가 덮여 있다. 주실로 들어가는 입구는 커다란 돌에 막혀 있고 통로 공간이 돌로 가득 차 있다. 사용된 목재는 모두 표면을 깎아 가공했다. 불행하게도 이 고분들은 모두 도굴됐다.

마치 신라의 돌무지덧널무덤을 설명한 것처럼 들린다. 사카족 고분은 남러시아에 근거지를 둔 스키타이의 쿠르간과 동일한데 돌무지덧널무덤은 이리 분지에 거주한 흉노도 답습했다. 흉노가 돌무지덧널무덤을 사용했다는 것은 흉노의 매장법에 대해 "흉노는 사람이 죽으면 구멍을 파서 통나무를 쌓아 목곽을 지어 그 안에 목관을 넣고 위에 원형이나 타원형 봉분을 비교적 낮게 만들었다. 죽은 자가 평소에 애용하던 것은 다 함께 묻었다"라고 한 에가미 나미오의 글에서도 드러난다.

여기서 주목되는 것은 중국 북부에 있던 북흉노 중에서 서천을 한 흉노가 사카족의 본거지였던 이리 분지로 옮겼다가 남러시아로 이동했다는 점이다. 요시미츠 츠네오도 신라 돌무지덧널무덤의 원류로 4세기와 5세기 때 남러시아를 거점으로 삼은 흉노를 지목했다.[30]

헤로도토스는 스키타이 왕들이 묻히는 쿠르간은 게로이인들이 통치하는 영토 안에 있었으므로 장례 행렬은 배를 타고 드니에프르 강을 올라갔다고 적었다.

> 게로이 영토에 미리 준비한 묘에 시신이 도착하면 묘 안의 침상에 시체를 안치하고 그 양쪽에 창을 박은 다음 그 위에 나무 막대기를 걸치고 멍석을 덮는다. 묘지에는 왕의 후궁 한 명과 시중드는 소년, 요리사, 마부, 시종, 말 등을 교살해 함께 묻는다. 그리고 황금 술잔과 재보 가운데 일부를 선택해 묻는다. 1년이 지나면 다시 모여 의식을 거행하는데 이번에는 죽은 왕을 모셨던 시종 50명과 말 50필을 교살해 내장을 끄집어내고 왕겨를 집어넣은 다음 다시 봉합한다. 마지막으로 언덕처럼 솟아오른 대형 묘를 만든다.

1971년에서 1974년 사이에 알타이 지방 아르잔 유적에서 발견된 쿠르간은 헤로도토스의 기록이 정확함을 보여줬다. 아르잔 쿠르간은 기원전 8세기에서 기원전 7세기 사이에 만든 쿠르간으로, 직경이 무려 110미터나 되며 둥근 천장은 4미터에 이른다. 고고학을 잘 모르는 불도저 운전사가 지붕을 뭉개어 원형을 찾을 수 없게 만들었지만 무덤 하부는 비교적 온전한 상태에서 발굴됐다. 이 쿠르간은 중앙 현실이 무려 70여 개에 이르는 작은 방으로 둘러싸여 있었고 말 150마리의 유골이 발견되기도 했다.

쿠르간 둘레에서는 300여 개에 이르는 돌이나 말과 염소, 양, 소 뼈로 만들어진 작은 무더기도 발견됐는데 이는 장례 기간 동안에 모인 조문객들이 먹은 동물 뼈인 듯하다. 여기에는 종교적인 의미도 있었겠지만 장례식을 종족의 단합 대회로 이용했다는 학자들의 주장과도 일치한다.

동복이 발견된 노인울라 고분군은 흉노의 대표적인 고분군이다. 흉노의 중흥기인 기원후 1세기께 건축돼 한의 영향을 많이 받았지만 기본적으로 흉노의 전통을 간직하고 있다. 노인울라 자체가 '왕후의 산'을 의미하듯이 200여 기에 흉노의 왕후와 귀족들이 매장돼 있다.

학자들이 큰 관심을 보인 것은 이 고분이 스키타이의 전형인 돌무지덧널무덤으로 된 쿠르간이기 때문이다. 특히 제6호 고분은 선우의 무덤으로 보인다. 부장품으로 많은 모직물과 양탄자, 칠기 등이 발견됐는데 그중에서 주목받는 것은 가축과 야수가 표현된 비단 제품이다. 안쪽에는 야크와 맹수가 사투를 벌이는 그림이 아홉 개나 있고 사슴과 그피핀의 격투 그림도 있다. 그리핀은 서방 문화, 즉 아케메네스 왕조 때 페르시아 등지에서 특징을 이룬 문양으로, 흉노가 동서양 문화를 모두 아울렀음을 보여준다.[31]

2009년 몽골과 러시아가 함께 발굴한 몽골 노인울라 31호 쿠르간. ©연합뉴스

통나무집이 목곽분

경주 대릉원과 같은 돌무지무덤을 모든 지역에서 만들 수 있는 것은 아니다. 신라 지역에 돌무덤 중에서도 거대하고 축조하기 어려운 돌무지덧널무덤이 등장했다는 것은 이 무덤을 축조한 사람들이 북방 계열이라는 강력한 증거다.

앞에서 설명한 대로 돌무지덧널무덤은 땅을 파고 안에 통나무집을 만들어 시체와 부장품을 안치한 다음 돌로 둘레를 쌓고 흙으로 봉분을 커다랗게 만드는 것을 말하는데 고구려와 백제 그리고 중국, 일본에는 없는 무덤 양식이다.

원래 북방 초원 지대에서는 유력자가 죽으면 그가 생전에 살던 통나무집을 돌과 흙으로 덮어버린다. 그래서 초원 지대의 돌무지덧널무덤을 파보면 난방 시설도 남아 있고 심지어 창문도 발견된다. 신라 김씨들은 그런 전통에 따라 지상에 시신을 넣을 집을 일부러 만들고 그 위에다 냇돌을 쌓은 다음 흙으로 반구형 봉분을 만들었다.

그러므로 돌무지덧널무덤은 세월이 지나면 목곽 부분이 썩어 주저앉기 때문에 봉분이 낙타등처럼 된다. 돌무지 규모가 상당히 크고 봉토 또한 규모가 커서 신라 고분은 고구려나 백제 고분보다 상당히 클 수밖에 없다. 신라 돌무지덧널무덤은 왕이 마립간으로 불리던 시기의 무덤이다. 원래 돌무지덧널무덤은 평지에 조성되는 것이 대부분인데 경주, 창녕, 동래 등지처럼 구릉지에 조성된 것도 있다.

돌무지덧널무덤은 경주 시내 곳곳에서 쉽게 찾아볼 수 있는데 그 대표적인 곳이 황남동의 대릉원이다. 경주로 수학여행을 갔다 왔다면 틀림없이 이곳을 둘러봤을 것이다. 작은 동산을 연상케 하는 천마총과 황남대총 등 고분 23기로 공원이 조성돼 있다.

돌무지덧널무덤은 4세기에서 6세기까지 6대에 걸친 마립간 시대_내물 마립간, 실성 마립간, 눌지 마립간, 자비 마립간, 소비 마립간, 지증 마립간에만 나타나는데 이는 이를 만든 신라 김씨의 뿌리가 초원 지대의 기마민족이라는 기록을 증빙한다. 게다가 중앙아시아 초원 지대의 기마민족이 자주 사용하는 온갖 물건이 무더기로 쏟아져 나왔다. 금관과 장신구, 금으로 만든 허리띠, 뿔잔, 보검, 유리 제품 등은 북방 기마민족이 즐겨 사용한 것과 비슷하거나 같은 것이다.

돌무지덧널무덤은 무덤 구조의 특성상 도굴하는 것이 간단치 않으므로 부장품이 매장 당시 그대로 출토되는 것으로도 유명하다. 대릉원에서는 한 고분에서만 1만 점에서 2만여 점에 이르는 부장품이 발굴됐다. 특히 황남대총에서는 순금제 금관을 비롯해 은관, 로만글라스 등 무려 7만여 점이 쏟아졌다. 그중에서도 비단벌레玉蟲를 잡아 날개로 무지개빛처럼 영롱한 자태를 뽐내는 비단벌레 장식 마구도 발견돼 세계 학자들을 놀라게 했다.

비단벌레는 딱정벌레목 비단벌레과에 속하는 곤충으로, 몸길이는 3센티미터에서 4센티미터 정도이며 온몸에 초록색 광택이 돌고 딱지날개에 붉은 줄 두 개가 선명하다. 요시미츠 츠네오는 호화로운 비단벌레 장식 마구가 황남대총 북분과 남분에서 발굴된 것을 감안하면 피장자인 왕비의 섬세한 배려와 왕릉에 쏟은 열렬한 의시를 읽을 수 있다고 적었다.

그런데 이 출토품을 고구려 고분이나 백제 고분에서 나온 출토품과 비교하면 품목과 내용이 근본적으로 다르다. 게다가 중국에서 출토한 동시대 출토물과 비교해도 차이가 크거나 전혀 달라 두 문화의 공통점을 거의 인정할 수 없을 정도다. 신라는 왜 중국 문화를 수용하지 않고 독자적인 문화를 견지했을까? 두말할 나위 없이 신라는 독자적인 문화를 영위할 만한 배경이 있었기 때문이다. 즉, 중국과 전혀 다른 풍습과 문화를 이어온 북방 기마민족이 신라로 동천했다는 것을 단적으로 증명해준다.

무덤의 부장품을 구성하는 각종 유물 또한 도구의 분화와 생산력의 증가를 표현해주는 증거다. 부장품이 급격하게 증가하는 시기가 존재하므로 부장품의 양이 많고 적음을 기준으로 후장厚葬과 박장薄葬으로 나뉜다. 그중에서도 후장은 가야·신라 묘제의 대표적인 특징으로, 고구려와 백제와 매우 대조적이다. 《삼국지》〈위지〉〈동이전〉에 "고구려인은 후장을 하는데 금, 은, 재물, 화폐를 죽은 사람의 무덤에 묻는다"라는 말도 있지만 돌무지덧널무덤에 견주면 박장으로 볼 수 있다.

후장은 영남 지역에서 도질토기, 동복, 순장 등 북방 문화가 대폭적으로 낙동강 하류 지역에 나타날 때와 일치한다. 피장자의 다리 아래에 주요 유물을 다량 부장하는 후장 풍습은 북방 민족에서 성행한 북방 습속으로 간주되지만 홍보식 박사는 영남의 특유한 장제인 후장이 북방 문화가 대폭적으로 유입된 시기에 처음으로 나타난다는 것에 대해 이견을 제시했다. 양동리 162호 고분를 볼 때 영남 지역의 후장은 2세기 후반에 목곽묘가 출현한 때부터 있었다는 견해다.

한편 강인구 박사는 신라 돌무지덧널무덤의 기원에 대해 다른 의견을 제시했다. 강 박사는 신라 돌무지덧널무덤은 남파된 고구려 적석총에 미리 내려와 있던 목곽 구조 형식이 가미되고 다시 봉토의 분구가 첨가돼 형성된 복합적 산물이라고 주장했다. 그러나 강 박사도 고구려 적석총의 기원이 랴오둥 반도의 적석총과 시베리아나 몽골 지방의 고분에 있을지도 모른다는 점은 인정했다. 즉, 신라 돌무지덧널무덤의 직접 조상은 고구려 적석총이지만 북아시아 고분을 아득히 먼 조상으로 볼 수 있다는 설명이다.[32]

대변혁을 암시하는 유물

도질토기

흉노가 한반도 남부로 진출했다는 사실을 증명하는 유물은 앞에서 설명한 것이 전부는 아니다. 3세기 말 낙동강 하류에 갑자기 나타난 분묘 유적들은 동복, 도질토기陶質土器, 뿔잔角杯, 호형대구虎形帶鉤, 철제 갑주甲冑와 승마용 마구馬甲 등을 쏟아내면서 돌무지덧널무덤, 묘제墓制의 분화와 선행 분묘의 파괴, 순장殉葬 등의 풍습을 보여줬는데 이 풍습은 기존 토착 세력이 보여준 풍습과는 매우 다른 북방 기마 민족의 특징이다.

천마총에서 출토한 토기류 119점은 모두 얇게 만들어 1,200도 이상 온도에서 구워낸 경질토기다. 유약을 바르지 않았으며 장식을 위한 새김무늬刻文 등이 모두 기하학 무늬로 통일돼 있다. 이것은 그 이전에 제작된 토기와 제작 기법이 전혀 다르다. 게다가 그릇은 뚜껑이 있는 것이 많다. 특히 뚜껑 꼭지는 중국식 구슬 모양이나 단추 모양이 아니라 굽다리식이거나 평평하다.

이 시대 출토품에 주목할 만한 점은 한쪽에만 손잡이를 붙였다는 점이다. 신라·가야 고분에서 출토한 토기류에는 이런 손잡이 그릇이 많은데 모두 로마 디자인의 영향을 받은 것으로 추정된다.

황남대총에서도 토기류가 무려 2,700여 점이나 출토했다. 그중에는 쌍잡이雙耳 또는 손잡이 달린 잔이 많다. 음료용 그릇인 토기에 손잡이를 다는 것은 일본을 비롯해 중국 문화권에는 없는 그리스·로마 문화의 특유한 형식이다. 신라·가야의 일상 용도로 쓰이는 그릇에 손잡이가 도입됐다는 사실은 로마 문화가 신라·가야 문화의 근저에까지 침투했다는 것을 알려준다.[33]

가야 지역에서 발견되는 양이부단경호兩耳附短頸壺를 비롯한 도질토기들은 전해 내려온 와질토기와 중국 북방의 자기瓷器 문화 등과 결합해 만들어진 낙동강 하류의 특유한 토기로 보인다. 양이부단경호는 중국 북부, 한반도 북부, 한반도 중부, 한반도 남부로 한걸음씩 유입된 것이 아니라 고구려, 백제 등 한반도 북부와 중부 지역을 생략한 채 중국 북부에서 가장 멀리 떨어진 한반도 남단 영남 지역에 갑자기 나타났는데 이는 새로운 세력이 집단적으로 정착했다는 것을 의미한다.

한편 홍보식 박사는 영남 지역에서 출토되는 양이부원저단경호兩耳附圓底短頸壺와 같은 것이 중국 동북 지방에 없다고 단정하는 것은 문제가 있다고 주장했다. 이는 양이부원저단경호로 상징되는 도질토기가 낙동강 하류에서 가장 먼저 출토한 것이 아니라 영남의 각지에서 동시다발적으로 나타났다는 설명으로, 대성동 29호 고분에서 출토한 도질토기보다 올라가는 도질토기가 있다는 견해도 밝혔다.

뿔잔과 호형대구

4세기에서 6세기에 조성된 신라와 가야 고분에서 뿔잔이 많이 출토되는 것도 특징이다. 뿔잔은 원래 소나 물소와 같은 짐승의 뿔을 이용해 만든 잔을 뜻하나 흙이나 금속을 이용해서 만든 그릇도 뿔잔이라고 한다. 뿔잔은 왕·지혜·초자연성과 연관해 지배자인 왕이 주변 세력들의 부정한 일을 알아내는 힘, 즉 초자연적인 능력을 발휘하게 만들어주는 물건으로 간주됐고 금관이 사용되던 시기에 매장의식의 음주 가무용으로 사용됐다.

뿔잔은 기원전 5000년에서 기원전 4000년께에 해당하는 신석기 시대 유적인 부산시 동삼동 유적에서 흙으로 구운 뿔잔이 처음으로 나타난 뒤로는 보이지 않다가 역사시대에 들어와 갑자기 낙동강 유역을 중심으로 나타난다.

뿔잔은 세계적으로 지중해, 서아시아, 중앙아시아, 북중국, 신라, 가야, 일본에 분포돼 있다. 뿔잔

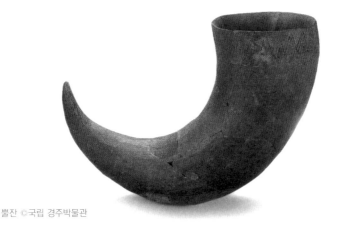

뿔잔 ©국립 경주박물관

은 그리스·로마 세계에서 유달리 유행했는데 그리스 신화에 뿔잔에 얽힌 이야기가 있다.

　제우스는 젖먹이 시절에 아말테이아 산양의 젖을 먹고 자랐다. 그 인연으로 아말테이아의 뿔을 가진 자가 원하는 것이라면 무엇이든, 꽃이든, 과일이든, 마실 것이든 그 뿔에 가득 차게 해 풍요의 뿔이 됐다.

'코르누코피아*cornucopia*'라는 라틴어는 '풍요로운 뿔'이라는 뜻이다. 또한 강의 신 아켈로스가 소로 변신해 헤라클레스와 싸우다가 부러진 뿔이 "코르누코피아"라 불려서 원하는 것은 무엇이든 그 뿔에서 넘쳐났다는 신화도 있다. 그리스·로마 세계에서는 뿔잔이 원하는 것은 무엇이든 들어주는 풍요의 잔, 즉 최고의 행복을 가져다주는 물건으로 신봉됐음을 알 수 있다.

　뿔잔이 세계 각지에 분포될 수 있었던 건 기마민족들의 활동 반경이 매우 넓었기 때문이다. 특이하게도 신라·가야와는 달리 고구려·백제 지역에선 뿔잔이 사용되지 않았다. 학자들은 고구려·백제와 신라·가야가 서로 다른 부족이었기 때문으로 추정한다. 고구려와 백제의 지배층은 대싱안링 산맥 동쪽에 살던 부여계夫餘系 출신으로, 신라와 가야의 지배층은 대싱안링 산맥 서쪽에서 알타이 산맥에 이르는 북방 기마민족 출신으로 보는 증거로도 인용된다.

　한편 청동제 호형대구나 마형대구馬形帶鉤는 허리띠를 죄는 도구로, 북방 문화를 특징짓는 대표적인 유물이다. 쇠로 만든 대구인 금구金鉤는 단순한 걸쇠라는 의미뿐 아니라 당시의 조각 솜씨까지도 확인할 수 있는 유물이다. 이런 동물 모양 걸쇠의 사용이 기마민족에게서 완전히 자취를 감춘 시기가 대체로 3세기 전후임을 감안하면 영남 지역에서 발견되는 동물 모양 대구도 이 시기 것으로 보인다.

철제 갑주와 마갑

부장품에서 마구는 중요한 의미가 있다. 천마총에서는 비교적 상태가 양호한 안장틀이 넉 점, 안장깔개가 한 점, 등자가 다섯 개, 천마도가 그려진 말다래가 석 점 발견됐다.

안장틀에는 거북등무늬龜甲文로 구획된 투각 금동제 장식을 붙이고 그 아래에 띠고리를 좌우로 한 개씩 붙여놓았다. 안장틀 안쪽에는 줄무늬를 넣어서 짠 비단이 발라져 있어 왕의 안장답게 호화롭다. 안장틀 앞가리개 표면에 붙인 금동 투각 걸쇠의 모든 면에 금달개를 달았다.

이 안장을 당시에 제작된 중국제 안장과 비교하면 어떨까? 신라 안장은 안장틀에 부착된 끈에 띠가리개가 있다. 그러나 중국 안장은 구멍이 뚫려 있어 가죽끈 따위를 달 수 있다.

황남대총 남분에서 발견된 안장틀은 오색찬란한 비단벌레로 장식돼 있다. 마구, 등자, 허리띠 등도 함께 발견돼 고분의 주인공이 누구인가를 다시금 새기게 만든 것으로도 유명하다. 학자들은 황남대총에서 발견된 안장틀처럼 호화로운 마구는 아직 중국뿐 아니라 어떤 지역에서도 발견되지 않았다고 설명한다.

철 갑옷이 가야 지방에서 본격적으로 출토한 것은 1980년부터다. 동래구 복천동 고분군에서 갑옷 한 벌이 거의 온전하게 발굴됐고 곧이어 김해시 대성동에서 철제 갑주류鐵製甲冑類가 다량 발견됐다. 대성동 고분에서는 "몽고발형주蒙古鉢形冑"로도 불리는 종세장판혁철주縱細長版革綴冑, 괘갑挂甲, 종장판단갑縱長版短甲 등이 발굴됐다. 그중에서 종세장판혁철주와 괘갑은 가야 지역에 북방

경주 구정동 3호 무덤에서 발굴된 판갑옷.
©국립 경주박물관

문화가 유입됐음을 보여주는 대표적인 유물이다. 한편 종장판단갑은 영남 지역에서만 발견되므로 가야 지역에서 독자적으로 발전한 것으로 추정된다. 이 유적은 4세기 중반기 이후에 조성된 것으로, 후대로 갈수록 갑주를 부장하는 계층이 많아진다.

가야 지역에서 출토되는 갑옷은 대체로 세로로 긴 철판을 이어 만든 것이다. 주로 보병용이지만 기병용 투구와 함께 출토돼 기병용까지 겸한 것으로 보인다. 비늘처럼 생긴 작은 철판 조각을 꿰어 만든 갑옷은 "찰갑札甲"이라 불린다. 가죽이나 못을 사용해 판을 이어

붙인 것인데 판갑에 견줘 유동성이 있어 기병들이 주로 사용한 것으로 추정된다.

갑옷은 철판 두께가 1밀리미터가량이다. 입고 벗기 편하도록 경첩을 달아 양쪽 판이 열리고 닫히게 돼 있다. 많은 사람들이 사진만 보고 갑옷의 무게 때문에 실전에서 제대로 사용할 수 있을까 궁금해하지만 생각보다는 무겁지 않고 몸을 움직이는 데도 불편하지 않다. 그러므로 가야 무사들이 철 투구, 목가리개, 팔뚝 가리개, 다리 가리개를 하면 거의 완벽한 방어가 가능하다.

김해 퇴래리 판갑옷은 27개 조각으로 구성돼 있다. 곡면 처리가 되도록 입체적으로 재단했는데 오늘날 쓰이는 리베팅riveting과 같은 방법으로 연결한 것이다. 갑옷에 사용된 못은 80개가 넘으며 일일이 리베팅했다. 종장판단갑은 긴 철판을 세로로 리베팅했지만 작은 비늘처럼 생긴 철판 조각을 연결했다. 가죽 갑옷이 대부분인 시기에 이런 철 갑옷을 만들었다는 것에서 당시에 철기 제작 기술이 매우 발달했다는 사실을 알 수 있다.

가야 기병은 사람만이 아니라 말까지 갑옷을 입힌 개마무사였다. 개마鎧馬란 기병이 타는 말에 갑옷을 입힌 것을 말하며 개마에 타고 중무장한 기병을 "개마무사"라고 불렀다. 함안 마갑총에서 말의 몸통과 가슴, 목까지 덮을 수 있는 유물이 발견됐는데 철조각으로 이어 만든 것이었다.

말까지 철갑을 입혔다는 것은 철기 수준이 상당히 높았다는 것을 의미한다. 한반도 남부에서 발견되는 가야 지역의 개마무사 집단은 동시대에 가장 두드러진 존재였을 것이다. 4세기 전반까지도 신라에

선 이런 기마 집단이 존재하지 않았다. 그래서 학자들은 4세기까지는 가야가 신라보다 우위에 있었다고 추정하기도 한다.

말을 극진하게 매장한 마갑총, 말 모양으로 장식한 뿔잔, 금은보석과 비단벌레 날개로 장식한 안장 등이 발견되는 것을 보면 신라인들이 말을 얼마나 사랑했는지 알 수 있다. 이는 흉노가 말에 강한 신뢰와 애정을 쏟았던 것과 비교할 만하다. 요시미츠 츠네오는 말의 빗이나 채찍과 더불어 젊은 남녀를 공물로 바친다는 생각은 흉노에게서 비롯된 풍습이라고 설명했다.

묘제의 분화와 선행 분묘의 파괴

무덤은 지역 집단이 함께 참여해 축조하는 것이므로 많은 학자들이 무덤 유형의 전환을 해당 지역의 문화가 어떻게 전환됐는지를 보여주는 획기적인 사항으로 다룬다. 그런데 영남 지역에 2세기 중엽 또는 후반에 기와질토기의 출현과 동시에 목곽묘가 처음 등장한다. 이때 나타난 목곽묘는 영남 지역에서는 지역 차가 인정되지 않는 변한·진한의 공동 묘제였다. 그런데 갑자기 낙동강 하류를 중심으로 한 김해형 목곽묘와 경주·울산을 중심으로 하는 경주형 목곽묘로 완전히 달라진다.

목곽묘가 가야 지역에서 출현했다는 것 자체를 "3세기 밀의 대변혁"이라는 말로 압축해 설명하기도 하는데 특이한 것은 유례를 찾아볼 수 없었던 선행 분묘 파괴 현상이 나타났다는 점이다. 특히 북방 문화로 대변되는 김해형 목곽묘가 나타나면서 앞서 조성된 무덤들이 파괴됐다.

분묘는 제사 행위를 하는 장소로, 자신과 선조의 계승 관계를 확인하는 곳이므로 분묘 파괴 행위는 계승 관계를 단절하겠다는 의미가 포함되지 않는 한 자연적으로 발생하는 행위가 아니다. 따라서 이런 행위가 갑자기 일어났다는 것은 북방 문화의 유입이 기존 토착 문화를 배척하며 나타났다는 것을 뜻한다.

훈족이 어떤 종교를 섬겼는지는 알려진 게 없지만 아르메니아의 연대기 작가인 모세스 다스쿠란키는 훈족이 "악마에게 홀려 나무를 숭배하는 잘못"을 저지르고 있다고 기록했다. 그리고 그는 악귀가 접근하지 못하도록 훈족은 마을 앞에 말의 두개골을 장대에 꽂아 세웠다고 적었다. 평화를 상징하는 토템으로 곰을 숭배한다는 기록도 남겼다.

특히 훈족이 나무에 빨간 헝겊 등을 매달고 기원했다는 기록이 있는데 이는 마을 입구에 장승이나 솟대 등을 세우고 자신의 염원을 비는 한국인과 매우 유사한 모습이다. 그뿐만 아니라 곰을 토템으로 삼았다는 점 또한 주목할 만하다. 단군신화에 곰 이야기가 나온다는 점을 봐도 훈족과 한민족의 친연성을 짐작할 수 있겠다.

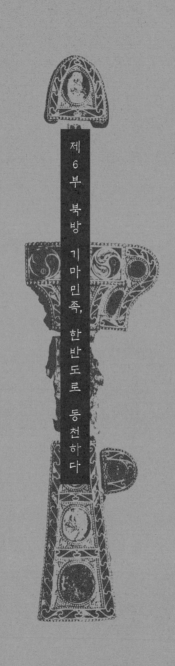

제 6 부 북방 기마 민족, 한반도로 동천하다

늦어도 1세기에서 3세기 후반까지 마한馬韓·진한辰韓·변한弁韓이라는 삼한이 한반도 중부 지역과 남부 지역에 존재했다. 마한은 50여 개국으로, 진한과 변한은 각각 열두 개국으로 구성됐는데 마한은 구성원인 백제국에 통합돼 백제 왕국이 됐고 진한도 사로국斯盧國에 통합돼 신라로 발전했다.

그런데 기록을 보면 진나라에서 난리를 피해 이동한 집단이 있었다. 제6부에서 우리는 기록에 나오는 이동 집단과 삼한의 지배 세력이 어떤 관계인지를 확인할 것이다.

왜 한반도인가

흉노가 동쪽으로 간 까닭은

진한은 옛날의 진국辰國으로, 마한의 동쪽에 있다. 그 나라 노인들이 대대로 전하는 바로는 자신들은 옛날에 도망쳐 온 사람들의 자손으로, 진나라의 부역을 피해 한나라로 왔는데 마한이 그 동쪽 국경 지방을 떼어 줬다고 한다.

《삼국지》

(혁거세 왕이) 호공을 마한에 보내 방문했다. 마한 왕이 호공을 꾸짖어 말하기를 "진한과 변한 두 한은 내 속국인데 근래에 조공을 바치지 않았다. 사대의 예가 이와 같을 수가 있는가?" 이보다 앞서 진나라에서 일어난 난리로 동쪽으로 온 중국인이 많았는데 대다수가 마한의 동쪽에 자리 잡고 있는 진한과 섞여 살았다. 이에 이르러 신한은 점차 강성하게 됐기 때문에 마한이 이를 꺼려 책망했다.

《삼국사기》

이 자료를 보면 진나라에서 난리를 피해 이동한 집단은 두 번에 걸쳐 이동했다고 할 수 있다. 진나라의 역役은 요동에 장성을 쌓는 일에 동원된 노역을 말하는 것으로 보인다. 후대의 유민 집단은 연·제·조의 망명자를 포함한 백성들로, 요동 지역이나 산동 지역의 주민들이 중심이었을 것이다. 연인燕人 위만衛滿이 상투를 틀고 오랑캐 옷을 입고 망명했다는 기록을 보면 이들은 연·제·조의 지배를 받던 동이족이었을 것으로 추정된다.

이 유민들 중에서 먼저 이동해 온 집단은 마한의 동쪽에 정착해 진한을 만들었고 그 뒤에 이동해 온 집단도 마한의 동쪽에 자리해 진한과 병존하다가 변한으로 성장한 것으로 볼 수 있다. 특이한 것은 《삼국지》〈위지〉〈동이전〉에 진한과 마한의 언어가 서로 달랐다는 기록도 있다는 점이다. 이것은 진한과 마한의 구성 요인이 서로 다르다는 사실을 암시한다.

변한의 성립 시기에 대해서는 많은 이론이 있으나 학자들은 대부분 가야의 건국을 중요 기점으로 잡는다는 점에서는 견해가 일치한다. 그러나 시기에 대해서는 기원전 2세기 이전부터 기원후 3세기 중엽까지로 무려 5세기나 차이를 보인다. 김태식은 가야의 시초에 관해 《삼국유사三國遺事》에 실린 〈가락국기駕洛國記〉를 기준으로 삼으면 서기 42년을 상한으로, 《위지》〈한전〉을 기준으로 삼으면 3세기 전반을 하한으로 삼을 수 있다고 적었다.[01] 고고학적 발굴을 근거로 한다면 가야의 개국년은 대체로 2세기 전반 무렵으로 추정된다.

가야는 우리가 아직도 풀어야 할 숙제가 많이 남아 있다는 사실을 알려준다. 금관가야의 건국 설화 중에서 흥미로운 것은 북방계를

포함한 중국 유민들이 도래했다는 것이다. 흉노와 직접 관련된 내용을 정리하면 다음과 같다.[02]

첫째, 아도간我刀干, 여도간汝刀干, 피도간彼刀干 등 아홉 간이 백성을 이끌고 농경 생활을 했다. 건무 18년42년 3월 계욕禊浴의 날에 구지봉龜旨峯에 하늘에서 금합金盒이 내려왔는데 그 속을 보니 황금색을 띤 알이 여섯 개 들어 있었다. 알에서 태어난 맏이 수로가 가락국을 세우고 나머지 다섯 명인도 각각 다섯 가야의 주인이 됐다.

둘째, 북방의 철기 문명을 습득한 수로계首露系가 변진 지역에 도착해 1세기께 나라를 세웠다. 가야 지방이 쉽게 정치적으로 통일되지 못한 것은 변진의 기마 철기인들이 중심 부족에서 빠져나갔기 때문인 듯하다.

셋째, 흉노족 휴저왕은 소호금천씨小昊金天氏의 후예로, 금인金人을 만들어 하늘에 제사를 지내니 한 무제가 투후秺侯, 지금의 중국 하남성 일대인 투 지방을 다스리는 제후 벼슬라는 영작을 주고 금부처로 제사 지냈다고 김씨를 사성賜姓했다. 그 휴저왕의 아들이 김일金日 또는 김일제金日磾이다. 일제의 증손이 후한 말에 새로운 나라를 세운 왕망이다. 왕망이 패망하고 김일제의 족당이 유랑하다가 17년 만에 김해에 도착해 가락국을 세운 것이 42년이다.

3세기 중엽 이후에 마한은 백제로, 진한은 신라로 통합되는데 변한은 가야라는 명칭으로 나온다. 이는 3세기 말 또는 4세기 초에 변한이 가야로 전환된 것을 의미하지만 가야사는 일국사가 아니라 다양한 여러 나라를 포괄한다는 점이 백제사나 신라사와 다르다. 그러므로 가야라 함은 김해·동래 지역 등을 중심으로 한 금관가야, 고령 지역을 중심으로 한 대가야 등과 함께 모든 가야국임나가야任那加羅도 포함을 뜻한다. 가야의 영역을 따지면 대체로 경상북도 상주군, 성주군, 밀양군을 포괄한다.

변한 사회가 가야 사회로 전환됐다는 것은 변한이 마한에 종속된 관계를 청산하고 새로운 사회를 성립시켰다는 것을 의미한다. 변한이 마한과의 관계를 청산할 수 있던 것은 역사적인 전통이 마한과 다르고 낙동강과 황강 등으로 자연지리적 환경이 서로 달랐기 때문이다. 이 과정에서 북방 기마민족의 유물이 갑자기 가야 지역에서 발견되는 것은 가야 지역에서 대격변이 일어났다는 점을 보여준다. 마한 세력과 결별한 세력이 가야라는 새로운 지배 세력으로 등장한 것이다.

앞에서 나는 중국과 혈투를 벌인 흉노 일파가 서천을 하면서 결국 서로마제국의 멸망을 초래했음은 물론 다른 한 일파가 동천해 가야와 신라 지역에 유입됐다고 설명했다.[03] 여기에서 한 가지 의문이 생긴다. 중국과의 전투 중에서 한 부류가 유럽 지역으로 서천을 해 훈족으로 성장했다는 것은 이해할 수 있다. 그러나 또 한 부류가 동천하면서 하필이면 왜 한반도 끝자락에 정착했을까?

진한, 변한 지역으로 가려면 육로나 해로를 이용해야 하는데 둘다 그리 만만한 일이 아니다. 육로로는 우선 막강한 고구려 영토를 지나고 백제를 거쳐야 한다. 이 지역을 많은 피난민들이 아무런 견제 없이 통과한다는 것이 쉬운 일은 아니다. 해로 또한 어려운 것은 마찬가지다. 중국 연안 지역에서 배를 타고 왔다면 상식적으로 가까운 백제 지역에 먼저 닿았을 수밖에 없다.

그러나 중국 북부에서 육지로 내려왔다면 고구려와 백제 지역을 어떻게 통과할 수 있느냐는 의문은 유민이 얼마나 큰 집단이었느냐에 달렸다고 볼 수 있다. 과거에는 국경이 지금처럼 엄격하게 관리되지 않았음은 자명한 일이다. 특히 고구려는 거점 위주로 국경을 관리했으므로 적은 무리로 거점만 피한다면 한반도 남쪽까지 내려오는 것이 불가능한 일은 아닐 것이다.

현재 중국이 국경을 철통같이 경비하지만 북한을 탈출해 중국에 불법 입국하는 북한 사람이 수십만 명에 이른다는 점을 보면 흉노 유민이 소수로 나뉘어 장기간에 걸쳐 한반도로 내려오는 것도 가능할 듯하다. 바닷길로 왔다고 해도 백제 지역에 반드시 먼저 도착해야 하는 것은 아니다.

그럼에도 북방 기마민족이 한반도 최남단인 진한, 변한 지역을 종착지로 삼았다는 가설에는 어떤 연유로 진한, 변한 지역을 목표로 삼았느냐 하는 의문이 들기 마련이다. 이 질문에 대한 해답을 정확히 찾아내는 것은 어려운 일이지만 《삼국유사》와 《삼국지》〈위지〉〈동이전〉에 이 당시 정황을 추론할 만한 기록이 있다. 우선 신라의 제4대 탈해왕에 대해 먼저 설명하겠다.

말을 마치자 사내아이는 지팡이를 짚고 두 노비를 이끌고는 토함산으로 올라가 석총石塚을 만들었다. 7일 동안 머무르며 성안에 살 만한 곳이 있는지 살펴보니 초승달처럼 생긴 한 봉우리가 있었다. 오래 살 만한 땅이었다. 곧 내려가서 살펴보니 바로 호공瓠公의 집이었다. 이에 계책을 써서 몰래 그 옆에 숫돌과 숯을 묻어놓고 이튿날 이른아침에 그 집 문에 이르러서 말하기를 "이곳은 우리 할아버지가 살던 집이다"라고 하니 호공은 아니라고 했다. 다툼이 결판나지 않아서 관에 고하니 관에서 말하기를 "무슨 근거로 너희 집이라고 하느냐?"라고 했다. 아이가 말하기를 "저는 본래 대장장이인데 잠깐 이웃 고을에 간 사이에 이 사람이 차지해 살고 있는 것입니다. 청컨대 땅을 파보십시오"라고 했다. 그 말대로 하니 과연 숫돌과 숯이 나왔으므로 석탈해는 호공의 집을 빼앗아 자기 집으로 했다.

이 이야기는 단순히 탈해가 바다에서 와서 호공의 집을 빼앗아 왕위에 올랐다는 데 그치지 않는다. 그가 숫돌과 숯을 가진 대장장이라는 사실은 철기 문화를 습득한 이주민을 상징하는 것으로 해석된다. 게다가 그가 토함산에 올라 호공의 집이 살 만한 곳이었음을 살펴봤다는 대목은 군사적 요충지를 점령하려 한 이주 세력의 등장을 잘 보여준다.[04]

결국 호공이라는 토착 세력은 이주 세력인 탈해에게 집과 땅을 빼앗기고 말았다. 당시 새로운 철기를 갖고 있다는 것은 강력한 힘과 무기를 지닌 것이나 다름없으므로 토착 세력을 제압하는 것은 어려운 일이 아니었을 것이다.

철기로 무장한 기마민족

《삼국지》〈위지〉〈동이전〉에 진한, 변한 지역이 얼마나 중요했는지를 보여주는 글이 있다.

이 나라변한과 _{진한}에서는 철이 생산되는데, 한漢·예濊·왜인倭人들이 모두 와서 가져간다. 시장에서 물건을 사고 팔 때는 철로 거래해 마치 중국에서 돈을 쓰는 것과 같다. 이 철은 낙랑과 대방의 두 군에도 공급된다.

이처럼 한반도 남부는 유력한 제철 기지였다. 유목민인 흉노가 강성해진 비밀은 철기 문화를 익히고 강력한 기마 집단으로 무장했기 때문이라는 점은 이미 설명했다. 그러므로 그들에게 가장 중요한 것은 제철 기지를 확보하는 것이었다. 진한, 변한 지역에서 질 좋은 철 광석이 많이 생산된다는 정보를 어떤 경로로든 알고 있었다면 석탈해昔脫解, 김알지金閼智, 김수로金首露 등 흉노족 유민들이 다른 지역을 제치고 왜 가야와 신라를 최종 목적지로 삼았는지를 충분히 이해할 수 있다.

그렇다면 한반도 중부 이남 지역 어디에서 철이 많이 생산됐는지가 관심사다. 경기도 가평군 마장리 철기 유적과 양평군 대심리 철기 유적을 제외하면 삼한 지역 최대 제철 유적은 충청북도 진천군 덕산면 석장리 유적이다. 1994년 11월에 발견된 석장리 유적은 차령산맥에서 뻗은 산지 서쪽과 역시 차령산맥 지맥인 두타산 동쪽 사이 언덕에 자리 잡고 있다. 황규호는 대지상구릉臺地狀丘陵에 자리 잡은 거의 완벽한 "철의 언덕"이라고 적었다.

석장리 유적이 한국사에서 중요한 위치를 차지하는 것은 한반도에서는 처음으로 철광석에서 쇠를 뽑아내는 제련 공정에서부터 쇠를 도가니에 넣어 녹이는 용해 공정, 쇠를 달구고 두드려서 필요한 물건을 만드는 단야 공정까지를 다 갖췄기 때문이다. 이곳에서 발견된 유적은 철 생산과 제작에 관련한 터만 해도 모두 서른여섯 군데나 된다.

유적에서 발굴된 화덕 가운데는 도랑이 달린 긴 사각형 상형로도 보인다. 도랑은 상형로에서 쇠 찌꺼기를 빼내는 배재구拜滓溝로 추정된다. 지름 1.3미터인 원형로 하나는 화덕 벽 한쪽이 트인 채 발굴됐다. 이는 화덕의 열을 올리기 위해 풀무로 바람을 불어넣는 송풍관을 설치하기 위해 일부러 비워둔 것이다.

가장 주목을 끈 유물은 철기를 직접 제작하는 데 쓴 것으로 짐작되는 범심范芯 조각이다. 쇳물을 부어 쇠도끼를 찍어낸 것으로 보이는 범심 조각도 발견됐다. 게다가 송풍관 조각과 쇳물을 녹일 때 사용한 도가니도 나왔다. 도가니는 용해로鎔解爐가 존재한 사실을 뒷받침한다.

학자들이 철의 언덕 석장리에 주목하는 것은 철에 관한 과학성이 깃들어 있기 때문이다. 쇠를 녹일 때 쓰기 위해 준비한 석회석과 짐승 뼈, 조개껍질 등이 발견돼 철 생산의 과학성이 입증됐다. 석회석과 짐승 뼈, 조개껍질 등은 쇠에 함유된 탄소를 낮추는 탈탄제脫炭劑나 쇠를 녹일 때 녹는점을 떨어뜨리는 용매제로 사용됐을 것이다. 철광석과 냇바닥에서 채취한 사철 알갱이도 발견됐다.[05]

이 유적은 3세기에서 5세기 무렵에 조성된 백제 시대 유적으로 밝혀졌지만 고구려에 병합돼 통치된 적이 있으므로 고구려의 영향을 받은 것으로 보인다. 학자들은 진천이 철 산지가 아니기 때문에 우리나라 3대 철광석 산지 중 하나인 충주에서 철을 가져왔을 것으로 추정한다. 정종목은 고구려·백제·신라가 중원을 중심으로 각축을 벌인 이유 중 하나가 바로 철광석 때문이라고 밝혔다.[06]

이 지역을 제외하면 지금까지 발굴된 철기 유적은 주로 경주 지방과 김해 지방에 집중돼 있다. 경주 지방 철기 유적은 경주 월성리, 구정리, 임실리, 대구시 비산동에서, 김해 지방 철기 유적은 김해시 양동리, 회현리, 동래, 마산에서 발굴됐다. 고령 지역이 협소한 산간 지대였음에도 고령가야가 강국으로 성장해 5세기 후반부터 6세기 전반에 걸쳐 가야의 중심 국가가 될 수 있었던 까닭 또한 한때 그곳이 철 산지였기 때문이다. 고령 인근인 합천군 야로면冶爐面은 지명 자체가 철기 생산과 밀접한 관련이 있는데 실제로 조선 시대에는 대표적인 철 생산지였다. 철이 풍부한 이 지역을 확보한 덕분에 고령가야가 지리적 약점을 극복하고 후기 가야 연맹을 주도할 수 있었던 것이다.[07]

여하튼 오늘날 경상남도 남부 지방에는 사철이 많이 매장돼 있고 동래와 김해 지역이 철 생산지로 확인되는 것도 이 지역이 철광업 중심 지역이었음을 알려준다. 경상남도 양산시에 있는 물금광산은 1990년대에도 철광석을 생산했는데 이곳 또한 가야의 철산지로 추정된다. 이 일대 철광석은 자철광으로, 철 함량이 75퍼센트를 넘어 질이 매우 우수하다.[08]

북방 기마민족이 정착할 지역으로 제철 기술을 발휘할 수 있는 지역을 찾는 것은 매우 당연한 일이었다. 북방 기마민족이 동천할 때 고구려와 백제는 상대적으로 강력한 국가로 존재하고 있으므로 이들의 영향력이 미치지 못하고 기반이 취약한 진한, 변한 지역을 선정했다는 것이 자연스러운 추론일 것이다.

한반도 남부에 정착한 유민이 북방 기마민족이기는 하지만 이들이 고구려계인 부여족과 선비족으로 이해하는 설도 있음을 부연해 설명한다. 신경철은 부여족이 남하해 가야와 신라의 지배계급이 됐다며 부여가 앞에서 언급한 모든 북방 문물과 습속을 구비했다고 설명한다. 코벨도 가야 지방에 산 사람들은 동부여에서 내려온 민족이며 이들이 신라와 합류했다고 추정한다. 기원전 109년에 무제가 한반도 북방 지역에 한사군漢四郡을 설치하자 밀려난 부여족夫餘族 무리가 김해로 남하해 가야를 건설했다는 것이다.[09]

신경철은 부여족의 남하 동기와 그 '루트'를 《통전通典》과 《진서晉書》〈부여전夫餘傳〉에서 찾았다. 서기 285년에 선비족이 부여를 습격해 부여 왕이 죽자 왕족들은 옥저沃沮로 달아났다. 왕족 중 일부가 부여로 되돌아갔으나 대부분은 옥저의 항해술을 이용해 동해를 따라 단숨에 신라로 내려왔다는 것이다. 동해 북쪽에 옥저가 자리 잡고 있었으므로 함경북도에서 경상남도 김해에 이르는 해로를 이용하는 것이 어렵지 않았을 것이라는 추정이다.[10]

342년에는 선비족인 모용황慕容皝이 고구려를 침공해 환도성이 함락되는 등 혈투가 벌어진다. 이때 모용황의 군인 중 일부가 한반도 동해안을 따라 신라로 가 왕위를 찬탈하고 가야 지역을 점령했다는 설이다.[11] 이 설에 대해서 주보돈은 문헌에 적힌 연대가 불확실하다는 점과 3세기 말 이후에도 가야라는 국명을 그대로 따랐다는 점을 이유로 반론을 제기했다.

두 가설에 등장하는 유민도 북방 기마민족임이 틀림없다. 그러므로 이들 중 일부가 한반도 남부에 정착했다면 북방 기마민족이 가장 중요하게 여기는 제철 기지 확보를 최우선으로 삼았을 것이라는 추정이 성립한다.

5세기 초부터 김해 지역에서 대형 분묘의 축조가 중단되는데 이는 금관가야 등의 급격한 쇄락을 의미한다. 이런 현상은 광개토태왕이 남정400년에 나서고 신라가 가야를 지배하면서 가야인 중 일부가 일본으로 건너갔기 때문인 것으로 보인다. 대성동 고분군의 축조가 중단된 것과 동시에 일본에서 일본 토기 스에키須惠器가 생산된 것도 당시에 일본 열도로 이주한 한반도 남부 주민 중에 도공이 있었기 때문이라는 설명이다. 이는 일본에서 말하는 도래인집단渡來人集團을 의미한다.

신라 김씨와 가야 김씨의 시조 김일제

소호금천씨와 김일제

한민족과 흉노의 친연성은 문헌 사료로만 검토할 때 다소 확실치 않을 수 있지만 가야·신라를 흉노에 연계하면 이들 사이의 친연성이 뚜렷하게 나타난다. 신라와 가야가 곽거병에게 격파된 휴저왕 태자 김일제와 모두 연결돼 있기 때문이다.

《삼국사기》〈백제본기 제6〉〈의자왕〉을 보면 김부식은 자신의 견해라며 다음과 같이 적었다.

신라 고사에는 "하늘이 금궤를 내려보냈기에 성을 김씨로 삼았다"고 하는데 그 말이 괴이해 믿을 수 없으나 내가 역사를 편찬하는 사람으로서 이 말이 전해 내려온 지 오래되니 이를 없앨 수가 없었다. 또한 듣건대 신라 사람들은 스스로 소호금천씨의 후손이라 해 김씨로 성을 삼았다고 한다. 국자박사國子博士 설인선薛因宣이 지은 김유신비金庾信碑와 박거물朴居勿이 글을 만들고 요극일姚克一이 글씨를 쓴

삼랑사비문三郞寺碑文에 보인다.

《삼국사기》〈김유신 열전〉에도 소호금천씨 이야기가 등장한다.

김유신은 경주 사람이다. 12대조 수로는 어느 곳 사람인지 모른
다. 그는 후한 건무 18년 임인에 귀봉에 올라가 가락의 구촌을 바라
보고 마침내 그곳으로 가서 국가를 건설하고 국호를 가야라 했다가
후에 금관국으로 고쳤다. 그 자손이 대대로 이어져 9대 자손인 구해
에 이르렀다. 구차휴라고도 하는 구해는 유신에게는 증조부다. 신라
인들은 스스로 소호금천씨의 후예라고 생각해 성을 김이라 한다고
했고 유신의 비문에도 "헌원軒轅의 후예이며 소호의 종손少昊之胤"이라
했으니 남가야 시조 수로도 신라와 동성이다.

헌원은 중국이 시조로 인식하는 황제黃帝를 뜻하는데 소호가 황
제의 아들이자 후계자로서 소호금천씨라 불렸다는 설도 있다. 신라
김씨 외에도 금관가야 건국 시조 김수로에서 시작된 김유신 가문의
가락 김씨김해 김씨 또한 뿌리를 같은 소호금천씨에서 찾고 있음을 알
수 있다.[12] 최근에 부산외국어대학교 권덕영 교수가 공개한 〈대당고
김씨부인묘명大唐故金氏夫人墓銘〉에도 시조를 소호금천씨로 밝혔다김씨 부
인은 당나라에 사는 신라 사람인 김충의金忠義의 손녀이자 김공량金公亮의 딸이다. 864년에
작성된 이 묘지명에는 신라 김씨가 소호금천씨에게서 시작됐고 김일
제는 그 후손이라고 적혀 있다. 현재 묘지명은 중국 산시陝西 성 시안
시 비림박물관에 보관돼 있는데 묘비의 주요 내용은 다음과 같다.

태상천자太上天子께서 나라를 태평하게 하시고 집안을 열어 드러내셨으니 이듬해 소호씨금천少昊氏金天이라 하니 이분이 곧 우리 집안이 성씨를 받게 된 세조世祖시다. 그 후에 유파가 갈라지고 갈래가 나뉘어 번창하고 빛나서 온 천하에 만연하니 이미 그 수효가 많고도 많도다.

먼 조상 이름은 일제日磾시니 흉노 조정에 몸담고 계시다가 서한西漢에 투항하시어 무제武帝 아래서 벼슬하셨다. 명예와 절개를 중히 여기니 (황제께서) 그를 발탁해 시중과 상시에 임명하고 투정후에 봉하시니 이후 7대에 걸쳐 벼슬함에 눈부신 활약이 있었다. 이로 말미암아 경조군에 정착하게 되니 이런 일은 사책에 기록됐다. 견줘 그보다 더 클 수 없는 일을 하면 몇 세대 후에 어진 이가 나타난다는 말을 여기서 징험할 수 있다. 한漢이 덕을 드러내 보이지 않고 난리가 나 괴로움을 겪게 되자 곡식을 싸들고 나라를 떠나 난을 피해 멀리까지 이르렀다. 그러므로 우리 집안은 멀리 떨어진 요동에 숨어 살게 됐다.

(중략)

연이어 병을 앓아 무당과 편작扁鵲 같은 의원도 병을 다스리지 못하다가 함통咸通 5년864년 5월 29일 영표에서 돌아가시니 향년 32세다. 단공端公, 시어사의 별칭으로, 김씨 부인의 남편은 지난날의 평생을 추모해 신체를 그대로 보전해 산을 넘고 강 건너기를 마치 평평한 땅과 작은 개울 건너듯 하며 어렵고 험함을 피하지 않고 굳은 마음으로 영구靈柩를 마주 대하며 마침내 대대로 살던 고향으로 돌아왔다.

묘지명에는 김일제 이후 7대 때 중국이 전란으로 시끄러워지자 후손들이 요동으로 피난해 거기에서 번성했다고 적혀 있다. 여기에서 후손들이 요동으로 피난했다는 지역은 과거 고구려 영역이자 지금의 만주 일대를 말하지만 묘지명의 문맥으로 보건대 신라를 말하고 있음이 분명하다.[13]

국립 경주박물관에 있는 문무왕文武王의 능비문陵碑文에도 문무왕의 혈통이 정확하게 적혀 있다. "문무대왕릉비"라고 불리는 이 능비문은 1796년에 경주에서 밭을 갈던 농부가 발견해 당시 경주 부윤인 홍양호洪良浩가 이를 탁본해서 공개했다.

이 비는 문무왕이 사망한 681년 또는 이듬해에 세운 것으로 추정된다. 앞면에는 신라에 대한 찬미, 신라 김씨의 내력, 태종무열왕과 문무왕의 치적, 백제 평정 등과 함께 문무왕의 유언, 장례, 비명 등이 적혀 있다. 그러나 이 비문은 중요성을 인정받지 못하고 일제강점기에는 빨래판으로 사용되다가 두 조각이 됐다고 한다. 능비문에 적힌 부분 중에서 주목되는 내용은 다음과 같다.

신라 선조들의 신령스러운 영원투후가 된 김일제가 받은 땅이라는 해석도 있음은 먼 곳으로부터 계승돼온 화관지후火官之后니 그 바탕을 창성하게 해 높은 짜임이 융성했다. 종宗과 지枝의 이어짐이 비로소 생겨 영이한 투후秺侯는 하늘에 제사 지낼 아들로 태어났다. 7대를 전하니 (거기서 출자出自한) 바다.

문무왕은 화관지후火官之后의 후예라는 말인데 화관지후는 중국이 자랑하는 순임금을 뜻하므로 순임금이 투후인 김일제, 김알지로 이어졌다는 설명이다. 《삼국사기》, 《삼국유사》, 〈대당고김씨부인묘명〉에서 소호금천씨를 시조로 적은 것과는 다소 다르다. 그러나 이 사료들이 모두 이보다 몇천 년 후대 사람인 투후 김일제가 중시조라는 점을 명백하게 언급하고 있다. 여기에서 투후란 지금의 중국 허난 성 일대인 투 지방을 다스리는 제후 벼슬이다.[14]

김일제는 누구인가

지금까지 나는 신라 김씨와 가야 김씨의 시조가 흉노 휴저왕의 태자 김일제라는 사실을 설명했다. 따라서 김일제는 우리나라 역사에서 매우 중요한 위치를 차지한다. 한마디로 한민족의 25퍼센트 이상이 김씨, 이씨, 박씨라고 하는데 그중에서도 가장 많은 성은 단연 김씨다. 김씨의 시조라고 불리는 김일제는 어떤 사람일까? 김일제에 대해 조금 더 설명하겠다.

김일제는 지금의 간쑤 성 허시 지방 출신으로, 우현왕 휴저왕의 태자로 태어났다. 그러나 기원전 121년에 곽거병에게 언지산옌즈 산 인근에서 생포됐다. 당시 김일제는 열네 살이었는데 어머니 알씨關氏, 동생 윤倫과 함께 포로가 됐다. 무제는 흉노의 황태자인 김일제를 궁정의 말을 기르는 마장馬場에 배치했다.

그러던 어느 날 무제가 연회를 베풀면서 궁정에서 사육하는 말을 사열했다. 김일제를 비롯한 수십 명이 자기가 기르는 말을 끌고 무제 앞을 지나는데 다른 말지기들은 화려하게 차려입은 궁녀들을 힐

굿힐굿 바라봤지만 김일제는 묵묵히 말을 끌고 걸어 나갔다. 김일제는 키가 8척 2촌183센티미터으로, 매우 체격이 큰 사람이었는데 그의 행동은 곧바로 무제의 눈길을 끌었다. 무제는 곧바로 김일제를 말지기 총책임자인 마감馬監으로 임명했다.

무제는 김일제에게 흉노의 제천금인祭天金人을 뜻하는 김金을 성으로 하사했다. 앞에서 김씨의 시조로 화관지후 등이 거론되고 중시조로 김일제를 거론된다고 했지만 족보 전문가인 장렌위안張人元은 김일제가 무제에게 김씨 성을 받고서야 비로소 김씨가 시작됐다고 적었다. 그는 당시 상황을 다음과 같이 설명했다.

> 곽거병이 휴저왕의 제천금인을 노획해 무제에게 바쳤다. 무제가 금으로 만든 금인상金人像을 보고 일제에게 묻기를 "이 금인상이 흉노의 국보인가?" 하니 일제가 "확실한 국보입니다. 이것은 흉노 선우가 하늘에 제사 지내는 금인상인데 저는 본래 하늘에 제사를 지내는 주사관입니다"라고 했다. 무제가 기뻐하며 "내가 너를 조정의 시랑으로 봉하니 이곳에서 제사와 예절을 전담하라. 너에게 김씨 성을 하사해 후세 사람들로 하여금 네가 금인을 전문으로 모시던 제사관이라는 것을 알게 할 것이다"라고 했다.[15]

이 설명은 무제가 흉노한테서 빼앗은 금인을 투후가 된 김일제에게 돌려주고 그의 성을 김이라고 사성賜姓했다는 것을 의미한다. 김일제는 계속 무제의 신임을 받아 부마도위, 광록대부가 됐고 무제가 출타할 때 오른쪽에 배승陪乘해 황제를 경호했다. 무제가 김일제를 신임하니 곧바로 많은 신하들이 오랑캐 출신을 신임하는 것은 망동이라며 불만을 토로했지만 무제는 개의치 않았다.

시중 망하라莽何羅의 반역을 적발한 일은 무제가 김일제를 더욱 신임하게 된 사건이었다. 무제가 임광궁林光宮에 행차할 때 김일제도 수행했다. 김일제는 때마침 몸이 아파 위사실衛士室에서 쉬고 있는데 망하라가 무제를 죽이기 위해 단도를 품고 무제의 침소로 침입했다. 마침 일제가 변소를 가다가 망하라를 발견해 그를 넘어뜨렸는데 망하라한테서 궁에서는 허락되지 않는 칼이 나온 것이다. 한눈에 사태를 파악한 김일제가 곧바로 "망하라의 반란이요"라고 외쳐 망하라의 반역이 실패로 돌아갔다.[16]

무제는 김일제를 제후국의 왕인 투후로 봉해 김일제의 후손들까지 대대로 후侯를 계승했다. 무제는 죽을 때 김일제에게 어린 소제昭帝를 보필하라는 유조遺詔를 남길 정도로 김일제를 믿었는데 김일제의 가문은 왕망이 신나라를 건설하는 바람에 격변에 휩싸인다.

김일제는 큰아들 김상金賞과 동생 김건金建이 있었는데 김건의 손자인 김당金當의 어머니 남南과 왕망의 처 공현군攻顯君은 자매였다. 그러므로 왕망은 김당의 이모부가 되므로 왕망이 전권을 잡는 데 외가인 김씨 가문이 상당히 공헌하면서 실세로 떠오른다. 왕망의 고모인 원후가 원제의 왕후가 될 수 있었던 것은 김일제의 동생 김윤의 아들 김안상이 선제의 비인 허 황후의 아버지 평은후 허광한許廣漢과 가까웠기 때문으로 보인다.

곽씨 가문과 김씨 가문의 관계는 허 황후가 독살되면서 급변했다. 곽거병의 동생 곽광이 실권을 잡자 허 황후를 독살하고 자신의 막내딸을 황후로 내세웠다. 허광한이 곽씨 일파의 허 황후 살해 사건을 폭로하지만 곽씨들은 쿠데타로 대응했다. 이때 김안상은 자신의 부인이 곽씨임에도 곽씨 편을 들지 않았다. 반란군이 성문을 열지 못하게 해 반란이 실패하는 데 결정적인 공헌을 했다. 이 공으로 김안상은 선제에게 총애를 받았고 선제의 뒤를 이은 원제 때에는 더욱 신임을 받았다. 원제는 선제와 허 황후 사이에서 태어난 태자 석奭으로, 사실 김안상은 석을 황제로 만든 사람이나 마찬가지였다. 김씨 일가가 왕망에게 결정적인 힘이 됐음은 물론이다.[17]

북방 기마민족의 천손임을 자부하는 김씨 일가가 한나라를 멸망시키는 데 크게 기여한 것은 《한서》 〈왕망전〉에도 나온다. 한나라를 멸망시킨 왕망은 고작 15년 만에 후한 광무제 유수에게 멸망한다. 후한을 세운 광무제는 한나라를 멸망시키는 데 공헌한 김일제의 후손을 철저하게 제거하기 시작한다. 그러자 원래 북방 기마민족인 김일제의 후손들 대부분은 자신의 원래 본거지인 휴도국休屠國으로 도주하고 성을 왕王씨로 바꾼다.

광무제에게 쫓긴 김일제의 후손이 모두 휴도국으로 간 것은 아니다. 그중 한 갈래가 가야와 신라로 들어갔고 문무왕 능비에 신라 김씨가 북방 기마민족, 즉 천손의 자손이라는 사실을 자랑스럽게 새긴 것이다. 그리고 한반도 서북 지역, 김해 지역, 제주 지역에서 왕망 시내에 쓰인 화폐 오수전五銖錢이 많이 출토되는 건 이들이 국외로 도피할 때 가져갔기 때문인 것으로 보인다.[18]

신라의 태조 성한왕

지금까지 알려진 신라사를 살펴보면 신라 김씨의 시조는 김알지다. 경주 김씨 족보에 엄연히 그렇게 기록돼 있다. 《삼국사기》에도 다음과 같이 기록돼 있다.

> 탈해왕 9년65년 8월 4일에 왕이 밤에 금성金城, 경주 서쪽 시림始林 숲 사이에서 닭이 우는 소리를 듣고 날이 밝자 호공瓠公을 보내어 살펴 보게 했다. 호공이 시림 속에서 큰 광명이 비치는 것을 보았다. 자색 구름이 하늘에서 땅으로 뻗쳤는데 구름 가운데 황금 궤가 나무 끝에 걸려 있고 그 빛이 궤에서 나오는데 흰 닭이 나무 밑에서 울어 왕께 아뢰었다. 왕이 숲에 가서 궤를 열어보니 사내아이가 누워 있다가 일어났다. 이는 박혁거세의 옛 일과 같으므로 박혁거세를 알지閼智, 지혜가 뛰어나 이름을 '알지'라고도 함라 한 선례에 따라 이름을 지었다. 금궤에서 나왔으므로 성을 '김金'이라 했다. 아기를 안고 대궐로 돌아오니 새와 짐승들이 서로 따르며 기뻐했다. 왕이 좋은 날을 받아 태자로 책봉 하니 그가 곧 김알지다. 그리고 시림도 계림鷄林으로 고쳐 국호로 삼 았다.

그런데 문무대왕릉비에는 "15대조 성한왕星漢王, 김알지를 말한다은 그 바탕이 하늘에서 신라로 내려왔다"라는 글이 보이고 문무왕의 동생 인 김인문의 묘비에는 "태조 한왕"이라는 기록이 등장한다. 성한왕 과 한왕은 같은 사람으로 간주되고 태조는 나라를 처음 연 왕이라는 뜻이므로 이 기록대로라면 신라의 시조는 박혁거세가 아니라 김알지다.

　태조 성한왕에 대한 기록은 이것뿐만이 아니다. 국립 경주박물관 수장고에 보관돼 있는 흥덕왕 비석에도 "태조 성한왕"이 등장하는데 이 비문을 보면 태조 성한왕은 흥덕왕의 24대조, 문무왕은 흥덕왕의 9대조로 기록돼 있다. 성한왕이 문무왕의 15대조라 기록한 문무왕비의 내용과 정확하게 일치한다. 이를 보면 적어도 문무왕 때부터는 신라의 시조를 성한왕으로 인식한 듯하다. 이는 신라를 건국한 박혁거세는 물론 신라 김씨의 시조가 김알지라는 것과는 완전히 내용이 다르다.

　문제는 성한왕이 누구냐 하는 점이다. 이에 대한 자료는 앞에서 설명한 "종과 지의 이어짐이 비로소 생겨 영이한 투후는 하늘에 제사 지낼 아들로 태어났다. 7대를 전하니 (거기서 출자한) 바다"라는 글에서 유추할 수 있다. 이 내용은 하늘에 제사 지내는 후손이 7대를 이어왔다는 것을 뜻한다. 즉, 투후 관직에 있는 사람의 후손이 7대째 하늘에 제사 지내며 그 가계를 이어왔다는 것으로, 학자들은 성한왕을 김알지로 인식한다. 다시 말해 신라라는 나라를 연 태조 성한왕은 바로 김일제의 직계 후손이며 신라의 개창조는 박혁거세가 아니라 성한왕 김알지라는 설명이다.

　특히 문무대왕릉비에 기록된 성한왕의 탄생 설화도 김알지와 놀랍도록 흡사하다. 경주 김씨 족보를 보면 성한왕에 해당하는 인물은 '세한'이다. 성한왕의 성은 '별 성星'인데 당시에는 발음이 바로 '세'였다고 한다.

김알지라는 이름도 매우 상징적이다. 학자들은 알타이 산맥을 숱한 북방 민족의 발상지로 추정한다. 그런데 알타이 산을 한자로 표기하면 금산金山이다. 즉, 알타이 산은 금으로 된 산이다. 금을 뜻하는 흉노의 '알'과 신라 김씨 시조 김알지의 '알' 역시 깊은 연관이 있다. 특히 김알지의 모친은 옌즈 산 출신인 알씨라고 《한서》는 기록하고 있는데 흉노의 선우는 대대로 알씨를 왕비로 간택했다.[19]

물론 문무왕 비문에 등장하는 "투후의 후손이다"라는 문구를 문자 그대로 받아들일 수 없다는 주장도 있다. 많은 학자들은 모화사상慕華思想에 젖은 문무왕이 자신의 뿌리를 중국에 갖다 댄 것이라고 무시했다. 하지만 문무왕은 모화사상에 젖은 사람이 아니었다. 세계 제국을 이룩한 당나라와 싸워 한반도에서 물리친 왕이었다. 조갑제는 그가 정말로 모화사상에 젖어 조상의 계보를 조작하려 했다면 왜 하필 한족漢族이 싫어하는, 더구나 한에 반역했다가 도륙당한 흉노족 김일제의 후손을 자청했을까 하고 꼬집었다.[20]

문무대왕릉비, 김인문비, 김유신비, 〈대당고김씨부인묘명〉과 같은 비문이나 역사서인 《삼국사기》, 《삼국유사》 등이 통일신라 이후에 제작된 것이기 때문에 위작되거나 조작됐다는 주장도 있다. 하지만 발굴된 비문이 구체적인 역사적 사실의 인과관계를 거론하고 있는 것을 볼 때 단순히 조상을 찬양하기 위해 조작했을 것이라는 주장은 한계가 있다.

신라 김씨만을 놓고 얘기한다면 김일제의 후손이 신라에서 자리를 잡아 왕이 되고 선조들을 패망시킨 중국과 혈투를 벌여 승리하자 문무대왕릉비에 선조의 이름을 자랑스럽게 적고 싶었던 것은 아닐까? 즉, 신라인의 핏속에 흉노의 피가 흐르고 있음을 드러내 밝힌 것이라는 설명이다.

김알지의 성姓에도 주목할 필요가 있다. 알지의 성인 김金은 금 Gold을 뜻하는데 이름인 '알지閼智' 또한 알타이어에서 금을 의미한다. 즉, 알타이어인 '알트', '알튼', '알타이'가 '아르치', '알지'로 변한 것인데 결국 김알지는 '금금Gold Gold'을 뜻한다.[21] 신라 김씨 왕계에 김이라는 성이 붙게 된 것과 수도를 금성金城이라고 한 것도 그들이 애호하던 금과 무관하지 않다고 볼 수 있다.

문헌과 고고학적 증거를 종합하면 신라인은 오랫동안 여러 민족이 혼합된 결과라는 사실을 보여준다. 진한과 신라 지역에는 선사시대부터 살면서 수많은 고인돌을 남긴 토착 농경민족과 기원전 3세기에 진나라의 학정을 피해 이민 온 사람들과 기원전 2세기에 이주해 온 고조선 유민들, 고구려에게 멸망한 낙랑에서 내려온 사람 등이 모여 살았다.

2009년 초에 경주시 동부동 한 주택에서 문무대왕릉비의 상단 부분이 발견됐다. 가정집 수돗가에 박혀 있던 상단 부분은 상수도 검침원이 웬 돌에 글자가 있는 것을 보고 제보함으로써 빛을 보게 됐다. 비석 상단 부분이 발견된 주택은 신라 시대에 관아로 사용된 곳으로, 원래 문무왕 비석이 서 있던 사천왕사와 2킬로미터 정도 떨어져 있었다.

신라인들은 문무대왕릉비를 바다에 모신 문무대왕릉이 아니라 사천왕사에 세웠다. 사천왕사는 문무왕이 삼국 통일 뒤 최초로 건립한 사찰이다. 사찰이 있는 낭산이 문무왕을 화장한 곳이어서 사

천왕사에 문무대왕릉비를 세운 듯하다. 능비의 하단부는 1961년에
역시 동부동에서 발견돼 현재 국립 경주박물관에 소장돼 있다.[22]

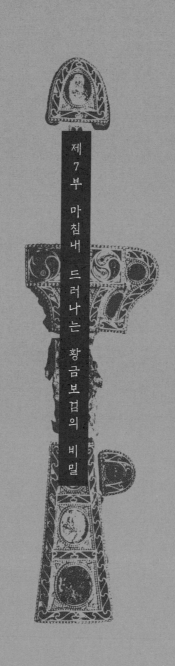

제 7 부 마침내 드러나는 황금보검의 비밀

황금보검을 보면 황금보검과 함께 매장된 주인공에 관한 의문이 떠오르기 마련이다. 그동안은 황금보검이 출토한 무덤이 서역인 무덤이라는 것이 정설이었다. 그러나 2010년에 특별 기획전 '계림로 14호 무덤-황금보검을 해부하다'를 연 국립 중앙박물관의 결론은 달랐다. 계림로 14호 무덤의 주인은 서역인이 아니라 신라인이라는 것이다. 그것도 진골계 귀족 무사 출신 신라인이었다.

신라는 아랍인의 이상향

개 목걸이도 금으로 만든 신라

국립 중앙박물관은 크게 두 가지를 근거로 들었다. 직물 조각이 신라 진골 계급 이상만 입는 고급 비단 능綾이었고 보검을 제외한 말갖춤, 귀고리, 화살통 등은 모두 신라에서 만든 것이었다. 무덤 형식 또한 신라의 전통적인 돌무지덧널무덤인 데다 머리를 동쪽으로 둔 매장법도 신라인 주인설을 뒷받침했다. 특히 무덤에서 발견된 상감 유리구슬은 황남대총과 천마총 등 금관이 나온 묘에서 주로 출토되는데 이는 높은 신분임을 보여준다.

황금보검을 찬 사람 옆에 묻힌 사람은 긴 신라 칼을 차고 있었다. 반면에 황금보검은 거의 수평으로 찼다. 조사 당시 보검의 위쪽에서 허리띠가 출토했는데 이 허리띠에서 끈을 내려뜨려 황금보검을 찬 것으로 추정된다. 실물은 아니지만 중국 신장웨이우얼 사치구 기질 천불동 69호 석굴 벽화나 고대 한반도 사절이 그려진 우즈베키스탄 사마르칸트 아프라시아브 벽화에도 이런 장식 보검을 찬 사람이 등장한다 .

황금보검의 주인이 서역인이 아니라 신라인이라는 분석 결과는 신라 지역에서 발견된 로마 유물들이 어떤 이유로든 신라를 목적지로 삼았음을 의미한다. 당대에 유럽은 훈족이 제패하고 있었으므로 훈족과 신라의 연계를 생각하는 것은 자연스러운 일이다.

반면에 황금보검의 주인이 성골이 아니라 진골 출신이라면 과연 어떤 이유로 황금보검이 진골 귀족의 무덤에 묻힐 수 있었는가 하는 의문이 새롭게 제기된다. 이 무덤에 한 사람이 아니라 두 남자가 묻혔다는 점도 수수께끼다. 두 사람은 키가 150센티미터에서 160센티미터인 젊은 남자였다.

두 남자가 함께 매장됐으므로 한 명은 주인이고 다른 한 명은 순장된 것일 수도 있다. 그러나 순장이라면 주종 관계가 분명하므로 배치를 달리했을 텐데 계림로 14호 무덤에서는 두 사람이 나란히 배치돼 있다. 따라서 두 사람은 신분이 비슷하고 관계가 친밀했을 것으로 추정된다. 즉, 배치와 유물 등을 감안하면 두 사람은 전쟁이나 돌림병으로 함께 죽은 형제 또는 친구일 것이다. 흥미롭게도 부장품 중 안장, 재갈, 발걸이 같은 말갖춤은 두 벌이 아니라 세 벌인 것으로 밝혀졌다.

무엇보다도 가장 큰 의문은 이 무덤에서 황금보검뿐만 아니라 최고급 의류, 화려한 장식품과 부장품이 발견됐지만 무덤의 규모가 당대 무덤에 견줘 너무 작다는 점이다. 호화로운 부장품과 다소 격이 맞지 않은 무덤 규모는 선천적 지위와 후천적 지위가 달랐기 때문인 것으로 추정된다. 즉, 이들의 지위가 처음에는 최상류층에 속하기는 했지만 사망할 당시에는 최상류층이 아니었을 가능성이 높다는 설명이다. 그러나 최상류층이 아님에도 황금보검이 함께 매장됐다는 점은 또 다른 의문을 제기한다.

무덤이 조성된 연대 또한 매우 중요한 일이지만 기록이 없는 상태에서 이를 확정 짓는 것은 간단한 일이 아니다. 이럴 때는 함께 부장된 유물로 추정할 수 있다. 신라 시대의 굽다리 접시高杯는 초기에 크기가 크고 다리가 긴 형태였지만 이후 작고 낮아진다. 계림로 14호 무덤에서 출토한 굽다리 접시를 근거로 하면 대체로 6세기 초가 된다. 반면에 허리띠 장식을 기준으로 삼으면 525년에 조성된 무령왕릉보다 빠른 것으로 추정되며 금귀고리를 기준으로 삼으면 천마총보다 연대가 뒤지지 않는다. 여러 가지 유물을 비교해볼 때 계림로 14호 무덤의 주인공은 5세기 말에서 6세기 초에 죽은 것으로 보인다.[이]

수수께끼 같은 황금보검의 내력을 듣고 나면 제일 먼저 떠오르는 질문이 8,000킬로미터나 되는 먼 거리를 어떤 방법으로 이동했는가다. 황금보검이 5세기와 6세기 사이에 신라에 도착했다는 것은 어떻게든 동유럽에서 신라까지 도착할 수 있는 길이 열려 있었다는 것을 의미한다. 바꿔 말하면 이는 당시에도 신라가 동유럽에 알려져 있었다는 것을 뜻한다고 볼 수 있다.

1254년에 프랑스 루이 9세가 원나라 헌종에게 루브룩의 윌리엄 William of Rubruck을 사신으로 파견한다. 루브룩의 윌리엄이 남긴 여행기에 "섬의 나라 까우레"라고 소개된 것이 유럽에 처음으로 한국이 소개된 것이다. 그리고 1593년 12월에 스페인 선교사 그레고리우 드 세스페데스Gregorio de Cespedes가 임진왜란 때 종군 신부로 왜군을 따라 경상남도 웅천에 상륙한 것이 유럽인으로서는 처음으로 한국 땅을 밟은 것이다. 1627년에 일본 나가사키로 항해하다가 풍랑을 만나 제주도에 표착한 네덜란드 상선 우베르케르크Ouwerkerck 호는 처음 한국 해안에 나타난 서양 배다.

그러나 루브룩의 윌리엄보다 적어도 400년에서 500년, 세스페데스보다는 무려 700년에서 800년 앞서 신라에 많은 아랍인들이 왕래했을 뿐만 아니라 정착해 살기도 했다는 것은 이제 잘 알려진 사실이다. 놀라운 것은 9세기 중엽부터 중국에 관한 기록이 서양에 등장하는데 15세기까지 거의 모든 지리서에 신라가 기록돼 있다는 점이다. 9세기 중엽 아랍인들은 신라를 정확하게 파악하면서 이를 세계 만방에 알리는 데 앞장섰다.

아랍인들은 왜 그렇게 열심이었을까? 아랍인들에게 신라는 '동방의 이상향'이었기 때문이다. 그렇다면 아랍인들이 어떤 이유로 신라를 이상향으로 삼았는지 궁금하지 않을 수 없다. 신라를 동경과 선망의 대상으로 삼을 정도라면 나름대로 지식과 견문이 있어야 했기 때문이다. 851년에 아랍 상인 슐레이만 알 타지르Sulaiman Al-Tajir가 쓴 여행기 《중국과 인도 소식》을 보면 신라가 나온다. 슐레이만은 인도, 중국을 여러 차례 방문했는데 이 책에서 그는 신라를 다음과 같이 설명했다.

중국은 바다 쪽으로는 신라 군도에 막혀 있다. 신라인들은 백인이고 중국의 황제와 평화롭게 지내며 만약 황제에게 선물을 보내지 않으면 하늘에서 비가 내리지 않는다고 믿는다. 그러나 우리 아랍인들은 아무도 그들을 방문한 적이 없기 때문에 그들에 관해 잘 알지 못한다. 그 나라에는 흰매가 있다.

중세 아랍 역사학의 태두로 알려진 알 마수디Al Masudi도 《황금 초원과 보석광》에서 신라의 위치를 중국의 동쪽 바닷가나 육지의 동쪽 끝으로 설정했다. 이것은 중국보다 더 동쪽에 신라가 있다는 사실을 알았다는 뜻이다. 즉, 육지의 동쪽 끝을 중국으로만 간주한 기존 그리스·로마 지리관을 뒤집은 획기적 지리 정보라고 할 수 있다.

그 뒤로 계속 이어진 아랍인들의 저술에서 신라는 'al-Sila', 'al-Syla', 'al-Shila', 'Silaha', 'Sayli', 'Saili', 'Sela' 등으로 표기된다. 이런 사실은 19세기 말 게오제M. J. de Geoje가 음운학적 연구를 통해 밝힌 것이다.[02]

1154년에 알 이드리시Al-Idrisi가 집대성한 《천애횡단갈망자의 산책로제왕의 서》에는 세계 지도 한 장과 지역 세분도 70장이 들어 있는데 이 지도에도 신라가 보인다. 이 지도는 한국이 처음으로 등장한 스페인의 벨로 세계 지도1562년보다 무려 408년이나 먼저 작성된 것이다. 게다가 한국이라는 국호가 처음 적힌 유럽 지도인 메르카토르Mercator의 세계 지도보다도 무려 441년이나 앞선다.

아랍인들이 신라에 대해 적은 것은 위치만이 아니었다. 966년에 아랍의 사학자이며 지리학자인 알 마크리지Al-Maqrizi가 편찬한 《창세와 역사서》를 보면 "중국의 동쪽에 신라가 있는데 그 나라에 들어간 사람은 그곳이 공기가 맑고 재부가 많으며 땅이 비옥하고 물이 좋을 뿐만 아니라 주민의 성격 또한 양호하기 때문에 그곳을 떠나려 하지 않는다"라고 적었다. 바드룻 딘이라는 이슬람 학자도 "신라는 부유한 나라이므로 아랍인들이 들어가기만 하면 아름다움에 현혹돼 끝내 떠나려 하지 않았다"라고 쓸 정도다.[03]

그러나 아랍인들이 가장 주목한 것은 그들 눈에 비친 신라는 황금이 지천에 깔려 있는, 말 그대로 황금의 나라였다는 점이다. 앞에 설명한 지리학자 알 이드리시도 다음과 같이 소개했다.

> 그곳을 방문한 사람들은 누구나 정착해 다시 나오고 싶어 하지 않는다. 이유는 그곳이 매우 풍부하고 이로운 것이 많다는 데 있다. 그 가운데서도 금은 너무나 흔해 심지어 그곳 주민들은 개 목걸이나 원숭이 목테도 금으로 만든다.

1250년에 지리학자 알 카즈위니는 그의 저서 《여러 나라의 유적과 인류의 소식》을 출간했는데 이 책에 많은 학자들의 기술을 종합해 다음과 같이 적었다.

> 신라는 중국 끝에 있는 절호의 나라다. 그곳은 공기가 깨끗하며 물이 맑고 토질이 비옥해서 불구자를 볼 수 없다. 만약 그들의 집에 물을 뿌리면 용연향향유고래에서 나는 향료이 풍긴다고 한다. 전염병이나 질병은 드물며 파리나 갈증도 적다. 다른 곳에서 질병에 걸린 사람이 이곳에 오면 곧 완치된다. (중략) 알라만이 시혜자다.[04]

이후 나타나는 아랍인들의 기록에는 신라에 금이 많다는 점과 살기가 좋아 한 번 들어가면 되돌아오지 않는다는 점이 반드시 나타났다. 특히 거의 모든 기록이 신라를 섬으로 보았으므로 세계의 동쪽 끝으로 비정했다.[05]

좀 과장된 느낌이 들지만 신라인은 외모 또한 세상에서 가장 아름답다는 찬사도 있다. 이런 찬사는 어느 면에서 당연한 일이라 볼 수 있다. 신라인들이야말로 이상향에서 살고 있는 사람들이므로 아랍인들은 당연히 외모가 준수하며 성격이 양순하다고 표현했을 것이다.

아랍인들이 신라에서 교역한 것은 황금뿐이 아니었다. 그들은 신라에서 비단, 검, 사향, 말안장, 흑담비 가죽, 오지그릇, 침향, 계피 등을 수입했다. 교역품에서 침향이나 계피가 들어 있다는 점은 매우 놀라운 일이다. 이 물건들은 원산지가 아프리카나 중앙아시아 일대로, 신라에서 나지 않는 것이기 때문이다. 특히 불국사 석가탑에서 발견된 유향 세 봉지는 서역에서 생산된 것인데 아랍 상인이나 페르시아 상인이 신라에 가져온 것으로 추정된다. 유향 외에도 안식향, 단향, 침향 등 "신의 음식"이라고 불리던 향료는 기원전 5000년께 아라비아 반도 남부에서 사용되던 것이다. 향료는 실크로드를 거쳐 우리나라에까지 전해졌을 것이다.[06]

그런데 근래에 중국 내부를 거친 육로가 아니라 해상로를 활용해 아랍과 신라가 직접 교역했다는 주장이 나왔다. 고구려, 백제, 신라가 혈투를 벌이고 있었기 때문에 중국과 고구려, 백제를 거쳐 신라까지 무역 물자가 도달한다는 것은 불가능에 가깝기 때문이다.

서역과 교류한 신라

《위서魏書》를 보면 502년과 508년에 '사라斯羅'라는 나라의 사신이 서역의 여러 나라 사절을 이끌고 위나라에 나타났다는 기록이 있다. 학자들은 이 사라를 신라로 본다. 사라를 신라로 보는 것은 사라가 사절단의 맨 앞에 기록돼 있기 때문이다. 이는 첫머리에 등장하는 국가가 다른 나라 사절을 인솔하고 왔다는 뜻으로, 서역 사절들이 신라에 모였다가 함께 중국으로 들어간 것이다. 아니면 신라인이 서역에서 사신을 인솔해 중국에 들어갔을 것임을 시사한다.

아랍에서 신라라는 기록이 꾸준히 등장하는 것에 흥미를 느낀 조제프 투생 레이노Joseph Toussaint Reinaud는 신라라는 명칭이 어디서 유래했는지를 조사했다. 그는 동양의 바다 끝에 베슬라Besla라는 나라가 있다는 기록을 보고 이 베슬라가 신라 군도인지를 확인하는 과정에서 알 마수디가 저술한 《황금 초원과 보석광》에서 매우 주목할 만한 기록을 발견했다.

중국 해안 너머에는 신라국과 그에 부속된 도서들을 제외하면 알려졌거나 기술된 나라가 전혀 없다. 다만 신라와 거기에 부속된 도서들이 있을 뿐이다. 그들은 중국의 동맹국이며 양국의 왕은 끊임없이 선물을 교환한다. 그들은 중국인이 그들 나라를 차지한 것과 같은 방법으로 그곳에 정착한 아무르Amour의 후예라고 알려졌다.

아무르 후예들에 대한 이야기도 자세히 나온다.

아무르의 후예들은 대부분 강을 따라 중국 끝까지 갔다. 그들은 그 나라에 널리 퍼져 거처를 장만하고 땅을 개간하면서 공동체를 형성했으며 도시를 건설했다. 왕이 거처하는 큰 도시도 건설했는데 "안쿠Anku"라고 부른다.

이 내용을 글자 그대로 이해할 이유는 없다. 어떤 학자들은 안쿠를 중국의 양주로 간주한다. 게다가 아무르의 자손이 신라를 건설했다는 것 자체가 어불성설이다. 그러나 이 내용에서 우리는 신라와 아랍이 긴밀하게 연계돼 있었다는 점을 눈치채야 한다.[07] 아마도 아랍인들이 신라라는 나라에 대해 잘 알고 있었다는 것은 아랍인들이 신라를 직접 방문하고 체험했기 때문일 것이다. 신라에 도착해 잠시 머물다 떠난 아랍인도 많았겠지만 신라에 매력을 느끼고 정착한 아랍인도 있었다는 것은 앞에서 설명한 예로도 잘 알 수 있다.[08]

그 증거가 신라에 남아 있지 않을 수 없다. 경주시 외동면 괘릉리에 있는 사적 26호 괘릉掛陵은 외호 석물을 골고루 갖추고 있는데 특히 무인석이 유명하다. 학자들은 38대 원성왕을 주인으로 여긴다.

높이가 2.5미터에 이르는 무인석은 매우 사실적으로 묘사돼 있다. 쌍꺼풀진 눈은 푹 들어가고 눈썹이 두드러져 보인다. 코가 크다는 점, 콧등이 우뚝하다는 점, 콧수염은 팔자로 말려 올라갔다는 점이 특징이다. 게다가 터번을 쓰고 있다. 이런 외모를 한마디로 요약하면 심목고비深目高鼻라 한다. 즉, 눈이 움푹 들어가고 코가 높다는 뜻으로, 아리아계 민족이나 터키계 민족이 그렇다. 이런 무인석은 괘릉뿐만 아니라 경주시 도지동에 있는 성덕왕릉과 경주시 안강읍에 있는

경주 괘릉에 서 있는 무인 석상. 서역인의 특
징이 생생하게 살아 있다.

흥덕왕릉에서도 발견된다.

정수일 교수는 이런 무인석은 현장에서 서역인을 직접 모델로 하
지 않으면 만들 수 없다고 말했다. 무인석에 나타난 얼굴 형상이나
터번은 분명히 서역인의 특색을 보여주는데 이것은 서역인을 충분히
관찰한 조각가만이 표현할 수 있다. 따라서 모델은 이상향인 신라
를 찾아온 서역인이 틀림없다는 것이다.[09] 아랍인들이 쓴 책에 나오
는 신라인들에 대한 기술은 서역인이 신라를 방문한 경험을 바탕으
로 했기 때문에 가능했다는 뜻으로도 볼 수 있다.

여러 기록을 보면 적어도 6세기 초에 신라와 서역이 활발히 왕래했다는 사실을 알 수 있다. 그렇다면 언제부터 서역과 신라가 해상으로 왕래했을까? 최근에 매우 중요한 증거가 발표됐다. 그동안 황금보검에 사용된 보석이 마노로 알려졌는데 정밀하게 분석해보니 석류석으로 밝혀진 것이다. 그런데 프랑스 루브르 박물관이 황금보검과 비슷한 시기에 트라키아에서 제작된 장식류를 분석해보니 놀랍게도 장식에 쓰인 석류석은 유럽이 아니라 인도와 스리랑카에서 캐낸 것이었다. 인도나 스리랑카에서만 나오는 석류석이 로마에서 사용됐다는 것은 그 당시에 로마와 인도 또는 스리랑카 사이에 어떤 무역로가 개통돼 있었다는 것을 의미한다. 학자들은 황금보검에 사용된 석류석도 이 지역에서 출토한 것으로 추정한다.

황금보검의 석류석이 인도나 스리랑카에서 출토한 것이라면 황금보검이 트라키아에서 신라까지 전달되는 과정은 북방 초원 지대가 아니라 트라키아, 스리랑카 또는 인도, 신라로 연결되는 해상로를 거쳤을 개연성이 충분하다. 로마와 신라를 연계하는 해상로가 매우 오래전부터 열려 있었을 가능성이 높다는 뜻이다.

황금보검이 로마에서 신라까지 전달되는 통로로 해상로를 지목했는데 이 부분은 신라에서 발견되는 대표적인 로마 유물인 로마 유리, 즉 로만 글라스Roman Glass로도 유추할 수 있다. 현재까지 발굴된 금관총, 금령총, 황남대총, 천마총 등 신라의 대표적인 돌무지덧널무덤에서 보물급 로만 글라스가 24점 출토한 것을 비롯해 현재까지 유리구슬이 무려 10여만 개나 쏟아져 나왔다. 이것이 모두 수입됐다고 추정하는 건 무리겠지만 보물급 로만 글라스는 신라에서 제작된 것이 아니라 로마에서 제작된 것이다. 그러므로 신라에서 발견된 로만

글라스는 로마에서 제작돼 신라에 도달했을 것이다.[10]

로만 글라스가 신라로 오는 방법 또한 육로와 해로 두 가지가 있지만 학자들은 육로보다 해로에 더 많은 점수를 준다. 중국 내륙에서는 로만 글라스가 거의 발견되지 않는 반면 중국 남부 해안 도시 광저우에서 로만 글라스가 아주 조금 발견됐다. 광저우는 중국에서 가장 활발한 무역항으로, 2,000년 전 한나라 시대부터 인근 동남아를 연결하는 해상의 요지였다.

사마천과 함께 한나라 최고의 역사가로 불리는 반고班固는 《한서》를 남겼는데 이 책에는 중국에서 인도에 이르는 여정에 속한 국가들이 바닷길로 교류했다는 내용이 있다. 기원전 111년에 무제가 베트남 북부 지역에 식민지를 설치한 것이다. 기록에는 일남군에서 출발해 다섯 달 정도 항해하면 도원국에 이르고 이곳에서 다시 넉 달을 항해하면 읍로몰국에 이르는데 또다시 배를 타고 20여 일을 가면 감리국에 다다른다고 나온다. 이곳에서 도보로 열흘 정도 가면 부감로국이 있고 다시 두 달 정도 항해하면 남인도의 칸치국으로 추정되는 황지국에 도착한다고 했다. 반고는 이 나라들이 중국에 조공을 바쳤다고 적었다. 반고가 적은 조공이라는 단어가 확실하냐는 문제는 차치하더라도 당시 인도와 동남아 국가들이 중국과 접촉했다는 점은 틀림없는 사실이다.

90년 뒤인 평제 때 황지국에서 사절단이 왔다는 기록이 다시 출현하고 비슷한 내용이 후한 대까지 꾸준히 나타난다.[11] 특히 《후한서後漢書》에는 161년에 로마 황제 마르쿠스 아우렐리우스Marcus Aurelius의 사신이 베트남을 거쳐 중국에 와 상아, 코뿔소 뿔, 거북 등을 바쳤다는 기록이 있다. 한나라 시대부터 바닷길을 통해 로마와 인도, 동남아, 중국을 잇는 해상 실크로드가 존재했다는 뜻이다. 이 해상로로 이용한다면 신라에 도착할 수 있다는 것은 자연스러운 추론이라 볼 수 있다.[12]

후한이 쇠락하면서 위·촉·오 삼국시대에 이르면 바닷길을 통한 교역이 본격적으로 활성화된다. 오나라는 해상 활동을 적극적으로 벌이는데 230년에는 장생불사를 꿈꾸던 진시황이 선약을 구하기 위해 서복徐福을 파견했다는 전설의 땅 이주와 단주로 군대를 파견했다. 또한 12년 뒤에는 현재 하이난 섬으로 추측되는 지역을 군사 3만 명으로 직접 공격하기도 했다. 당시 오나라의 대외 항구는 현재의 광저우였고 베트남은 북부의 교주交州, 당시 인도차이나 지방을 이르는 중국 이름 지역이었다. 특히 220년에서 231년 사이에 교주자사를 지낸 여대呂岱의 사절이 손권孫權을 배알하고 공물을 바쳤다는 기록이 보인다. 또한 진론秦論이란 동로마제국의 상인이 이 지역을 방문했다는 내용도 나온다.

당시 베트남 남부에 있는 부남국은 중국과 인도를 연결해주는 중계무역에 힘을 쏟았다. 부남국의 왕 범전范旃이 중천국으로 사신을 파견했는데 무려 1년을 항해했다고 한다. 부남의 사신들이 험난한 항해 끝에 인도에 도착하자 중천의 왕은 자국 사신 두 명으로 하여금 명마 네 마리를 부남국 왕에게 전달하도록 했다. 당시에 부남국은 상당히 훌륭한 선박 제조술과 항해술을 갖췄다고 볼 수 있다.

흥미로운 것은 당시 부남을 방문한 천축국 사신들이 이곳에서 중국 사신을 만났다는 점이다. 당시 오나라에서 내방한 강태康泰는 천축국 사신과 대화를 나누며 천축국이 불교가 발생한 곳임을 알게 됐다고 적었다. 당시 부남국 왕은 천축국과 마찬가지로 중국에도 사신을 파견하고 악공과 특산물을 보냈는데 이에 대한 답례로 강태를 사절단으로 파견한 것이다.

420년을 전후로 바다의 실크로드를 통한 교통과 무역이 더욱 활발해지는데 북방 민족의 등장으로 중국의 남북 분열이 고착했기 때문이다. 당시 오아시스 루트를 통한 교통로를 북조가 완전히 장악해버려 송·제·양·진으로 이어지는 남조 국가들은 해상로를 적극 활용할 수밖에 없었다. 남조 국가들과 가장 긴밀하게 교류한 나라는 부남·참파다. 당시 부남의 중국 수출품은 주로 향나무, 상아, 바다거북과 인도에서 수입돼 중계한 것으로 보이는 루비, 에메랄드, 산호와 같은 사치품이었다.

특히 바닷길을 이용한 대외 교류에 큰 몫을 한 것은 불교였다. 인도로 구법 여행을 떠나는 승려들이 이 루트를 이용하기 시작했다. 399년에 법현法顯은 장안을 출발해 육로로 인도를 방문했는데 12년 뒤 귀환 길에는 스리랑카에서 해로를 이용해 광저우에 도착한다. 이 내용이 그가 남긴 여행기 《불국기佛國記》에 적혀 있다. 여정 중에 중국인을 만나지 못했다는 것을 볼 때 당시 바닷길을 이용한 교역은 주로 인도인이나 부남인이 주도했음을 알 수 있다.[13]

이처럼 해상로가 매우 오래전부터 열려 있었다는 설명은 김수로의 비인 허황옥許黃玉에 관한 수수께끼도 풀어준다. 그동안 많은 사람들이 허황옥이 인도에서 왔다는 주장에 의문을 제기했다. 2,000년 전에 어떻게 인도에서 신라까지 바닷길로 올 수 있느냐는 반문이다.

그러나 당대에 로마에서 인도까지 해로가 열려 있었다면 허황옥이 인도에서 신라까지 배를 타고 왔을 가능성도 배제할 수 없다. 이 부분을 자세히 밝히기 위해 현재 한국과학기술연구원KIST에서 심층적인 연구를 기획 중이다.

로마의 지배자가 보내준 로마 유물

황금보검이 해상로로 신라에 전달됐을 가능성은 앞에서 충분히 검토했다. 그런데 누가, 왜 신라에 황금보검과 같은 보물을 선물했느냐는 질문은 여전히 풀리지 않았다.

로마 유물이 신라로 들어오는 시기에 유럽은 훈족이 지배하고 있었다. 특히 아틸라는 세계 제국을 건설했다. 유럽에서 당대의 패자는 로마가 아니라 훈 제국이었다고 해도 지나친 말이 아니다. 유럽을 제패한 아틸라가 중국과 동맹 관계를 맺기 위해 사절을 파견했다는 건 아틸라가 여러 가지 면을 충분히 고려해서 실행했다는 뜻이다.

엄밀한 의미에서 훈족은 중국과의 혈투에 패배해 네 번에 걸쳐 서천을 한 이후 인근을 제압하면서 흥기한 것이다. 훈족이 중국에 대해 남다른 콤플렉스가 있었다고 생각해도 전혀 이상한 일이 아니다. 그러므로 아틸라가 유럽에서 로마를 제압한 다음에 중국과 대등한 관계를 맺고 싶었다는 것은 중국과의 관계를 재정립할 필요가 있다거나 그렇지 않다면 중국과 소통해야 할 남다른 이유가 있었다는 것을 의미한다.

그런데 이런 대사건을 기획하려면 상당한 준비 작업을 하지 않으면 안 된다. 제국을 통치하는 아틸라가 공식 사절단을 보낼 정도라면 사전 작업을 위해 여러 번 사신을 보냈음직하다. 이때마다 적정한 선물을 보냈을 것이고 공식 사절을 보낼 때는 더 많은 선물을 보냈을 것이다. 중국이라는 제국을 상대하려면 더더욱 그렇게 했을 것이 틀림없다.

당시 중국은 오호십육국 시대를 이어 남북조시대가 등장하는, 그야말로 혼란스러운 시기였다. 그런데 신기하게도 중국에서는 로마 유물이 거의 발견되지 않는다. 신라에서 엄청나게 많은 로마 유물들이 발견되는 것을 감안하면 적어도 중국에서 더 많은 로마 유물이 발견되는 것이 정상일 텐데 말이다. 특히 중국은 외국 사신의 입국과 출국을 철저하게 기록하는데 이 당시에 로마에서 사신이 왔다는 기록이 전혀 없다. 아무리 당대가 매우 혼란스러운 시기였다고 해도 로마 사신이 왔다는 기록이 없다는 점은 이상한 일이 아닐 수 없다.

이런 사실에서 매우 중요한 내용을 유추할 수 있다. 에드워드 기번은 아틸라가 중국에 사신을 보냈다고 적었지만 실제로 사신이 도착한 곳은 중국이 아니라 신라일 가능성이 더 높다는 뜻이다. 흉노가 중국과 혈투를 벌인 끝에 동천한 무리와 서천을 한 무리로 나뉘었고 나중에 다른 분파에 대한 정보를 입수했다면 어떤 방법으로든 연계를 맺으려 하는 것은 자연스러운 일이기 때문이다.

그 증거 중 하나가 황금보검의 삼태극 문양이다. 학자들은 신라에서 발견된 황금보검에 삼태극 문양이 있다는 것은 이들 물건의 최종 목적지가 신라였기 때문이라고 생각한다. 사절단이 최상의 예물을 선물로 줄 때 상대국에 맞는 모양이나 문양을 넣는 것이 자연스러운 일이기 때문이다. 로만 글라스 중에서도 최상급 제품이 신라에서 대량으로 발견되는 것도 같은 맥락이다.

종합하면 신라의 여러 돌무지덧널무덤에서 로마 유물이 무더기로 발굴되는 것은 충분히 설명할 수 있다. 훈족 사절단이 신라의 알려지지 않은 집권자에게 선물을 했다면 집권자가 선물을 자신의 식솔이나 지배층에게 분배했을 것이고 이 유물들이 수많은 돌무지덧널무덤에서 발견될 수 있다는 것이다. 돌무지덧널무덤은 당대의 집권층이 아니면 건설할 수 있는 무덤이 아니다.

황금보검은 비교적 규모가 작은 무덤에서 발견됐다. 물론 반드시 왕이 황금보검을 갖고 있어야 할 이유는 없다. 신라에 유입된 황금보검이 한 개가 아닐 가능성도 있으며 황금보검만이 보물로 취급됐다고 볼 수도 없다. 당대에 로마에서 로만 글라스의 가격은 상상할 수 없을 정도로 비쌌는데 그중에서도 신라에서 발견된 로만 글라스가 최상급 보물이라는 점을 봐도 그렇다.

사실 이 부분은 타임머신을 타고 현장을 확인하지 않는 이상 정확한 사실을 알 수 없을 것이다. 그러나 자신과 친연성이 있는 사람이 지구 어디엔가 살고 있다면 그들과 접촉하는 것처럼 가슴 설렐 일도 없을 것이다. 지금도 지구 반대편에 조상이 있다는 사실을 알고 찾아가서 제사를 지내는 장면이 가끔 텔레비전에 소개되기도 한다. 전 세계에 흩어져 사는 김씨들이 김일제의 묘에 모여 제사를 지내는 것도 같은 맥락이다.

로마 유물이 고구려, 백제에서는 발견되지 않는 것도 의미심장한 일이다. 원래 모든 문물은 이동이 기본이다. 특히 삼국시대에는 고구려, 백제, 신라가 혈투를 벌이고 있었으므로 어떤 유용한 물건이나 아이디어가 있었다면 삼국에 고루 퍼져야 옳다. 불교가 고구려에 처음 도입됐지만 곧 삼국의 정신세계에 자리 잡았음이 한 예다.

그런데 신라에서 발견된 로마 유물이 고구려나 백제에서 발견되지 않는다는 것은 이 유물이 상품으로 한반도에 상륙하지 않았다는 것을 의미한다. 상품이었다면 상인들이 오로지 신라에만 팔았겠는가? 한마디로 로마 유물은 오로지 로마에서 신라에만 들여온 물건이었고 이 방식은 계속 철저하게 지켜졌다는 뜻이다.

훈족과 신라의 연계에 가장 큰 걸림돌은 한국에 기록이 전혀 남아 있지 않다는 사실이다. 적어도 《삼국사기》나 《삼국유사》에는 이런 기록이 단 한 줄이라도 있어야 하는 것 아니냐는 것이다. 《삼국사기》 자체가 삼국에 대한 내용을 기본으로 했으므로 설사 훈족 사신이 왔더라도 중요하게 여기지 않아서 기록하지 않았을 수도 있다. 오랫동안 신라와 서역이 교역해왔다는 사실이 수없이 확인됐음에도 《삼국사기》와 《삼국유사》에는 그런 기록이 나오지 않는다. 다만 《삼국유사》에 나오는 처용이 서역인이었다고 가정해 서역과의 교류를 추정할 뿐이다.

에드워드 기번이 《로마제국 쇠망사》를 쓸 때 수많은 자료를 철저하게 분석하고 확인했다는 것은 잘 알려져 있는 사실이다. 따라서 에드워드 기번이 아틸라가 동양으로 사절단을 보냈다고 기록했다는 것은 매우 의미심장하지 않을 수 없다. 이들에 대한 더욱 명확한 자료들이 언젠가 발견될 수 있으리라는 희망을 품는다.

맺는말

사실 민족이라는 단어는 매우 늦게 태어났다. 신대륙 발견 이후 미국에서 태어난 백인과 흑인 혼혈인 크레올creole이 유럽 본토인과 다른 자신들의 정체성을 규정하면서 탄생한 민족주의에 따라 민족이란 말이 정의된 것을 시작으로 유럽과 제3세계로 퍼져 나가기 시작했다. 한국에서도 20세기 초에 일본인들이 사용하기 시작할 정도로 민족이란 말은 역사가 깊지 않다.

그래서 국내 몇몇 학자들은 탈민족 논쟁을 일으키기도 했다. 즉, 민족이란 것이 태곳적부터 있던 말이 아니라 산업사회의 발전과 함께 등장한 근대적 가치이자 사회·문화적으로 형성된 것이라는 주장이다. 그러므로 21세기가 본격적으로 시작됐고 세계가 일일생활권으로 변모했는데 케케묵게 민족의 기원을 찾는 일이 왜 중요하냐고 질문하는 사람도 있다. 대답하기 어려운 질문이다. 그러나 학자들은 각자 나름대로 여러 가지 이야기를 하고 있다.

20세기를 뜨겁게 달군 사건 중 하나는 1917년에 일어난 볼셰비키 혁명으로 러시아에 공산 정권이 들어선 일이다. 마르크스레닌주의로 무장한 공산주의자들이 봉기해 전제군주 체제를 무너뜨리고 소비에트 정권을 수립했다. 소련은 그 뒤로 70여 년 동안 서방 자본주의 진영과 각축하며 세계를 양분했다. 그런데 1990년에 소련 체제가 무너지면서 많은 독립 국가들이 탄생했는데 신기하게도 독립 국가의 기반이 바로 민족이었다. 복기대 박사는 오랜 세월이 흘렀음에도 같은 민족이라는 사실과 민족성을 잃지 않았기 때문에 독립국을 탄생시킬 수 있었다고 설명한다.

팔레스타인 지역에 살던 유태인은 2,000년 전에 나라를 잃고 조국을 떠나 전 세계를 떠돌면서 온갖 박해를 받았지만 결코 유태인이라는 정체성과 자부심을 잊지 않았다. 바로 이런 기질과 근성 때문에 불과 몇백만 명에 불과한 소수민족임에도 다시 옛 땅으로 돌아가 이스라엘을 세우고 10억 명이 넘는 아랍 세계와 당당히 맞서 싸울 수 있는 것이다.

이처럼 민족은 여전히 중요한 의미를 지닌다. 우리 한민족도 마찬가지다. 우리에게 민족이라는 공통분모와 응집력가 없었다면 우리 역사는 어떻게 전개됐을까? 아무도 모를 것이다. 동아시아 역사를 보더라고 수많은 민족이 부침과 흥망을 거듭했다. 거의 모든 민족이 중국에 동화되거나 소수민족으로 전락했다. 역사에서 완전히 자취를 감춘 민족도 있다. 만주족은 중국 본토를 장악하고 청나라라는 대제국을 건설했지만 이제는 겨우 명맥만 유지하고 있는 실정이다.

우리 한민족도 수천 년을 내려오면서 무수히 많은 수난을 겪었다. 비록 제2차 세계대전이 끝나고 국토가 양분됐음에도 꿋꿋하게 세계의 일원으로 살아남을 수 있었던 것은 민족정신과 일체감을 잃지 않았기 때문이다. 과거에 우리 민족이 주변국과의 무수한 전쟁에서 피를 흘리며 항쟁할 수 있었던 것도 한민족이란 정체성과 자부심, 응집력이 있었기 때문이라고 봐도 좋을 것이다.

과거사를 제대로 알려면 타임머신을 타고 가서 사건을 정확히 파악하는 것이 최선일 것이다. 그러나 타임머신은 존재하지 않는다. 결국 현재 남아 있는 사료와 유물을 참조하는 수밖에 없다. 나는 이 책《황금보검의 비밀》에서 가야와 신라의 원류는 북방 기마민족이며 이들 중 일부가 서유럽을 휩쓴 훈족임을 밝혔다.

훈족이 유럽인들에게 괴상하게 보였던 것은 사실이다. 어느 날 갑자기 나타나 게르만족 대이동을 촉발하더니 서로마제국과 유착해 게르만족을 괴롭히는 데 앞장섰다. 곧이어 로마와 계약을 맺고 로마 변방의 지배권을 확보하며 단숨에 세계 제국으로 부상했다.

특히 아틸라는 그야말로 신화였다. 어려서 로마에서 인질로 생활한 경험을 토대로 결국 로마에 필적하는 실력을 쌓았고 단독 지배자가 되자 로마를 압도했다. 동로마제국과 서로마제국을 상대로 얻고자 하는 것은 반드시 얻어내는 절묘한 외교력을 발휘하면서도 결전이 피할 수 없게 되자 제국의 운명을 걸고 혈투를 벌였다. 로마제국의 근거지인 이탈리아 반도를 쑥대밭으로 만들면서 진군하다가 만족할 만한 타협안을 받아들인 후 근거지로 철수했다. 그러더니 결혼식 이튿날 사망했다.

칭기즈칸, 알렉산더 대왕 다음으로 세계에서 가장 큰 제국을 건설한 아틸라지만 그에 대한 기록은 대부분 그에게 적대적인 유럽인들이 남긴 것이므로 부정적으로 그려진 감이 없지 않다. 유럽에서 사용되는 교과서를 보면 훈족에 대한 글은 더욱 과장돼 있다. 머리에 뿔이 나 있는, 사탄과 같은 인물로 묘사될 정도다.

그러나 최근에 훈족과 아틸라에 대한 연구가 심층적으로 진행되면서 아틸라가 유럽 역사가들이 남긴 기록과 매우 다른 사람이라는 자료가 속속 발표되고 있다. 이 자료들은 아틸라가 마냥 무식하고 전쟁과 약탈에만 미친 사람이 아니라는 사실을 잘 보여준다.

훈족이 자신들과 핏줄이 같은 종족이 세계 어디엔가 있다는 사실을 알았다면 이들과 유대 관계를 다시 복원하고 싶었을 것이다. 황금보검과 로만 글라스 같은 엄청난 로마 유물들이 신라에서만 발견되는 것도 이런 연계로 생각해볼 수 있는 개연성은 충분하다.

흔히 한국인들은 한민족이 세계 문명사에 기여한 점은 거의 없고 수혜만 받아왔다는 '스몰 콤플렉스Small complex'가 있다. 훈족과 아틸라에 대한 더 깊은 연구는 이런 콤플렉스를 해소하는 데 도움을 줄 것이다.

4세기와 5세기에 서양에서는 훈족이 유럽을 휩쓸었으며 동양에서는 고구려가 동북아시아를 지배했다. 물론 훈족은 고구려보다 가야, 신라와 더 가까운 관계였던 것으로 추정되지만 이들은 모두 한민족이었다. 아틸라를 한민족과 친연성이 있는 영웅으로 받아들인다면 우리는 4세기와 5세기에 각각 서양과 동양에서 패자로 군림한 당당한 두 선조, 아틸라와 광개토태왕을 얻게 되는 것이다.

주

제1부

01 문환철, 〈한국고대 금속공예의 과학기술적 연구〉(중앙대학교 박사 학위 논문, 2004); 허우영, 〈5~6세기 금제 귀걸이 누금세공에 사용된 접합기〉, 《삼성미술관 리움 연구논문집 제1호》 (2005)

02 요시미츠 츠네오, 오근영 옮김, 《로마문화 왕국, 신라》(씨앗을 뿌리는 사람, 2002)

03 이종호, 《한국 7대 불가사의》(예담, 2007)

04 신형식 외, 《신라인의 실크로드》(백산자료원, 2002)

05 이종호, 《한국의 과학기술 이야기 2》(집사재, 2006)

06 요시미츠 츠네오, 오근영 옮김, 같은 책.

제2부

01 張金奎, 《匈奴帝國》(中國國際廣播出版社, 2008); 장진퀘이, 남은숙 옮김, 《흉노제국 이야기》(아이필드, 2010)

02 張金奎, 같은 책; 장진퀘이, 남은숙 옮김, 같은 책.

03 니콜라 디코스모, 이재정 옮김, 《오랑캐의 탄생》(황금가지, 2005)

04 사와다 이사오, 김숙경 옮김, 《흉노》(아이필드, 2007)

05 송동건, 《고구려와 흉노》((주)진명출판사, 2010)

06 송동건, 같은 책.

07 張金奎, 같은 책; 장진퀘이, 남은숙 옮김, 같은 책.

08 르네 그루세, 김호동 옮김, 《유라시아 유목민 제국사》(사계절, 1998)

09 張金奎, 같은 책; 장진퀘이, 남은숙 옮김, 같은 책.

10 사와다 이사오, 김숙경 옮김, 같은 책.

11 김국, 《흉노의 그 잊혀진 이야기》(교우사, 2004)

12 니콜라 디코스모, 이재정 옮김, 같은 책.

13 김국, 같은 책; 조관희, 《이야기중국사》(청아출판사, 2003); 앤 팔루던, 이동진·윤미경 옮김,

《중국 황제》(갑인공방, 2004)

14 나가사와 가즈도시, 이재성 옮김, 《실크로드의 역사와 문화》(민족사, 2005)

15 표정훈, 〈동서간 교류의 물꼬를 튼 한나라 외교관 장건〉, 네이버캐스트(2009년 11월)

16 표정훈, 같은 글.

17 니콜라 디코스모, 이재정 옮김, 같은 책.

18 정순태, 〈23세로 요절한 '武帝의 匕首(비수)' 곽거병〉, 조갑제닷컴(2010년 5월 22일)

19 사와다 이사오, 김숙경 옮김, 같은 책.

20 장한식, 〈4세기 동아시아 역사의 수수께끼를 푼다〉, 《월간조선》, 1999년 11월호; 方步和, 《張掖史略》(감숙문화출판사, 2002); 郡如林, 《中國 河西走廊》(감숙인민미술출판사, 2000); 段軍龍, 《中華 5000년 軍事故事》(광명일보출판사, 2005); 張效林, 《西部明珠 凉州》(란주대학출판사, 2002); 梁新民, 《武威歷史 人物》(란주대학출판사, 1990); 劉光華, 《甘肅通史》(감숙인민출판사, 2009)

21 우한, 김숙향 옮김, 《명장》(살림, 2009)

22 張金奎, 같은 책; 장진퀘이, 남은숙 옮김, 같은 책.

23 《사기》에는 오사려 선우로 나온다.

24 사와다 이사오, 같은 책.

25 사와다 이사오, 같은 책.

26 김국, 같은 책.

27 도객흉노(屠客匈奴)란 무제 때 곽거병에 격파된 휴저왕의 후손을 이르는 말이다. 이들은 곽거병에게 진압된 뒤 농서와 상군 일대에서 생활했는데 이들의 수장인 유연이 세력을 얻어 북한이란 나라를 세운 것이다. 장진퀘이, 남은숙 옮김, 같은 책.

제3부

01 이종호, 《로마제국의 정복자 아틸라는 한민족》(백산자료원, 2005)

02 Edward Gibbon, The History of the Decline and Fall of the Roman Empire(Penguin Classics, 1994); 에드워드 기번, 김영진 옮김, 《로마제국 쇠망사》(대광서림, 2005); 에드워드 기번, 이종호 옮김, 《로마제국 쇠망사》(지만지, 2011)

03 張金奎, 《匈奴帝國》(中國國際廣播出版社, 2008); 장진퀘이, 남은숙 옮김, 《흉노제국 이야기》(아이필드, 2010)

04 육군사관학교전사학과, 《세계전쟁사》(황금알, 1980)

05 張金奎, 같은 책; 장진퀘이, 남은숙 옮김, 같은 책.

제4부

01 《라이프 인간 세계사 전집》((주)한국일보타임–라이프, 1979)

02 김국, 《흉노, 그 잊혀진 이야기》(교우사, 2004)

03 한스 크리스티안 후프 외, 이민수 옮김, 《역사의 비밀 2》(오늘의책, 2001)

04 한스 크리스티안 후프 외, 이민수 옮김, 같은 책.

05 이종호, 《로마제국의 정복자 아틸라는 한민족》(백산자료원, 2005)

06 張金奎, 《匈奴帝國》(中國國際廣播出版社, 2008); 장진퀘이, 남은숙 옮김, 《흉노제국 이야기》(아이필드, 2010)

07 張金奎, 같은 책; 장진퀘이, 남은숙 옮김, 같은 책.

08 사와다 이사오, 김숙경 옮김, 《흉노》(아이필드, 2007)

09 張金奎, 같은 책; 장진퀘이, 남은숙 옮김, 같은 책.

10 존 리처드 스티븐스, 류경희 옮김, 《기이한 역사》(예담, 1998)

11 Patrick Howarth, Attila, King of the Huns: The Man & the Myth(Barnes & Noble Books, 1994)

12 유용원, 〈달려라 달려, 무적 로봇〉, 《조선일보》, 2010년 8월 3일

제5부

01 Edward Gibbon, The History of the Decline and Fall of the Roman Empire(Penguin Classics, 1994); 에드워드 기번, 김영진 옮김, 《로마제국 쇠망사》(대광서림, 2005); 에드워드 기번, 이종호 옮김, 《로마제국 쇠망사》(지만지, 2011); 요시미츠 츠네오, 오근영 옮김, 《로마문화 왕국, 신라》(씨앗을 뿌리는 사람, 2002); 조갑제, 〈기마 흉노국가 신라연구〉, 《월간조선》, 2004년 3월 호

02 이종호, 《로마제국의 정복자 아틸라는 한민족》(백산자료원, 2005); 이종호, 〈게르만 민족 대이동을 촉발시킨 훈족과 한민족의 친연성에 관한 연구〉, 《백산학보 제66호》(2003); 이종호, 〈북방 기마민족의 가야·신라로 동천에 관한 연구〉, 《백산학보 제70호》(2004)

03 존 카터 코벨, 김유경 옮김, 《한국문화의 뿌리를 찾아》(학고재, 1999)

04 《도르릭나르스 흉노 무덤》(국립 중앙박물관, 2009)

05 이종호, 《로마제국의 정복자 아틸라는 한민족》(백산자료원, 2005); 이종호, 〈게르만 민족 대이동을 촉발시킨 훈족과 한민족의 친연성에 관한 연구〉, 《백산학보 제66호》(2003); 이종호, 〈북방 기마민족의 가야·신라로 동천에 관한 연구〉, 《백산학보 제70호》(2004)

06 《도르릭나르스 흉노 무덤》(국립 중앙박물관, 2009)

07 《김해대성동고분군》(경성대학교박물관 연구총서 제4집, 경성대학교박물관, 2000)

08 박현진, 〈미 대학 강의에 양만춘 활-에밀레종이〉, 《동아일보》, 2012년 1월 30일

09 조영선, 〈총알도 막는 방탄조끼를 활이 뚫을 수 있다고?〉, 《조선일보》, 2012년 5월 14일

10 이형구, 《발해 연안에서 찾은 한국 고대문화의 비밀》(김영사, 2004)

11 한스 크리스티안 후프 외, 이민수 옮김, 《역사의 비밀 2》(오늘의책, 2001)

12 정종목, 《역사스페셜 2》(효형출판, 2001)

13 이종호, 《로마제국의 정복자 아틸라는 한민족》(백산자료원, 2005)

14 정종목, 같은 책.

15 정종목, 같은 책.

16 이한상, 《황금의 나라 신라》(김영사, 2004)

17 以姓參釋種 偏頭居寐錦至尊 語襲梵音 彈舌足多羅之字.

18 송기호, 《발해를 다시 본다》(주류성, 2003)

19 이종호, 《로마제국의 정복자 아틸라는 한민족》(백산자료원, 2005); 이종호, 〈게르만 민족 대이동을 촉발시킨 훈족과 한민족의 친연성에 관한 연구〉, 《백산학보 제66호》(2003); 이종호, 〈

북방 기마민족의 가야·신라로 동천에 관한 연구〉, 《백산학보 제70호》(2004)

20 정종목, 같은 책.

21 김정배, 〈중일에 비해 본 한국의 순장〉, 《백산학보 제6호》(1969)

22 강인구, 《고분연구》(학연문화사, 2000)

23 KBS 역사스페셜 제작팀, 〈순장, 과연 생매장이었나〉, 《KBS 역사스페셜 7》(효형출판, 2003)

24 김태식, 〈순장자들은 어떻게 죽임을 당했을까?〉, 연합뉴스(2007년 12월 30일)

25 한스 크리스티안 후프 외, 이민수 옮김, 같은 책.

26 사와다 이사오, 김숙경 옮김, 《흉노》(아이필드, 2007)

27 김정배, 〈중일에 비해 본 한국의 순장〉, 《백산학보 제6호》(1969)

28 김정배, 같은 글.

29 니콜라 디코스모, 이재정 옮김, 《오랑캐의 탄생》(황금가지, 2005)

30 요시미츠 츠네오, 오근영 옮김, 《로마문화 왕국, 신라》(씨앗을 뿌리는 사람, 2002); 조갑제, 〈기마 흉노국가 신라연구〉, 《월간조선》 2004년 3월 호; 이종호, 〈게르만 민족 대이동을 촉발시킨 훈족과 한민족의 친연성에 관한 연구〉, 《백산학보 제66호》(2003); 이종호, 〈북방 기마민족의 가야·신라로 동천에 관한 연구〉, 《백산학보 제70호》(2004)

31 사와다 이사오, 김숙경 옮김, 같은 책.

32 강인구, 같은 책.

33 요시미츠 츠네오, 오근영 옮김, 같은 책.

제6부

01 김태식, 〈가야사 연구의 시간적·공간적 범위〉, 《한국고대사총론 2》(가락국사적개발연구원, 1991)

02 이병태, 《가야사대관》(가야대학교출판부, 1999)

03 이종호, 〈게르만 민족 대이동을 촉발시킨 훈족과 한민족의 친연성에 관한 연구〉, 《백산학보 제66호》(2003)

04 김호, 《조선과학인물열전》(휴머니스트, 2003)

05 황규호, 〈한반도 최대의 석장리 제철유적〉, 《내셔널지오그래픽》(2004년 6월 호)

06 정종목, 《역사스페셜 2》(효형출판, 2000)

07 이덕일 외, 《유물로 읽는 우리 역사》(세종서적, 1999)

08 정종목, 같은 책; 리태영, 《조선광업사》(공업종합출판사, 1991)

09 존 카터 코벨, 김유경 옮김, 《한국문화의 뿌리를 찾아》(학고재, 1999)

10 《김해대성동고분군》, 《경성대학교박물관 연구총서》(경성대학교박물관, 2000)

11 장한식, 《신라 법흥왕은 선비족 모용씨의 후예였다》(풀빛, 1999)

12 박정우, 〈봉황사 삼세불화, 경북 문화재 지정〉, 데일리안, 2008년 10월 29일

13 김태식, 〈재당신라인 대당고김씨부인묘명 전문〉, 연합뉴스(2009년 4월 22일); 김태식, 〈소호금천씨와 김일제 그리고 신라김씨〉, 연합뉴스(2009년 4월 27일)

14 정수일, 〈[초원 실크로드를 가다](32) '호한(胡漢)문화'의 흔적, 노인울라 고분군〉, 《경향신문》(2009년 9월 15일); 기수연, 〈동이의 개념과 실체의 변천에 관한 연구〉, 《백산학보 제42호》(1993); 신형식·이종호, 〈'중화 5천년', 홍산문명의 재조명〉, 《백산학보 제77호》(2007); 김인희,

《소호씨 이야기》(물레, 2009)

15 張人元, 《炎黃始祖一體血脈 百家姓》(長春吉林文史出版社, 2006)

16 梁新民, 《武威歷史 人物》(란주대학출판사, 1990); 方步和, 《張掖史略》(감숙문화출판사, 2002)

17 김국, 《흉노, 그 잊혀진 이야기》(교우사, 2004); 조관희, 《이야기중국사》(청아출판사, 2003); 앤 팔루던, 이동진·윤미경 옮김, 《중국황제》(갑인공방, 2004)

18 김대성, 《금문의 비밀》(컬처라인, 2002); 조갑제, 〈기마 흉노국가 신라연구〉, 《월간조선》 2004년 3월 호

19 KBS 역사추적팀, 《한국사를 바꿀 14가지 거짓과 진실》(지식파수꾼, 2011)

20 조갑제, 〈기마 흉노국가 신라연구〉, 《월간조선》 2004년 3월 호

21 〈민족사의 로마, 新羅를 다시 본다〉, 《월간조선》, 2002년 3월 호

22 이광형, 〈문무왕릉비 조각 200년 만에 하나로… 경주 주택서 상단 부분 발견〉, 쿠키뉴스, 2009년 9월 3일

제7부

01 노형석, 〈'황금보검' 무덤 주인은 서역인 아닌 신라 귀족〉, 《한겨레》, 2010년 2월 2일; 윤상덕, 〈'황금보검 주인은 누구인가〉, 국립 중앙박물관, 2010년 10월 14일

02 송동건, 《고구려와 흉노》(진명출판사, 2010)

03 정은주, 《비단길에서 만난 세계사》(창비, 2005)

04 정수일, 《한국 속의 세계》(창비, 2005)

05 송동건, 같은 책.

06 정은주, 같은 책; 정수일, 같은 책.

07 송동건, 같은 책.

08 정은주, 같은 책.

09 황규호, 〈천년 고도 경주서 만난 신라인 얼굴〉, 《내셔널지오그라픽》, 2005년 6월 호

10 김규호, 〈황남대총 유리는 외래품 가능성〉, 《문화일보》, 2004년 3월 31일

11 양승윤 외, 《바다의 실크로드》(청아출판사, 2003)

12 정종목, 《역사스페셜 2》(효형출판, 2001), 169~186쪽.

13 양승윤 외, 같은 책.

황금보검의 비밀

©이종호, 2013

초판 1쇄 2013년 4월 5일 찍음
초판 1쇄 2013년 4월 13일 펴냄

지은이 이종호
펴낸이 이태준
기획·편집 김진원, 문형숙, 심장원, 이동국
디자인 이은혜, 최진영
마케팅 박상철
인쇄·제본 대정인쇄공사
펴낸곳 북카라반 **출판등록** 제17-332호 2002년 10월 18일
주소 121-839 서울시 마포구 서교동 392-4 삼양빌딩 2층
전화 02-486-0385 **팩스** 02-474-1413
홈페이지 www.inmul.co.kr **이메일** cntbooks@gmail.com
ISBN 978-89-91945-50-0 (03900)
값 14,000원

이 책의 국립 중앙도서관 출판시도서목록(CIP)은 서지정보유통지원시스템 홈페이지
(http://seoji.nl.go.kr)와 국가자료공동목록시스템(http://www.nl.go.kr/kolisnet)에서 이용하
실 수 있습니다. CIP제어 번호: CIP2013001935